深圳学派建设丛书·第四辑

姚文胜◎著

# 论利益均衡的
# 法律调控

中国社会科学出版社

## 图书在版编目（CIP）数据

论利益均衡的法律调控/姚文胜著.—北京：中国社会科学出版社，2017.5
（深圳学派建设丛书.第四辑）
ISBN 978-7-5161-9857-5

Ⅰ.①论… Ⅱ.①姚… Ⅲ.①利益分配-法理学-研究 Ⅳ.①D903

中国版本图书馆 CIP 数据核字（2017）第 031366 号

---

出 版 人　赵剑英
责任编辑　王　茵　马　明
责任校对　胡新芳
责任印制　王　超

---

出　　版　中国社会科学出版社
社　　址　北京鼓楼西大街甲 158 号
邮　　编　100720
网　　址　http://www.csspw.cn
发 行 部　010-84083685
门 市 部　010-84029450
经　　销　新华书店及其他书店

---

印　　刷　北京明恒达印务有限公司
装　　订　廊坊市广阳区广增装订厂
版　　次　2017 年 5 月第 1 版
印　　次　2017 年 5 月第 1 次印刷

---

开　　本　710×1000　1/16
印　　张　19.5
插　　页　2
字　　数　281 千字
定　　价　85.00 元

---

凡购买中国社会科学出版社图书，如有质量问题请与本社营销中心联系调换
电话:010-84083683

# 总序：学派的魅力

王京生[*]

## 学派的星空

在世界学术思想史上，曾经出现过浩如繁星的学派，它们的光芒都不同程度地照亮人类思想的天空，像米利都学派、弗莱堡学派、法兰克福学派等，其人格精神、道德风范一直为后世所景仰，其学识与思想一直成为后人引以为据的经典。就中国学术史而言，不断崛起的学派连绵而成群山之势，并标志着不同时代的思想所能达到的高度。自晚明至晚清，是中国学术尤为昌盛的时代，而正是在这个时代，学派性的存在也尤为活跃，像陆王学派、吴学、皖学、扬州学派等。但是，学派辈出的时期还应该首推古希腊和春秋战国时期，古希腊出现的主要学派就有米利都学派、毕达哥拉斯学派、埃利亚学派、犬儒学派；而儒家学派、黄老学派、法家学派、墨家学派、稷下学派等，则是春秋战国时代学派鼎盛的表现，百家之中几乎每家就是一个学派。

综观世界学术思想史，学派一般都具有如下的特征：

其一，有核心的代表人物，以及围绕着这些核心人物所形成的特定时空的学术思想群体。德国 19 世纪著名的历史学家兰克既是影响深远的兰克学派的创立者，也是该学派的精神领袖，他在柏林大学长期任教期间培养了大量的杰出学者，形成了声势浩大的学术势力，兰克本人也一度被尊为欧洲史学界的泰斗。

---

[*] 王京生，现任国务院参事。

其二，拥有近似的学术精神与信仰，在此基础上形成某种特定的学术风气。清代的吴学、皖学、扬学等乾嘉诸派学术，以考据为治学方法，继承古文经学的训诂方法而加以条理发明，用于古籍整理和语言文字研究，以客观求证、科学求真为旨归，这一学术风气也因此成为清代朴学最为基本的精神特征。

其三，由学术精神衍生出相应的学术方法，给人们提供了观照世界的新的视野和新的认知可能。产生于20世纪60年代、代表着一种新型文化研究范式的英国伯明翰学派，对当代文化、边缘文化、青年亚文化的关注，尤其是对影视、广告、报刊等大众文化的有力分析，对意识形态、阶级、种族、性别等关键词的深入阐释，无不为我们认识瞬息万变的世界提供了丰富的分析手段与观照角度。

其四，由上述三点所产生的经典理论文献，体现其核心主张的著作是一个学派所必需的构成因素。作为精神分析学派的创始人，弗洛伊德所写的《梦的解析》等，不仅成为精神分析理论的经典著作，而且影响广泛并波及人文社科研究的众多领域。

其五，学派一般都有一定的依托空间，或是某个地域，或是像大学这样的研究机构，甚至是有着自身学术传统的家族。

学派的历史呈现出交替嬗变的特征，形成了自身发展规律：

其一，学派出现往往暗合了一定时代的历史语境及其"要求"，其学术思想主张因而也具有非常明显的时代性特征。一旦历史条件发生变化，学派的内部分化甚至衰落将不可避免，尽管其思想遗产的影响还会存在相当长的时间。

其二，学派出现与不同学术群体的争论、抗衡及其所形成的思想张力紧密相关，它们之间的"势力"此消彼长，共同勾勒出人类思想史波澜壮阔的画面。某一学派在某一历史时段"得势"，完全可能在另一历史时段"失势"。各领风骚若干年，既是学派本身的宿命，也是人类思想史发展的"大幸"：只有新的学派不断涌现，人类思想才会不断获得更为丰富、多元的发展。

其三，某一学派的形成，其思想主张都不是空穴来风，而有其内在理路。例如，宋明时期陆王心学的出现是对程朱理学的反动，但其思想来源却正是前者；清代乾嘉学派主张朴学，是为了反对陆王心学的空疏无物，但二者之间也建立了内在关联。古希腊思想作为欧洲思想发展的源头，使后来西方思想史的演进，几乎都可看作是对它的解释与演绎，"西方哲学史都是对柏拉图思想的演绎"的极端说法，却也说出了部分的真实。

其四，强调内在理路，并不意味着对学派出现的外部条件重要性的否定；恰恰相反，外部条件有时对于学派的出现是至关重要的。政治的开明、社会经济的发展、科学技术的进步、交通的发达、移民的汇聚等，都是促成学派产生的重要因素。名震一时的扬州学派，就直接得益于富甲一方的扬州经济与悠久而发达的文化传统。综观中国学派出现最多的明清时期，无论是程朱理学、陆王心学，还是清代的吴学、皖学、扬州学派、浙东学派，无一例外都是地处江南（尤其是江浙地区）经济、文化、交通异常发达之地，这构成了学术流派得以出现的外部环境。

学派有大小之分，一些大学派又分为许多派别。学派影响越大分支也就越多，使得派中有派，形成一个学派内部、学派之间相互切磋与抗衡的学术群落，这可以说是纷纭繁复的学派现象的一个基本特点。尽管学派有大小之分，但在人类文明进程中发挥的作用却各不相同，有积极作用，也有消极作用。如，法国百科全书派破除中世纪以来的宗教迷信和教会黑暗势力的统治，成为启蒙主义的前沿阵地与坚强堡垒；罗马俱乐部提出的"增长的极限""零增长"等理论，对后来的可持续发展、协调发展、绿色发展等理论与实践，以及联合国通过的一些决议，都产生了积极影响；而德国人文地理学家弗里德里希·拉采尔所创立的人类地理学理论，宣称国家为了生存必须不断扩充地域、争夺生存空间，后来为法西斯主义所利用，起了相当大的消极作用。

学派的出现与繁荣，预示着一个国家进入思想活跃的文化大发展时期。被司马迁盛赞为"盛处士之游，壮学者之居"的稷下学宫，之所以能成为著名的稷下学派之诞生地、战国时期百家争鸣的主要场所与最负盛名的文化中心，重要原因就是众多学术流派都活跃在稷门之下，各自的理论背景和学术主张尽管各有不同，却相映成趣，从而造就了稷下学派思想多元化的格局。这种"百氏争鸣、九流并列、各尊所闻、各行所知"的包容、宽松、自由的学术气氛，不仅推动了社会文化的进步，而且也引发了后世学者争论不休的话题，中国古代思想在这里得到了极大发展，迎来了中国思想文化史上的黄金时代。而从秦朝的"焚书坑儒"到汉代的"独尊儒术"，百家争鸣局面便不复存在，思想禁锢必然导致学派衰落，国家文化发展也必将受到极大的制约与影响。

### 深圳的追求

在中国打破思想的禁锢和改革开放30多年这样的历史背景下，随着中国经济的高速发展以及在国际上的和平崛起，中华民族伟大复兴的中国梦正在进行。文化是立国之根本，伟大的复兴需要伟大的文化。树立高度的文化自觉，促进文化大发展大繁荣，加快建设文化强国，中华文化的伟大复兴梦想正在逐步实现。可以预期的是，中国的学术文化走向进一步繁荣的过程中，具有中国特色的学派也将出现在世界学术文化的舞台上。

从20世纪70年代末真理标准问题的大讨论，到人生观、文化观的大讨论，再到90年代以来的人文精神大讨论，以及近年来各种思潮的争论，凡此种种新思想、新文化，已然展现出这个时代在百家争鸣中的思想解放历程。在与日俱新的文化转型中，探索与矫正的交替进行和反复推进，使学风日盛、文化昌明，在很多学科领域都出现了彼此论争和公开对话，促成着各有特色的学术阵营的形成与发展。

一个文化强国的崛起离不开学术文化建设，一座高品位文化城市的打造同样也离不开学术文化发展。学术文化是一座城市最内在的精神生活，是城市智慧的积淀，是城市理性发展的向导，是文化创造力的基础和源泉。学术是不是昌明和发达，决定了城市的定位、影响力和辐射力，甚至决定了城市的发展走向和后劲。城市因文化而有内涵，文化因学术而有品位，学术文化已成为现代城市智慧、思想和精神高度的标志和"灯塔"。

凡工商发达之处，必文化兴盛之地。深圳作为我国改革开放的"窗口"和"排头兵"，是一个商业极为发达、市场化程度很高的城市，移民社会特征突出、创新包容氛围浓厚、民主平等思想活跃、信息交流的"桥头堡"地位明显，是具有形成学派可能性的地区之一。在创造工业化、城市化、现代化发展奇迹的同时，深圳也创造了文化跨越式发展的奇迹。文化的发展既引领着深圳的改革开放和现代化进程，激励着特区建设者艰苦创业，也丰富了广大市民的生活，提升了城市品位。

如果说之前的城市文化还处于自发性的积累期，那么进入新世纪以来，深圳文化发展则日益进入文化自觉的新阶段：创新文化发展理念，实施"文化立市"战略，推动"文化强市"建设，提升文化软实力，争当全国文化改革发展"领头羊"。自2003年以来，深圳文化发展亮点纷呈、硕果累累：荣获联合国教科文组织"设计之都""全球全民阅读典范城市"称号，原创大型合唱交响乐《人文颂》在联合国教科文组织巴黎总部成功演出，被国际知识界评为"杰出的发展中的知识城市"，三次荣获"全国文明城市"称号，四次被评为"全国文化体制改革先进地区"，"深圳十大观念"影响全国，《走向复兴》《我们的信念》《中国之梦》《迎风飘扬的旗》《命运》等精品走向全国，深圳读书月、市民文化大讲堂、关爱行动、创意十二月等品牌引导市民追求真善美，图书馆之城、钢琴之城、设计之都等"两城一都"高品位文化城市正成为现实。

城市的最终意义在于文化。在特区发展中，"文化"的地位正发生着巨大而悄然的变化。这种变化首先还不在于大批文化设施的兴建、各类文化活动的开展与文化消费市场的繁荣，而在于整个城市文化地理和文化态度的改变，城市发展思路由"经济深圳"向"文化深圳"转变。这一切都源于文化自觉意识的逐渐苏醒与复活。文化自觉意味着文化上的成熟，未来深圳的发展，将因文化自觉意识的强化而获得新的发展路径与可能。

与国内外一些城市比起来，历史文化底蕴不够深厚、文化生态不够完善等仍是深圳文化发展中的弱点，特别是学术文化的滞后。近年来，深圳在学术文化上的反思与追求，从另一个层面构成了文化自觉的逻辑起点与外在表征。显然，文化自觉是学术反思的扩展与深化，从学术反思到文化自觉，再到文化自信、自强，无疑是文化主体意识不断深化乃至确立的过程。大到一个国家和小到一座城市的文化发展皆是如此。

从世界范围看，伦敦、巴黎、纽约等先进城市不仅云集大师级的学术人才，而且有活跃的学术机构、富有影响的学术成果和浓烈的学术氛围，正是学术文化的繁盛才使它们成为世界性文化中心。可以说，学术文化发达与否，是国际化城市不可或缺的指标，并将最终决定一个城市在全球化浪潮中的文化地位。城市发展必须在学术文化层面有所积累和突破，否则就缺少根基，缺少理念层面的影响，缺少自我反省的能力，就不会有强大的辐射力，即使有一定的辐射力，其影响也只是停留于表面。强大的学术文化，将最终确立一种文化类型的主导地位和城市的文化声誉。

近年来，深圳在实施"文化立市"战略、建设"文化强市"过程中鲜明提出：大力倡导和建设创新型、智慧型、力量型城市主流文化，并将其作为城市精神的主轴以及未来文化发展的明确导向和基本定位。其中，智慧型城市文化就是以追求知识和理性为旨归，人文气息浓郁，学术文化繁荣，智慧产出能力较强，学习型、知识型城市建设成效卓著。深圳要建成有国际影响力的智慧之城，提高文化软实力，学术文化建设是其最坚硬的内核。

经过30多年的积累，深圳学术文化建设初具气象，一批重要学科确立，大批学术成果问世，众多学科带头人涌现。在中国特色社会主义理论、经济特区研究、港澳台经济、文化发展、城市化等研究领域产生了一定影响；学术文化氛围已然形成，在国内较早创办以城市命名的"深圳学术年会"，举办了"世界知识城市峰会"等一系列理论研讨会。尤其是《深圳十大观念》等著作的出版，更是对城市人文精神的高度总结和提升，彰显和深化了深圳学术文化和理论创新的价值意义。

而"深圳学派"的鲜明提出，更是寄托了深圳学人的学术理想和学术追求。1996年最早提出"深圳学派"的构想；2010年《深圳市委市政府关于全面提升文化软实力的意见》将"推动'深圳学派'建设"载入官方文件；2012年《关于深入实施文化立市战略建设文化强市的决定》明确提出"积极打造'深圳学派'"；2013

年出台实施《"深圳学派"建设推进方案》。一个开风气之先、引领思想潮流的"深圳学派"正在酝酿、构建之中，学术文化的春天正向这座城市走来。

"深圳学派"概念的提出，是中华文化伟大复兴和深圳高质量发展的重要组成部分。树起这面旗帜，目的是激励深圳学人为自己的学术梦想而努力，昭示这座城市尊重学人、尊重学术创作的成果、尊重所有的文化创意。这是深圳30多年发展文化自觉和文化自信的表现，更是深圳文化流动的结果。因为只有各种文化充分流动碰撞，形成争鸣局面，才能形成丰富的思想土壤，为"深圳学派"的形成创造条件。

### 深圳学派的宗旨

构建"深圳学派"，表明深圳不甘于成为一般性城市，也不甘于仅在世俗文化层面上造点影响，而是要面向未来中华文明复兴的伟大理想，提升对中国文化转型的理论阐释能力。"深圳学派"从名称上看，是地域性的，体现城市个性和地缘特征；从内涵上看，是问题性的，反映深圳在前沿探索中遇到的主要问题；从来源上看，"深圳学派"没有明确的师承关系，易形成兼容并蓄、开放择优的学术风格。因而，"深圳学派"建设的宗旨是"全球视野，民族立场，时代精神，深圳表达"。它浓缩了深圳学术文化建设的时空定位，反映了对学界自身经纬坐标的全面审视和深入理解，体现了城市学术文化建设的总体要求和基本特色。

一是"全球视野"：反映了文化流动、文化选择的内在要求，体现了深圳学术文化的开放、流动、包容特色。它强调要树立世界眼光，尊重学术文化发展内在规律，贯彻学术文化转型、流动与选择辩证统一的内在要求，坚持"走出去"与"请进来"相结合，推动深圳与国内外先进学术文化不断交流、碰撞、融合，保持旺盛活力，构建开放、包容、创新的深圳学术文化。

文化的生命力在于流动，任何兴旺发达的城市和地区一定是流动文化最活跃、最激烈碰撞的地区，而没有流动文化或流动文化很少光顾的地区，一定是落后的地区。文化的流动不断催生着文化的分解和融合，推动着文化新旧形式的转换。在文化探索过程中，唯一需要坚持的就是敞开眼界、兼容并蓄、海纳百川，尊重不同文化的存在和发展，推动多元文化的融合发展。中国近现代史的经验反复证明，闭关锁国的文化是窒息的文化，对外开放的文化才是充满生机活力的文化。学术文化也是如此，只有体现"全球视野"，才能融入全球思想和话语体系。因此，"深圳学派"的研究对象不是局限于一国、一城、一地，而是在全球化背景下，密切关注国际学术前沿问题，并把中国尤其是深圳的改革发展置于人类社会变革和文化变迁的大背景下加以研究，具有宽广的国际视野和鲜明的民族特色，体现开放性甚至是国际化特色，也融合跨学科的交叉和开放。

二是"民族立场"：反映了深圳学术文化的代表性，体现了深圳在国家战略中的重要地位。它强调要从国家和民族未来发展的战略出发，树立深圳维护国家和民族文化主权的高度责任感、使命感、紧迫感。加快发展和繁荣学术文化，尽快使深圳在学术文化领域跻身全球先进城市行列，早日占领学术文化制高点，推动国家民族文化昌盛，助力中华民族早日实现伟大复兴。

任何一个大国的崛起，不仅伴随经济的强盛，而且伴随文化的昌盛。文化昌盛的一个核心就是学术思想的精彩绽放。学术的制高点，是民族尊严的标杆，是国家文化主权的脊梁骨；只有占领学术制高点，才能有效抵抗文化霸权。当前，中国的和平崛起已成为世界的最热门话题之一，中国已经成为世界第二大经济体，发展速度为世界刮目相看。但我们必须清醒地看到，在学术上，我们还远未进入世界前列，特别是还没有实现与第二大经济体相称的世界文化强国的地位。这样的学术境地不禁使我们扪心自问，如果思想学术得不到世界仰慕，中华民族何以实现伟大复兴？在这个意义上，深圳和全国其他地方一样，学术都是短板，与经济社会发展不相匹配。而深圳作为排头兵，肩负了为国家、为民族文化发展探路的光荣使命，尤感责任重大。深圳的学术立场不能仅限于一隅，而应站在全国、全民族的高度。

三是"时代精神"：反映了深圳学术文化的基本品格，体现了深圳学术发展的主要优势。它强调要发扬深圳一贯的"敢为天下先"的精神，突出创新性，强化学术攻关意识，按照解放思想、实事求是、求真务实、开拓创新的总要求，着眼人类发展重大前沿问题，特别是重大战略问题、复杂问题、疑难问题，着力创造学术文化新成果，以新思想、新观点、新理论、新方法、新体系引领时代学术文化思潮。

党的十八大提出了完整的社会主义核心价值观，这是当今中国时代精神的最权威、最凝练表达，是中华民族走向复兴的兴国之魂，是中国梦的核心和鲜明底色，也应该成为"深圳学派"进行研究和探索的价值准则和奋斗方向。其所熔铸的中华民族生生不息的家国情怀，无数仁人志士为之奋斗的伟大目标和每个中国人对幸福生活的向往，是"深圳学派"的思想之源和动力之源。

创新，是时代精神的集中表现，也是深圳这座先锋城市的第一标志。深圳的文化创新包含了观念创新，利用移民城市的优势，激发思想的力量，产生了一批引领时代发展的深圳观念；手段创新，通过技术手段创新文化发展模式，形成了"文化+科技""文化+金融""文化+旅游""文化+创意"等新型文化业态；内容创新，以"内容为王"提升文化产品和服务的价值，诞生了华强文化科技、腾讯、华侨城等一大批具有强大生命力的文化企业，形成了读书月等一大批文化品牌；制度创新，充分发挥市场的作用，不断创新体制机制，激发全社会的文化创造活力，从根本上提升城市文化的竞争力。"深圳学派"建设也应体现出强烈的时代精神，在学术课题、学术群体、学术资源、学术机制、学术环境方面迸发出崇尚创新、提倡包容、敢于担当的活力。"深圳学派"需要阐述和回答的是中国改革发展的现实问题，要为改革开放的伟大实践立论、立言，对时代发展作出富有特色的理论阐述。它以弘扬和表达时代精神为己任，以理论创新为基本追求，有着明确的文化理念和价值追求，不局限于某一学科领域的考据和论证，而要充分发挥深圳创新文化的客观优势，多视角、多维度、全方位地研究改革发展中的现实问题。

四是"深圳表达"：反映了深圳学术文化的个性和原创性，体现了深圳使命的文化担当。它强调关注现实需要和问题，立足深圳实际，着眼思想解放、提倡学术争鸣，注重学术个性、鼓励学术原创，不追求完美、不避讳瑕疵，敢于并善于用深圳视角研究重大前沿问题，用深圳话语表达原创性学术思想，用深圳体系发表个性化学术理论，构建具有深圳风格和气派的学术文化。

称为"学派"就必然有自己的个性、原创性，成一家之言，勇于创新、大胆超越，切忌人云亦云、没有反响。一般来说，学派的诞生都伴随着论争，在论争中学派的观点才能凸显出来，才能划出自己的阵营和边际，形成独此一家、与众不同的影响。"深圳学派"依托的是改革开放前沿，有着得天独厚的文化环境和文化氛围，因此不是一般地标新立异，也不会跟在别人后面，重复别人的研究课题和学术话语，而是要以改革创新实践中的现实问题研究作为理论创新的立足点，作出特色鲜明的理论表述，发出与众不同的声音，充分展现特区学者的理论勇气和思想活力。当然，"深圳学派"要把深圳的物质文明、精神文明和制度文明作为重要的研究对象，但不等于言必深圳，只囿于深圳的格局。思想无禁区、学术无边界，"深圳学派"应以开放心态面对所有学人，严谨执着，放胆争鸣，穷通真理。

狭义的"深圳学派"属于学术派别，当然要以学术研究为重要内容；而广义的"深圳学派"可看成"文化派别"，体现深圳作为改革开放前沿阵地的地域文化特色，因此除了学术研究，还包含文学、美术、音乐、设计创意等各种流派。从这个意义上说，"深圳学派"尊重所有的学术创作成果，尊重所有的文化创意，不仅是哲学社会科学，还包括自然科学、文学艺术等。

"寄言燕雀莫相哂，自有云霄万里高。"学术文化是文化的核心，决定着文化的质量、厚度和发言权。我们坚信，在建设文化强国、实现文化复兴的进程中，植根于中华文明深厚沃土、立足于特区改革开放伟大实践、融汇于时代潮流的"深圳学派"，一定能早日结出硕果，绽放出盎然生机！

# 序

周汉华[*]

　　天下熙熙皆为利来，天下攘攘皆为利往。由于资源的稀缺性，社会成员必然产生利益分配冲突，形成各种矛盾，这种现象古已有之。一部人类社会的文明进步史，可以说是不断寻找更好利益均衡机制的历史。虽然从弱肉强食的丛林规则到神明裁判是一次巨大的进步，但决定权还是不在人类自己手上；对哲学王的期盼和对君子小人的义利之辨，明显反映了不同文化求诸于己、求诸于内，自己解决问题的愿望，尽管这种方式并不总是靠得住。只有到人类终于发现了规则之治，"律者所以定分止争也"，权力配置问题才终于找到了答案，也促进了经济社会的繁荣和发展。从世界银行等国际机构的一系列研究成果中都可以看到，法治与经济发展、社会和谐呈明显的正相关关系。解决利益不均、分配不公等现象，实现长治久安，根本上只能依靠法治，全面推进依法治国。

　　文胜虽然是机关公职人员，但一直怀有强烈的学术兴趣，结合我国不同时期的相关热点难点问题，20多年来坚持笔耕不止，屡有佳作发表。早在1995年，年仅20出头的他就在《中国法学》发表专业学术论文。后来又在《人民日报》《中国纪检监察报》《党政领导干部论坛》等发文提出相关政策建议，其中一些建议在不同层面的实践中得到了采纳和推行。2012年中，文胜进入社科院法学所博士后站从事博士后研究工作，方向就是利益均衡的法律调控机制研究。在站两年，文胜一边全力以赴高质量地做好本职工作，一边放弃所有休息时间投入巨大精力进行博士后报告撰写，按时完成各

---

* 周汉华，中国社科院法学所研究员、博士生导师。

项工作，出站报告得到评审专家和法学所职称评审委员会的充分肯定，这是本书的大致由来。

维护社会公平正义，实现更高质量、更有效率、更加公平、更可持续的发展，健全利益表达、协调机制，坚决整治和纠正侵害群众利益的不正之风和腐败问题，是十三五规划确立的基本原则和重点任务，涉及面非常广。坊间研究利益、法治问题的专著很多，几乎是汗牛充栋。我以为，和其他著作相比，摆在大家面前的这本专著有非常鲜明的特点，体现了文胜独特的经历和观察视角。文胜长期在深圳从事公共管理工作，对实践问题有非常充分的了解，加上勤于思考，善于提炼、总结，使本书有坚实的实践支撑、接地气且富有创新精神。文胜几年来通过社科院要报渠道上报的几篇政策建议，先后得到中央领导批示，证明了其研究成果的实际价值。尤其是文胜自1994 年在深圳大学就读本科时起持续 20 多年研究我国监察体制改革问题，提出的整合纪检、监察、反贪等不同机构组成国家监察委员会的建议，与党和国家近期作出的相关重大决策不谋而合、如出一辙。

文胜提出，利益均衡是指在资源、财富或利益的种类、数量与质量的占有方面实现公平、公正的分配。在利益均衡的过程中，实现利益的绝对平均分配是不可能实现的。但是，利益分配不均衡的状况也不能超过一定的限度，假如社会不公达到一定的程度，那么社会矛盾必将积重难返，从而导致严重的后果。如果一个国家出现严重的系统性利益分配不公，这个国家的政权必定摇摇欲坠。利益分配中的不平均的存在，除了要求其存在的"度"在社会容忍的范围内，同时还要求其存在的合法性和必要性。基于法律的权威性和强制性，唯有这种利益不平均状态合法和有足够理由，才能使不平均状态中利益受损的一边更容易接受。利益均衡体现的是人与人之间的社会关系，涉及政治利益、经济利益和社会性利益。就其形态结构而言，是"各方利益主体各自占有优势利益资源，谁也无法控制谁，谁也无法消灭谁，多元利益主体在合作的基础上实现利益均沾；在利益分配方面，国家和政府能反映和综合各方利益主体的利益要求，特别是对于社会弱势利益主体而言，利益分配能满足其基本生存和发展需要"。

本书在利益均衡的法律调控原则与机制方面进行了非常有益的

探索。文胜提出并全面阐释了法律调控的公平原则、协商民主原则与合法性原则。在此基础上，本书对于如何完善相应的法律调控机制提出了具体的解决方案，实现了宏观与中观、微观及理论与实践、实务的结合，全面展示了文胜对于相关问题的深刻思考和驾驭能力，提出了不少富有新意的创建。

对于利益均衡主体，本书在对我国现行党政关系进行梳理和剖析的基础上，提出可以在我国党政关系模式构建取得现有成果基础上，创造性提出一个全新的理论——"治权实体理论"，以其来深化改革执政党和国家机关之间的相互关系，统一安排国家治理的向度和机制，为深化政治体制改革不断开辟空间。"治权实体理论"反对权力无序集中，反对搞政治多元化、"多党轮流执政"，也不是要搞党政各行其是、分庭抗礼，而是始终坚持和改善党的领导的一元论，通过对各方都能接受的法治精髓的开发，以法治精神为总指引，宪法、法律、党内法规的完善，改变目前不稳定的授权关系和共处关系，完善领导关系和监督关系，将党的治理与党政关系的后续稳定纳入到法治的轨道中。治权实体论的定位选择，就是在把法律作为调控党政关系重要基础性手段的基础上，对党政关系的运作常态加以理论定型，基于党的利益与国家利益、人民利益一致性的事实，以法治思维优化和改善党的执政行为，不断完善党内法规建设，使党和国家的治理行为合理吸纳民主、权力配置、权力制约等国家治理理论，从而探索完善有利于加强党和国家治理、管理能力的一套制度机制。

文胜出站后虽然职位、工作发生了一些变化，但其依然忧党忧国，对学术的兴趣始终没有改变，我们每次见面还是照样会继续讨论学术问题。欣闻其博士后出站报告入选"深圳学派"获政府资助出版，作为文胜博士后研究的合作导师，我倍感高兴，与有荣焉。希望本书的出版是一个新的起点，能让更多人关注利益均衡法律调控的问题，更希望看到文胜的思考在实践中不断结出更多丰硕的果实。

是为序。

2016 年 12 月 31 日

# 前　言

　　随着市场经济的发展，我国利益格局不断分化、重塑，社会阶层也随之改变。一方面，各阶层生活质量均有大幅度的提高，公众日益增长的物质文化生活需求在很大程度上得以满足；另一方面，各阶层间的利益分化日益凸显，引发新的社会矛盾，不利于社会经济的进一步发展。在新的社会背景下，党和政府审时度势提出"全面深化改革"的口号，并在党的十八届三中全会做出总体部署，以改革来实现社会的公平正义，进而实现中华民族伟大复兴的中国梦。当前，我国利益失衡的现状有着深刻的社会原因，如何正确认识这种矛盾的社会现象，找到产生利益纠纷的原因，采取恰当的政策和措施，解决好这些利益问题，推动经济社会协调发展，使社会更加和谐，则是理论工作者所应当承担的历史责任。

　　先进的思想是社会发展的先导，科学的理论则能有力地推动社会实践的发展，对于如何解决利益分化问题，实现利益的均衡调控，党和政府有着极为迫切的现实需要。而法治作为一种极为有效的社会治理工具，在利益均衡调控中应发挥应有的作用。所以说，利益均衡法律调控机制是当前及今后一段时间内，解决当前利益困局的有益理论。

　　综观全篇，本书采取的研究方法主要包括利益分析法、阶层分析法、比较分析法和系统分析法等。马克思主义利益分析法是本书的主要研究方法，该方法以利益内容划分利益种类——政治、经济和社会性利益，以此为基础勾勒出社会主义社会的利益流动概况，进而揭示社会主义社会生活的本质、发展规律和发展动力。此外，本书采用阶层分析法，在承认利益分化的前提下，以客观的态度去对待社会的正常分化，研究如何利用这种阶层分化，限制其不利方面，发挥其有益方面，研究如何使不同阶层的利益和谐共生，从而共同推动社会的发展、进步。同时，文章采取了比较分析法，通过对西方国家利益均衡的经验、教训的总结、分析，指出异同，探求原因，得出规律。另外，本书大量采用的研究方法是系统分析法，笔者反对孤立静止看待利益失衡的观点，力求从政治利益、经济利益、社会性利益三方面着力，从系统角度得出利益均衡法律调控的结论。

利益均衡法律调控体系庞大，涉及宪法、行政法、民商法等多个法律领域，本书以规制对象为主，分析现象，提出建议。鉴于利益均衡调控牵涉多个法学范畴，文中不可避免地涉及社会学、经济学、政治学等诸多学科知识，但是其内容完全服务于利益均衡法律调控的需要，不涉及与文章主题无关的内容。

本书依据我国改革发展的实际，对中国社会利益失衡的现状做了实践层面、理论层面和历史层面的调研和考察，并对社会实践中的种种问题提出了一系列创新的、有针对性的政策、措施以供决策参考之用。全书分为上下两编。上编是利益均衡法律调控的基本理论，分为三章；下编为完善利益均衡法律调控的对策，分为五章。

在第一章，笔者首先详细介绍了利益、利益均衡两大问题，并从理论角度分析利益均衡法律调控机制的法哲学基础——义利之辩，系统介绍西方三个时代的相关思想演变以及我国历史上三次著名的义利之辩，来印证对利益均衡进行法律调控的必要性。

在第二章，笔者从理论和现实出发，系统论证了利益均衡法律调控所应当遵循的三大原则：公平原则、协商民主原则和合法性原则，并对原则的内容、要求等问题做理论上的分析，便于对利益均衡法律调控问题的整体架构进行理解。

第三章，笔者以公平、协商民主、合法性原则为比照，对于当下中国社会利益均衡法律调控的成效做了一个全面的概括，并得出总体性的结论。

在第四、五、六章，笔者从公平原则、协商民主原则、合法性原则等多角度关联利益均衡法律调控，就当前阶段法律调控过程中遇到的具体问题提出有针对性的意见和建议，从中观及微观角度构建一个对策体系。

在第七章，笔者围绕"加强利益均衡法律调控纠偏机制建设"的观点，从强化舆论监督、开展微观反腐、设立利益均衡指数与开展利益均衡巡视三方面着重论述，以期指导实践。

第八章，针对利益均衡法律调控的核心问题——调控主体，从理论和实际出发，提出"治权实体"的理论，建议构建有机联结、科学分工、有效制衡的新型的党政关系，明确中国共产党领导各方作为利益均衡调控的核心主体地位。

# 目　录

## 上编　利益均衡法律调控基本理论

## 下编　完善利益均衡法律调控的对策

# 上编

# 利益均衡法律调控基本理论

利益均衡是在利益分配的机制中所遵循的最大限度公平合理地进行利益均衡配置的最优状态。"利益均衡"作为法治理念的组成部分和追求目标,可以运用法律规范性、强制性、普遍性和稳定性,在法治理念下组织和推动利益均衡。同时,也为改革建设提供了目标方向和实现途径,更"重视发挥法治的引导功能和教化作用","重视发挥实体法治'分配正义'的作用","重视发挥程序法治的'游戏规则'作用",① 让社会改革的举措更加实体化,让法律调控更具备方向性。本编对利益均衡法律调控涉及的相关基础理论进行论述,为下一编奠定理论基础。

---

① 李林:《怎样以法治凝聚改革共识》,《北京日报》2013 年 3 月 11 日。

# 第一章

# 利益均衡基本理论

利益是人类生存、发展的基础。人一旦降生，随之而来的则必然是各种利益的需要和满足。利益是伴随着人类存在和发展的一个基本的社会历史现象。人与人之间的关系归根到底是一种利益关系，利益关系实际上就是人际社会关系的体现。① 纵览古今中外，任何一个政权的执政过程实质上就是在全体社会成员中进行利益配置的过程。能否合理配置利益，确保利益在社会成员中合理、良性配置，是检验一个政权合法性的重要标准，也是决定一个政权能够存在发展的根本因素。由此可见，利益均衡既涉及人类平等发展，也关乎社会正义的实现。

利益是社会的血液，实现利益均衡的社会机制则是国家和政权的免疫系统。血液流通正常，免疫系统发挥好作用，则细胞健康，器官健壮，生命活跃，反之则是生命的衰亡。如同人体内恶性细胞和免疫系统一直处于交替斗争中一样，人类历史上更多时候的利益流动和利益调节机制也处于剧烈变化之中，并导致相应的国家命运。

## 第一节　利益分配与利益均衡

利益是一个基本的社会历史现象，是人类活动的基本动因，假如没有人类的逐利冲动，社会便难以发展和进步。马克思曾指出：

---

① 王伟光：《利益论》，人民出版社 2001 年版，第 134 页。

"人们为之奋斗的一切，都同他们的利益有关。"① 利益贯穿于社会生活的方方面面，时时有利益，事事有利益，概莫能外。

## 一 利益的相关概念

### （一）利益

"利"在我国的甲骨文中属于会意字范畴，具体是指从事农业生产以及采集自然果实或收割成熟的庄稼之意。② 后来逐渐演化出祭祀占卜以及某项活动达到实际效果或者是预期目标之意，并进一步引申出如今熟悉的利益功利的含义。在我国文字学史上，"利"字一开始作为单音词出现，如《墨子·经上》："利，所得而喜也。"双音词"利益"原是佛教用语，后被引入中国，意指利生益世的功德，如唐代《法华文句记》卷六之二曰："功德利益者，只功德一而无异。若分别者，自益名功德，益他名利益。"《后汉书·巡吏传·卫枫》："教民种植桑拓麻纻之属，劝令养蚕织履，民得利益焉。"这里已经有了现代意义上的"利益"之意，并一直使用至今。

一般认为，利益是人为了满足实现其需要而在社会政治经济文化活动过程中通过一定的社会关系所表现出来的价值。而学界对于利益概念的表述，各主要观点如下：

第一种观点将利益主观化，认为利益就是满足人的主观欲望。如赵奎礼认为："利益，就是指人们对周围世界一定对象的需要。"③

第二种观点将利益客观化，认为利益是具有一定物质实体的东西，其不以人的主观需要为转移。如薛永应认为："经济利益是在一定社会经济形式中满足主体经济需要的一定数量的社会劳动成果。"④

第三种观点则是第一、二种观点的综合，主张用主客观相统一的观点看待利益，即利益的内容是客观的，表现形式是主观的。"即一方面，利益的实际内容、产生的手段、基础首先就是物质的、客观的。如人谋求食物的生产过程就是一种物质的生产过程。另一

---

① 《马克思恩格斯全集》第 1 卷，人民出版社 1995 年版，第 187 页。
② 《郭沫若全集·考古编》第一卷，科学出版社 1982 年版，第 88 页。
③ 赵奎礼：《利益学概论》，辽宁教育出版社 1992 年版，第 2 页。
④ 薛永应：《社会主义经济利益概论》，人民出版社 1985 年版，第 42 页。

方面，利益反映了人在主观上对需求对象的一种追求、兴趣和认识，同时利益的实现过程也不可以离开人的主观努力，任何利益只有通过人的主体活动才能实现。"①

第四种观点把利益视作社会关系的体现，是政治关系、经济关系、社会性关系的总和。如王伟光认为："利益，就是一定的客观需要对象在满足主体需要时，在需要主体之间进行分配时所形成的一定性质的社会关系的形式。"②

就笔者而言，考虑到人的社会属性及其与利益的相关性，本书采用第四种观点，即社会关系是利益的本质属性。

以社会关系的内容来说，在以主体活动为纽带的社会关系中，由于主体所处环境的特定性、主体需求的差异性以及主体活动的不同性，导致主体之间的社会关系的内容十分复杂。③ 但是，它首先必须是以满足人们生存、发展需要为基础的。生存是压倒一切的首要目标，只有在生存基础之上，其他的利益需求才能得以满足。其次，在各个主体的相互关系中，由于各种原因，有的主体在社会中处于支配地位，有的主体处于服从地位；有的起决定性作用，有的不起决定性作用。这种支配与服从、决定性与非决定性的关系，不仅仅是人的地位问题，也不仅仅是谁的话语权占优的问题，而是直接关系到各个主体在利益分配面前是否平等的问题，直接关系到他们的需求能否得到满足、满足程度大小的问题。因此，主体在社会关系中的地位问题就转化为其需求的利害关系问题，而利害关系的实质就是能否获得利益的问题。再次，在社会分配关系中，虽然人们都在进行一定的活动，但是，有的人凭借占有的生产资料和所处的社会支配地位，来掠夺社会的物质财富和精神财富；有的人虽然进行了艰苦的劳动，却只能取得仅仅维持生计甚至难以维持生计的物资。随着这种不平等的分配关系的产生和逐渐发展，主体之间的剥削与被剥削的关系、压迫与被压迫的关系就产生了。这种关系的实质就是利害关系，它常常以是否获

---

① 王伟光：《利益论》，人民出版社 2001 年版，第 70—71 页。
② 同上书，第 74 页。
③ 孙立平：《"关系"、社会关系与社会结构》，《社会学研究》1996 年第 5 期。

得利益为本质和表现形式。

可见，不论是从主体的"需求"必须通过社会关系才能转化为利益这一过程来看，还是从"利益"是主体因需求而在社会政治经济文化活动中所结成的一种社会关系的反映来讲，都能够明确社会关系是利益的根本属性。

根据对利益概念的论述，利益可以归结为在特定社会地位和社会关系基础上所表现出来的各种需求，如经济、文化、政治和社会等各个方面的需求。而利益也可以依据不同的标准进行相应的分类。

"按照利益的一般分类和利益个别的关系来划分，可以划分出个别利益、特殊利益、共同利益、一般利益（普遍利益）；按照利益的实现范围来划分，可以划分出局部利益、整体利益；按照利益的主体差别来划分，可以划分出个人利益、群体利益和社会整体利益。并且，在此基础上，还可进一步细分为家庭利益、企业利益、单位利益、地区利益、阶层利益、阶级利益、民族利益、国家利益等；按照利益实现的时间来划分，可以划分出长远利益、眼前利益；按照利益实现的重要程度来划分，可以划分出根本利益、暂时利益；按照利益实现的角度来划分，可将利益划分为既得利益和将来利益；按照利益的客观内容来划分，可以划分为物质利益和精神利益、经济利益和政治利益等；按社会所拥有的满足人们利益需要的能力来划分，可以划分出现实利益、理想利益。"[1] 最基本、最常用的划分，是经济利益、政治利益、文化利益的"三分法"。

此外，利益还可分为公共利益和私人利益，虽然私人利益也可以通过慈善等私人自愿行为将已然获取的个人利益输送给社会的弱势群体，但在现代社会普遍认同"私人财产神圣不可侵犯"的价值观情况下，公权力除非通过税收、征收征用等正当手段对私人利益进行适量分配外，绝无可能强行平均分配社会成员个人所获得的正当利益，故本书所要讨论的利益均衡中的"利益"应主要为公共利

---

[1]　蒋永穆、纪志耿：《社会主义和谐社会的利益协调机制研究》，经济科学出版社2011年版，第120页。

益以及个人利益中自愿输送的部分。有的学者将公共利益分为四个层面：一是基础的层面，应该是共同体的生产力发展；二是公共利益，其指的是社会每个成员都有可能受益的公共物品的生产，包括公共安全、公共秩序、公共卫生等；三是社会每个成员正当权利和自由的保障；四是合理化的公共制度。①

　　而本书为方便论述，将利益划分为政治利益、经济利益和社会性利益三大类。其中，政治利益指的是人民当家做主的权力和利益。② 经济利益是人们在生产、流通、分配、消费过程中的利益。③ "社会性利益"是本书提出的一个新概念，指政治利益、经济利益之外剩余利益的统称，主要包括人民受教育、劳动、医疗、社保、居住等方面的利益。就其内容来源讲，以党的十七大报告中的"学有所教，劳有所得，病有所医，老有所养，住有所居"④ 为核心。

　　（二）利益分配

　　利益的实现必须通过一定形式的分配来完成，由于利益和社会关系具有同一性，因此利益分配从根本上依赖于社会关系。恩格斯认为："每一个社会的经济关系首先是作为利益表现出来的。"⑤ 即一定的社会关系必然对应一定的利益关系，人与人之间的社会关系本质上是利益关系。一个人要生存和发展，必然要从事满足自身生存需要的社会关系，而这种社会关系说到底就是一种利益关系，一种实际上体现人与社会之间的关系。在这个层面，可以说利益分配的状况其实决定着社会生活的状况，同时也是社会公平程度最大最直接的写照，它受制于社会制度，也反过来影响社会制度。⑥

---

　　① 彭柏林、卢先明、李彬等：《当代中国公益伦理》，人民出版社 2010 年版，第 24 页。

　　② 郝云：《利益理论比较研究》，复旦大学出版社 2007 年版，第 47 页。

　　③ 吕健：《文化利益理论与实践》，经济管理出版社 2012 年版，第 33 页。

　　④ 《中国共产党第十七次全国代表大会文件汇编》，人民出版社 2007 年版，第 36 页。

　　⑤ ［德］恩格斯：《论住宅关系》，载《马克思恩格斯选集》第 2 卷，人民出版社 2012 年版，第 537 页。

　　⑥ 殷冬水、周光辉：《利益表达平衡：社会正义的内在要求——我国社会不公发生逻辑与社会正义实现方式的政治学分析》，《江汉论坛》2013 年第 2 期。

"在任何领域谈到利益分配问题时，首先都要确定利益分配的要素问题。所谓利益分配的要素应该是能对利益的产生起贡献作用的因素。"① 笔者认为，利益分配的构成要素如下：

1. 利益分配的根源——不同的利益主体

由于受主客观条件的限制，个人无法满足自身的全部需要，所以在不同利益主体之间产生了交换的需要。当国家出现后，在不同利益主体间进行利益分配的重任由国家来承担。不论是国家，还是个人，利益分配都是在人的参与下进行的。也就是说，利益是人的利益，人是利益的主体。② 它包括两层含义。第一，反映了一种主动与被动的关系。社会中的人是利益的决定者，利益是满足人生存、发展需要被"创造"出来的。作为具有认识和实践能力的人，为了赖以生存和发展的利益，总是积极主动地去创造各种财富以满足其需求。例如在实际社会生活中，利益一方面是被人创造的，另一方面也是被人利用的。人为了实现和维护自己的利益，会想方设法借助于自身的一系列行为，人是自身利益的主人。第二，利益的主体是人。这里所说的"人"指广泛意义上的"人"，它不仅包括单个的人，还包括具有群体意义的人，例如家庭、团体、阶级和民族等。在具体的利益关系中，利益关系究竟涉及哪个人或哪些人，要以具体的利益关系而定。笔者在本章节中之所以使用"主体"来代替"人"的概念，在于说明利益既有个人的利益，又有群体的利益。

利益所具有的能够满足人们某种需求的属性，正是利益的价值所在。③ 人作为高级动物，其需求是从动物的本能发展来的，但是具有不同认识和实践能力的人，所要实现的需要既有相似性，又有差异性。相似性表现为人的本能需求，差异性则表现为不同的

---

① 董明明：《城中村改造中利益分配研究》，硕士学位论文，西安建筑科技大学，2009 年。

② Langan, M., "The Contest Concept of Need", In *Welfare: Needs, Rights and Risks*, London: Tontledge, 1998.

③ 刘太刚：《公共利益法治论——基于需求溢出理论的分析》，《法学家》2011 年第 6 期。

特定需求。尽管基本需求是普及的、客观的，但每个社会的基本需求在不同时期会采取特定的内容和满足方式。[①] 随着社会文明的不断进步和持续发展，人的需求也随之不断增加，各种形式的需求以一种内在的联系，结成一个庞大的有机体系；而差异性包括如下四层意思：（1）不同主体之间，不论是在客观上还是主观上，他们对于需求具有不同的差异。（2）同一主体在不同条件下，或由于其地位的变化，或由于其能力的变化，这导致他们的需求也是不断变化的。[②]（3）从主体需求的内容来看，需求本身的变化有量的变化，也有质的变化。（4）从主体的发展过程来看，主体需求的变化是无限的。[③] 在人类文明进步的历程中，没有需求就没有欲望，也就没有生产和其他活动，但是随着人们认识能力和实践能力的不断发展，主体在生产需求的活动中，已经得到满足的需求本身以及满足这些需求的活动和手段，又会引起新的需求。[④] 人类利益需求的同一性和差异性在社会资源有限的情况下都会导致利益分配的冲突。

从主体需求的相似性和差异性来说，在社会的各种关系中，应当明确在一定的条件下，主体的需求具有相似性。但是，主体在社会中或因经济地位和能力水平的不同，或因血缘关系、性别关系、地缘关系的不同，或因民族关系、宗教关系和信仰关系的不同等，往往出现差异性。所谓"差异性"就是各个主体之间或者某些群体之间存在着不同指向的需求，这种不同主体之间不同指向的需求，使主体实现需求的活动方向有可能相互偏离，甚至可能是相互对立的。主体活动方向的不一致，导致需求的矛盾和活动方向的偏离，甚至导致摩擦和活动方向的对立，从而引起相互冲突。当社会的物质财富和精神财富不可能都满足每个主体的需求时，而矛盾、摩擦和冲突的结果，或是各方相互妥协，各有所得而安；或是以牺牲一

---

① Ramsay, M., "Human Needs and the Market", Aldershot Avebury, 1992.

② 《资政全鉴》编写组：《资政全鉴·第5分卷·名鉴与利鉴》，中共中央党校出版社2008年版，第330页。

③ 同上书，第331页。

④ 同上。

方的需求为代价来满足另一方的需求；或是一方的部分需求屈从于另一方的部分需求；等等。① 因此，不论各个主体怎样进行活动以及活动的结果如何，利害关系产生，主体间就会对应产生调节或处理这些关系的需要，而这种需要只不过是利益关系的另一种表达而已。

2. 实现利益分配的中介——社会活动

不论是动物，还是人，只要有生存和繁衍的需要，它就必须进行活动。但是，作为主体的人和动物之间，由于种类的不同，在实现需求的过程中，二者活动的性质、目的和方式就必然不同。从总体上讲，动物的生命活动仅仅是有机体对于环境刺激反应的总和。② 而作为主体的人，自身的需求与现实的生存发展之间存在着"鸿沟"，连接二者的就是社会活动。社会活动成为实现利益分配的媒介，是由人作为主体实现需求的必要性所决定的。如果没有社会活动作为媒介，人的利益分配也就无从实现。

本质上，利益分配的活动既是实践活动又是认识活动；既是个体活动又是群体活动；既是阶段性活动又是连续性活动；既是受动性活动又是能动性活动。③ 也就是说，利益分配是从始至终贯穿于社会活动之中的，无法脱离活动而单独存在，社会活动是利益实现的中介。

3. 利益分配的表现形式——价值

当人们的需要通过各种社会活动在一定的社会关系中转化为相应的利益分配关系时，此时利益关系就以价值的形式表现出来。而所谓"价值"就是作为客体的利益满足主体需要的效用，实际上也就是利益满足人们需要的有用性。④ 它可能表现为物质性，也可能表现为精神性或其他形式。总之，价值是根据主体的利益需要在社

---

① 包心鉴主编：《政府治理创新与当代中国社会发展》，人民出版社 2014 年版，第 35 页。

② 苏宏章：《利益论》，辽宁大学出版社 1991 年版，第 49 页。

③ 毛勒堂：《分配正义：和谐社会不可或缺的价值守护》，《云南社会科学》2007 年第 1 期。

④ 《资政全鉴》编写组：《资政全鉴·第 5 分卷·名鉴与利鉴》，中共中央党校出版社 2008 年版，第 338 页。

会生活中产生的效果和作用为衡量标准的。具体来讲，社会关系中的价值实质就是反映需要主体与需要对象之间的矛盾关系。简单来说，只有能够满足人的某种利益需要或对主体具有肯定意义的，即是有用的、有价值的；而与人的某种利益需要无关甚至妨碍一些利益实现的或对主体具有否定意义的，则是无用的、无价值的。[①] 因此，价值不仅仅表现为它相对于人的生存和发展来说是必需的、有益的东西，而且是它深刻地表示着一种价值关系，即"作为主体的人同其利益需要的对象之间的特定关系"[②]。所以，价值关系就成为利益分配关系的表现形式。

在现实的社会关系中，虽然各个主体都在进行活动，但是各个主体利益的实现，常常出现不同的情况：有的可以实现，有的不能实现；有的实现程度高，有的实现程度低。但毫无疑问的是，无论出现何种状况，主体在一定的社会关系中所表现出来的价值即为利益。而价值，作为利益的表现形式，它既是主体与客观世界关系的反映，又是主体利益实现的载体。只有以价值为利益实现的标志和标准，主体利益才是真实的和现实的，没有价值的利益实现是没有意义的。

（三）利益均衡

利益均衡有时被称为"分配公正"，其是利益分配的一种最优化的状况，是社会公平正义所追求的价值目标之一。利益分配是手段，利益均衡则是结果。

笔者认为，分配正义理论可被视为利益均衡理论的先导，作为古代希腊思想的集大成者，亚里士多德对于分配正义的表述有助于我们厘清利益均衡的概念。他认为，分配公正是公正的特殊组成部分，其总原则是按照所值分配——"公正是灵魂的德性，在于它按照价值来对每人分派"[③]。"公正的特点是能依据其价值来对每个人

---

① 王玉樑：《评价值哲学中的满足需要论》，《马克思主义研究》2012年第7期。

② 《资政全鉴》编写组：《资政全鉴·第5分卷·名鉴与利鉴》，中共中央党校出版社2008年版，第339页。

③ 《亚里士多德全集》第8卷，田立苗译，中国人民大学出版社1994年版，第459页。

分派，保持沿袭的习惯和法律，以及成文的律令，在重大问题上判明真理，并保持一致。"① 根据价值的要求，公正是平等对平等、不平等对不平等。"笼统地说，对他人的公正就是平等。不公正就是不平等。因为当把善物的更大部分，恶物的更小部分派给自己时，就是不平等。……既然不公正在不平等中，那么，公正性和公正就出现在平等中。所以很清楚，公正性应当是过度与不及、多与少之间的某种中庸。"② "所有人都持有某种公正观念，然而他们全都中止于某一地方，并且未能完整地阐明公正一词的主要含义。例如，公正被认为是，而且事实上也是平等，但并非是对所有人而言，而是对于彼此平等的人而言；不平等被认为是，而且事实上也是公正的，不过也不是对所有人而是对彼此不平等的人而言。"③ 由此可见，亚里士多德对于正义的判断是通过平等、公平来实现的。

他认为，个人情况的差别是按照比例分配的依据，等级、身份、地位、贡献等是衡量分配比例是否平等的因素，要讲究差别，拉开档次。"在善物的分配上，没有一个人把相等的份额平分给优越者和卑下者，而总是把更多的一份给予优越者。这是依据比例的平等；因为在某种意义上，卑下者占有较少的善物与优越者占有较多的善物是平等的。"④ 完全不顾实际差别的平均分配，恰恰是极度不公正，违背了所值的总要求，是对于有才能者的打击，是完全错误、十分丑恶的行为。正义需要考虑具体人与事，判断不能一般化。公正是对某些人或事而言的。⑤ 综上所述，亚里士多德的公平分配理论是以实质公平正义为导向的，这与笔者所讲的利益均衡是一脉相承的。

笔者认为，利益均衡是指在资源、财富或利益的种类、数量与

---

① 《亚里士多德全集》第 8 卷，田立苗译，中国人民大学出版社 1994 年版，第461 页。

② 同上书，第 278 页。

③ 同上书，第 89 页。

④ 同上书，第 332 页。

⑤ 同上书，第 166 页。

质量的占有方面实现公平、公正的分配。利益均衡体现的是人与人之间的社会关系，它同时涉及政治利益、经济利益和社会性利益。就其形态结构而言，它是"各方利益主体各自占有优势利益资源，谁也无法控制谁，谁也无法消灭谁，多元利益主体在合作的基础上实现利益均沾；在利益分配方面，国家和政府能反映和综合各方利益主体的利益要求，特别是对于社会弱势利益主体而言，利益分配能满足其基本生存和发展需要"[①]。

利益均衡应是衡量社会和谐程度的"风向标"。"要使社会符合和谐规律，就得使社会利益达到一种'均衡'状态，这就必须协调好各方面的利益，把利益冲突减少到最低限度。"[②] 换句话说，"就是在社会主义社会中实现人民内部利益群体积极组合并共享改革带来的利益，更是在社会制度公平、正义的前提下，积极支持强势群体合法权益不断壮大发展的同时，更加注重于加大对弱势群体的救济与支持的力度，实现利益在群体之间、在群体内社会成员间的合理分配，形成全体社会成员各得其所，又充满活力参与建设，从而共享改革发展成果的利益群体间均衡的利益格局"[③]。

为了实现利益均衡这一理想的分配状态，客观上需要构建一整套制度，以促使存量利益从获得利益较多阶层流向获得利益较少阶层和促使新增利益在社会成员中均衡配置。这一机制应当体现出公平、协商民主和合法性这三大基本原则，并辅之以对应的纠偏法律机制，实现利益均衡理念的制度化建设的最终目标。应当从以下几方面科学把握利益均衡的内涵：

1. 利益均衡的对象包括存量利益均衡和增量利益均衡

利益均衡包括目前存量利益的均衡和将来增量利益的均衡。利益均衡不是盲目的社会行动，其追求的结果是实现更大范围和更高层次的社会公平。客观而言，由于存量利益的膨胀、增量利益的不

---

① 潘弘祥：《宪法的社会理论分析》，人民出版社 2009 年版，第 146 页。
② 谢继新：《论我国利益均衡机制的构建——以共和主义为视角》，硕士学位论文，中南民族大学，2010 年，第 8 页。
③ 张涛伟：《构建社会主义和谐社会的利益均衡问题研究》，硕士学位论文，西安科技大学，2007 年，第 10 页。

断产生以及利益格局的多元化等诸多原因，导致调整现有利益格局
所面临的困难异常艰巨。具体表现为既要维持经济的平稳、快速、
健康发展，又要缩小贫富差距和实现社会公平；既要转变经济发展
方式，又要实现绿色可持续发展；既要进一步推进改革深入，又要
维护社会稳定大局；既要维护中央政治权威，又要赋予地方较大自
主权；既要限制既得利益阶层的利益，又要保护弱势群体的利益
等。这些互相对立的利益格局要在稳中求进，需要有高超的政治智
慧和成熟的制度构建，诚如学者指出的，我国"深化改革难就难在
如何平衡一些我们已经接受的基本价值。改革的重点已经由先前以
增加利益总量为主，转变为既要继续增加利益总量，又要特别注重
利益的公正分配"①，"改革的新瓶颈集中到了决策体制、干部体制
和政府体制，并且发生了从经济到政治、从外围到内核的位移"②，
也就是说，我国的改革已经进入"深水区"。因此，推动利益均衡
难度很大，但无论如何，推进利益均衡要坚持以社会公平为出发点
和归宿。为了达到社会公平的目的，推动和实现利益均衡的思路应
该一是对现有存量利益进行调整的需要，二是对不断产生的增量利
益进行调整的需要。前者解决现状妥善调和的问题，后者解决未来
合理配置的问题。

2. 利益均衡不同于利益均等或平均主义

一方面利益均衡不同于利益均等，它遵循市场经济规律，在坚
持"效率优先，兼顾公平"的前提下，鼓励和保护一切合法的劳动
收入和非劳动收入，让一部分人先富起来，同时加大政府对收入分
配的调控力度，调节分配结构，使收益较少者得到补偿，能够避免
贫富悬殊、两极分化，妥善协调各种利益关系，实现公平与效率的
有机结合，从而使更多的人走上富裕之路，让广大人民群众普遍得
到实惠，逐步建设全体人民各司其职、各尽所能、各得其所而又和
谐相处的社会。另一方面利益均衡也不是计划经济时期分配中的平均

---

①　俞可平：《在反思中深化改革》，2016 年 9 月 18 日（http：//finance. sina. com.
cn/economist/pingyixueren/20060326/14262448002. shtml）。

②　闫健编：《民主是个好东西——俞可平访谈录》，社会科学文献出版社 2006 年
版，第 115—116 页。

主义，由于社会分工和劳动能力差异，在利益分配上自然就存在着不平等，"多劳多得，少劳少得，不劳不得"是市场经济的基本要求。[1]平均主义追求的是社会收益分配、社会待遇方面的均等，主张消灭一切差别。其弊端在于利益激励机制缺失，抑制了劳动者的积极性、主动性和创造性，牺牲了积极劳动者的物质利益。历史证明，平均主义大锅饭的分配机制虽然有"结果平等"，但其代价是低效率的普遍贫穷。[2]

3. 利益分配的不均衡不能超过社会容忍的必要限度

在利益均衡的过程中，实现利益的绝对平均分配是不现实的。但是，利益分配不均衡的状况也不能超过一定的限度，假如社会不公达到一定的程度，那么社会矛盾必将积重难返，从而导致严重的后果。[3]纵览历史长河和现实社会，利益分配始终处在一个动态变化的过程中，不同社会类型的转变是利益关系的重新界定，政权更迭是利益格局的重建。在同一个执政主体执政过程中，也总是充满了利益失衡和相对均衡的变化。在古代中国，利益分配严重失衡超越民众忍受底线是导致政权更迭的根本原因，大规模的农民起义则是利益分配严重失衡的最佳注脚。综览中国历朝历代，历史的轨迹大凡是这样运行的，旧朝代的利益分配严重失衡，产生了新朝代或新政权，新的政权注重利益均衡，社会处在一个相对平稳的状态向前发展，但到了王朝中后期，利益分布失衡状态越来越严重，也就是旧王朝被彻底推翻、新王朝催生的时候。在国外，封建社会由于利益分配严重失衡引发社会矛盾，导致启蒙运动；早期资本主义社会严重利益失衡催生了科学社会主义的诞生。

---

① 洪远朋、陈波：《改革开放三十年来我国社会利益关系的十大变化》，《马克思主义研究》2008 年第 9 期。

② 董学会：《构建和谐社会的利益均衡机制》，《芜湖职业技术学院学报》2005 年第 4 期。

③ 毛勒堂：《分配正义视野下的社会管理检讨》，《吉首大学学报》（社会科学版）2013 年第 2 期。

4. 利益分配的不平均要具有合法性和必要性

利益均衡中不平均的存在，除了要求其存在的"度"在社会容忍的范围内，同时还要求其存在的合法性和必要性。基于法律的权威性和强制性，唯有这种利益不平均状态合法和有足够理由，才能使不平均状态中利益受损的一方更容易接受。利益均衡不是绝对的平均，取消任何合理的差别，而是要把差别控制在公众所能忍受的范围之内。科恩在《论民主》中提出民主所要求的经济条件不是"国有化"，也不是"平均主义"，而是"公民享有合理水平的经济福利"。① 萨托也认为"平等对待并不排除差别，即并不产生平等结果"。② 1944 年，哈耶克在《通往奴役之路》中，针对当时盛行的计划经济浪潮，尖锐地指出："经济结果的平等主义同样损害了公正原则，经济平等论的危害在于强调平均财富可以使全体人民达到经济上的自由，这将导致物质财富源泉最终枯竭。"③

5. 利益分配的标准必须是各方利益充分博弈的结果

从利益均衡的概念的描述中，我们可知利益均衡是利益体系中各方利益处于和平共处、相对均势、相对静止的状态。而想要达到这种相对均势、相对静止的状态必然要求各方利益群体在利益分配的过程中实现各自认为的最大效用，即使各方实际得到的效用和满意程度不同，但所有参与者都满意于这样的博弈结果，并不想改变目前策略的一种相对静止的状态。而这种最大效用必须是各方利益群体充分博弈，不然势必会因为对某一群体的分配不公而导致利益失衡。④ 因此，利益均衡的分配标准就是各方利益群体在博弈过程中达到均衡，即各方利益充分博弈的结果。

---

① ［美］科恩：《论民主》，商务印书馆 2004 年版，第 234 页。

② ［美］乔万尼·萨托利：《民主新论》，冯克利等译，上海人民出版社 2009 年版，第 68 页。

③ 《向奴役之路——海叶克教授对计划经济的新评价》，石涛译，《东方杂志》第 42 卷 20 号，1946 年 10 月 15 日。

④ 马振超：《对构建公正社会现实性挑战的分析与思考》，《政治学研究》2012 年第 6 期。

### 二　利益均衡理念的意义

利益均衡理念是在利益分配的机制中所遵循的最大限度公平合理地进行利益均衡配置的理性思想观念。将"利益均衡理念"作为法治理念的组成部分和追求目标，其优点是显而易见的。一方面，法律具有规范性、强制性、普遍性和稳定性，在法治理念下可以组织和推动利益均衡，使其规范有序地进行，"以法治最大限度地凝聚改革的思想共识、价值共识、制度共识和行为共识，为深化改革奠定良好的法治基础、提供重要的法治保障"[1]。另一方面，利益均衡理念为改革建设提供了目标方向和实现途径，更"重视发挥法治的引导功能和教化作用"、"重视发挥实体法治'分配正义'的作用"、"重视发挥程序法治的'游戏规则'作用"、"重视培养各级领导机关和领导干部运用法治思维和法治方式的能力"，[2] 让社会改革的举措更加实体化，让法律调控更具方向性。简言之，利益均衡理念是党的执政思想的有益补充，对深化改革开发的事业具有重大意义。

#### （一）以"利益均衡理念"完善党的执政理念

中国共产党的执政理念是决定中国发展变革方向的核心理念，其自身的变迁深深影响着中国改革开放的历史进程。中国共产党的根本宗旨是全心全意地为人民服务。在这一根本宗旨下，党在不同历史时期，针对不同社会现实，提出了不同的执政理念。综观世界各国的政治改革和发展，巩固和增强执政基础的基本规律之一就是，执政党的执政理念应当尽可能地反映和体现社会各个方面的利益要求，以最大公约数赢得国民的认同和支持。只有这样，执政党才能最大限度地获得执政的合法性来源，从而化解执政风险，巩固和保持执政地位。[3] 笔者认为，新时期党应当更加注重利益分配在中国社会发展和进步中所占的重要位置，将利益均衡确立为执政党

---

① 李林：《怎样以法治凝聚改革共识》，《北京日报》2013 年 3 月 11 日。
② 同上。
③ 汤志华：《中国共产党利益整合能力建设研究》，中国社会科学出版社 2010 年版，第 99 页。

在新时期的一个重要执政理念。

在领导中国社会主义过程中，中国共产党对社会公平重要性的认识不断深入，持之以恒地采取多种措施促进社会公平。第一代中央领导集体建立社会主义制度，使我国具备实现社会公平的制度基础。第二代领导集体从社会主义本质的角度思考社会公平的意义与要求，把社会主义的本质概括为"解放生产力，发展生产力，消灭剥削，消除两极分化，最终达到共同富裕"①。第三代中央领导集体提出"三个代表"重要思想，把代表最广大人民的根本利益作为一切工作的出发点和落脚点。第四代中央领导集体提出了科学发展观与和谐社会建设这两大执政理念，执政党更加注重公平合理地分配社会资源，注重利益配置的公平性和合理性。习近平在中国共产党十八届五中全会上提出"创新、协调、绿色、开放、共享"五大发展理念，指出"坚持共享发展，必须坚持发展为了人民、发展依靠人民、发展成果由人民共享，作出更有效的制度安排，使全体人民在共建共享发展中有更多获得感，增强发展动力，增进人民团结，朝着共同富裕方向稳步前进"。这是国家树立的新型发展理念，也是我国新时期各项事业发展必须遵循的指导思想。可见，以推动和实现社会公平为己任的利益均衡理念，是党在新时期践行全心全意为人民服务宗旨、实现社会公平的具体行动指南，在本质上与马克思主义存在着天然的契合性，是对科学发展观、社会主义和谐社会理念的延续和发展，是马克思主义与中国国情相结合的产物，是马克思主义在中国新的发展。

（二）"利益均衡理念"为巩固党的执政地位提供新视角

俗话说，基础不牢，地动山摇。中国共产党成立之初，是深深植根于人民群众中的，离不开全国各族人民的拥护和支持。中国新民主主义革命的胜利，正是全国人民拥护、支持中国共产党的结果。不管是在革命战争时期还是在和平建设时期，没有人民群众的支持，就没有中国共产党的胜利。在每次重大历史时刻能够克服困

---

① 《邓小平文选》第 3 卷，人民出版社 1993 年版，第 373 页。

难取得胜利，都是全国人民拥护、支持的结果。但是，"过去先进不等于现在先进，现在先进不等于永远先进"，在新时期，"当革命带来的政治红利逐渐消失时，建立新的合法性基础便成为越来越迫切的要求"，① 由于改革开放事业推进步伐的不一致以及改革中利益分配有所失衡，以及在一定程度上腐败现象的蔓延，再加上国内外敌对势力的鼓噪，党和人民群众的血肉关系受到一定程度的损伤，社会上弥漫着对党的种种不利传言，在一定程度上损害了党的执政基础。诚如人民论坛网网友所感叹的："买不起房、看不起病、上不起学，这些现象每天都在我们身边发生，让我们感到揪心，感到失望！"② 如前所述，在 2006 年中国社科院的一次调查中，人民群众在遇到困难需要救助时，把党的救助列到了第七位，这应当引起执政党及所有希望中国兴旺发达的有识之士的警惕。党提出利益均衡的执政理念，使利益在全社会范围内得到合理合法的均衡配置，尤其是加大对弱势群体、低收入人群的良性利益输送，既给他们提供改善生活、工作和学习所需的直接资源，又创造更多的公平机会，使他们进一步得到公正的对待，更加公平地分享改革开放成果，无疑有利于化解不良看法，弥补并恢复党群的良好关系。③ 推行利益均衡，是社会整体性进步的一个表现，政治、经济、文化等各方面都将进行深刻的调整，利益均衡不仅是凝聚社会共识的要求，还是执政党提升执政合法性的必备要件。"亨廷顿认为，'一个处于现代化之中的社会，其政治共同体的建立，应当在"横向"上能将社会群体加以融合，在"纵向"上能把社会和经济阶级加以同化'，由此，如何在利益的快速变化中进一步合理分配价值，将利益差距控制在社会成员可以接受的限度内，在新的层面上达到社会价值的一体化，这对提升全社会成员对执政党的

---

① 王长江：《中国共产党：从革命党向执政党的转变》，载俞可平《中国的政治发展：中美学者的视角》，社会科学出版社 2013 年版，第 80 页。

② 《中国能否越过"中等收入陷阱"？》，2016 年 9 月 24 日，网易新闻（http://news. 163. com/10/0707/14/6B0DE4GT000146BC_ 2. html）。

③ 虞云耀：《党的执政理念的历史性进步——十六大以来党的执政理念与实践的创新发展》，《求是》2012 年第 13 期。

认同度影响极大。"① 因此，确立利益均衡的执政理念并推选一系列的新措施，有利于从根本上改善党与人民群众的关系，消减党群对立情绪，增加党执政的合法性，巩固党的执政地位。

（三）"利益均衡理念"是继续推进改革开放的新动力

在经历 30 多年的快速经济发展之后，总体而言，中国社会已经积累了"第一桶金"。社会财富的总量与改革开放初期相比，已经有了翻天覆地的变化，为进一步发展打下了坚实基础。据统计，1949 年中国大陆社会资金总量原值 1020 亿元，改革开放前的 1976 年中国大陆社会资金总量原值 1.3 万亿元，2006 年的我国社会财富总量为 93 万亿元。30 多年中，我国经济保持年均 9.7% 的增长速度，居世界第一。② 改革开放 30 余年，我国综合国力和人民生活水平得到了不断提升。2011 年和 1978 年相比，我国城镇居民人均可支配收入由 343.7 元提高到 21810 元。这是在"效率优先"指导思想下，我们在经济建设领域所取得的伟大成就。但在新时期，受到多方面影响，全社会范围内的利益分配存在一定失衡状况，利益相对集中到某些社会阶层手中。在某些领域和地区体现得尤为明显，影响到部分人民群众的生活。有学者认为我国正面临着"中等收入陷阱"的问题。"当一国人均国民总收入超过 3855 美元之后，如果经济能继续发展、产业结构能顺利升级，那么，该国就将进入发达国家行列。"③ "历史经验表明，这一阶段恰恰是这个国家需要应对诸多复杂的技术、经济、社会和政治挑战的关键阶段，稍有不慎就有可能陷入经济增长回落或长期停滞的境地，故被称为'中等收入陷阱'。"④ 部分拉美国家在 20 世纪 70 年代左右就已进入中等收入国家行列，直到 2007 年还未进入发达国家行列，因此被认为掉入

---

① 蔡霞：《建设现代政治共同体——中国共产党执政使命的历史维度》，载胡舒立《中国 2012》，江苏文艺出版社 2012 年版，第 194 页。

② 《解放思想　开拓创新　不断壮大国有经济实力》，2016 年 9 月 24 日，中国共产党新闻网（http://theory.people.com.cn/GB/49150/49152/8521094.html）。

③ 刘骏主编：《北京市经济形势分析与预测 2011》，中国财政经济出版社 2011 年版，第 299 页。

④ 《中国可以跨过"中等收入陷阱"》，《人民日报》2010 年 9 月 6 日。

"中等收入陷阱"①。"中等收入陷阱"很大程度上是利益分配不公的陷阱，社会成员收入分配差距悬殊以及政府投入资源配置不公等导致经济失衡，经济失衡致使社会矛盾激化、政党斗争加剧、政府更迭频繁，最终导致国家经济社会政策缺乏连续性、有效性等。2009 年，中国人均 GDP 达到 3600 美元，有学者认为我国也已经步入中等发达国家的行列，也面临着"中等收入陷阱"。能否避开这个陷阱，是考验我国改革开放事业能否顺利推进的一个重要问题。多数学者认为我国可以避免这个问题。清华大学胡鞍钢教授强调，"我想经历了 30 年的改革开放实践，无论是党中央，还是人民群众，都越来越理性，越来越成熟，也越来越智慧，中国绝不会误入中等收入陷阱"②。

也有部分学者认为我国面临的并非是"中等收入陷阱"，而是"转型陷阱"。例如清华大学的孙立平教授认为，"中国最需要警惕的既不是中等收入陷阱（Middle Income Trap），也不是简单的改革停滞或倒退，中国真正需要警惕的是另一种可能性，即陷入转型陷阱（Transition Trap）"。"转型陷阱指的是，在改革和转型过程中形成的既得利益格局阻止进一步变革的过程，要求维持现状，希望将某些具有过渡性特征的体制因素定型化，形成最有利于其利益最大化的'混合型体制'，并由此导致经济社会发展的畸形化和经济社会问题的不断积累。""中等收入陷阱的突出表现是原有支撑经济发展的有利因素耗尽而形成的经济停滞，而转型陷阱的主要表现则是

---

① 一些国家落入"中等收入陷阱"的主要原因：第一，城市化与工业化脱节。制造业和基础设施发展严重滞后于城市化，城市化则缺少必要的物质基础和财力的支撑，随着农村居民大量盲目涌入城市，就业问题、住房问题、收入问题及社会保障问题凸显出来。第二，城市各行业和各阶层之间收入分配差距悬殊，存在着"增长性贫困"。第三，受新自由主义影响，实施全面市场化，社会保障过分依赖商业保险和个人储蓄。这虽然减轻了政府负担和压力，却使穷人和社会下层人民的生活更加艰难，因为社会下层的失业者、待业者和低收入者基本被排除在社会保障大门之外。第四，一些国家政府为避免下台，不得不出台对大企业和富有阶层有利的财税政策，以缓解资金外逃、支撑经济景气。第五，收入分配和贫富差距拉大导致经济增长动力不足，内需萎缩，从而使粗放的增长方式和失衡的产业结构长期得不到改善。

② 《中等收入国家易陷发展困境　专家谈中国破解方法》，2016 年 9 月 24 日，新浪财经（http://finance. sina. com. cn/g/20100708/10098256332. shtml）。

经济与社会发展的畸形化。"① 无论是中等收入陷阱还是转型陷阱，都可以归结为利益分配和利益格局的问题，这也是中国改革开放事业正面临的阻力和挑战。为了避免掉入陷阱，就必须大力推动改革向前发展。通过改革，对我国利益分布的状况进行改善，在利益均衡的过程中，既需要继续推进经济建设，继续做大蛋糕，政治体制改革和社会改革也不能过于滞后，否则社会公平问题会越来越严重。经济学家张卓元认为我们应该主动深化改革，推动政府转型，政府不再以追求 GDP 增速作为第一目标，转为公共服务型政府。② 可见，只有进行全面的改革，统筹兼顾利益均衡配置的情况，中国的改革开放事业才能克服困难，度过"瓶颈期"，迎来新的胜利。因此，利益均衡作为避免掉进发展陷阱的根本性措施，无疑会成为推动中国改革开放事业继续向纵深发展的新动力。

（四）"利益均衡理念"为执政党主导社会建设找到突破口

改革开放 30 多年来，随着我国经济建设快速发展，现代化建设亟须社会建设作为支撑。公众组成党和政府工作的社会基础，如果经济建设、政治建设和文化建设没有必要的公众支持，我国现代化建设将难以平稳有序发展。因此，党和政府把加强社会建设确立为新时期执政兴国的一个新的战略目标。社会建设一直由党和政府发挥着主导作用，一方面，"政府推行了有力的改革政策，这些政策有目的地大幅减少了国家干预社会的范围"；另一方面，"政府自觉谋求治理方式的变革，有意识地推动和引导社会自治的发展"。③ 利益分配失衡，既是社会建设滞后或缺失的原因，也是影响社会建设取得更大成果的阻碍因素。对于如何加强社会建设，代表性观点是应当加强社会组织建设，"社会建设内容广泛，而核心问题之一是社会组织建设，只有大力加强社会组织建设，充分发挥社会组织的

---

① 清华大学凯风发展研究院和清华大学社会学系社会发展研究课题组：《中等收入陷阱还是转型陷阱？》，《经济观察报》2012 年 2 月 14 日。

② 张卓元：《转方式调结构是避开"中等收入陷阱"的正确选择》，《新视野》2011 年第 2 期。

③ 燕继荣：《中国的社会自治》，载俞可平《中国的政治发展：中美学者的视角》，社会科学出版社 2013 年版，第 193 页。

功能，才能为经济建设、政治建设、文化建设等提供良好社会条件，并促进社会和谐"①。应当看到，加强社会组织建设解决的是形式问题，利益均衡才是加强社会建设的实质性问题。如果各种社会组织建立起来了，但全社会范围内的利益均衡局面没有得到较大改观，则社会建设只是一个表面的繁荣。当前，我国在国家与社会关系上，公权部门与社会组织之间的角色比较模糊。与公权部门相比，社会组织占有的社会资源较小，对公权部门依赖性很强，社会组织的独立自主空间很小。② 只有通过大胆改革，想方设法赋予社会组织更多的权利，提高其占有利益的份额，社会组织才有可能独立自主地开展有利于社会和谐的活动，才能够真正向人民群众提供更多的服务。③ 只有这样，执政党关于加强社会建设的战略部署才能找到突破口和努力方向，才能真正实现战略目标，这是顺利推进社会建设的迫切需要。当然，在推动社会组织建立并适度向其赋权的过程中，必须牢牢把握好改革的方向，执政党要掌握主动权，以柔性方式实现执政党与社会组织的融合，使社会组织既成为社会成员行使社会权利的阵地和空间，也使其成为与执政党良好合作的社会力量，共同为实现国家的兴旺发达的理想和目标而奋斗。

## 第二节　利益均衡理论概述

在阶级社会，一个国家、一个政权利益分配能否接近均衡状态，很大程度上受制于统治阶级的思想。④ 中国古代在家天下的前提下，固然有"民本思想"，认为"民为邦本，本固邦宁""君者、

---

① 郑杭生、陆益龙：《充分认识和加强社会组织建设的重要性》，《人民日报》2012 年 4 月 25 日。

② 王诗宗、宋程成：《独立抑或自主：中国社会组织特征问题重思》，《中国社会科学》2013 年第 5 期。

③ 黄晓春：《当代中国社会组织的制度环境与发展》，《中国社会科学》2015 年第 9 期。

④ 汪行福：《社会统治与意识形态的关系——西方马克思主义的两种解释路向》，《国外社会科学》2013 年第 1 期。

舟也；庶人，水也。水则载舟，水则覆舟"，以及"民为贵、社稷次之、君为轻"等主张，但终究只是一些治国安邦学说或农民起义的口号，难以被称为学说或理论；而西方在资本主义产生前，情况也大体类同。直到资本主义制度确立之后，随着民主思想的产生及其在现实政治制度中的运用，具有现代意义的利益均衡举措的雏形才逐渐产生。

## 一　西方利益均衡理论的发展

义、利作为人们的精神追求和物质追求，作为道德与物质利益的关系问题，是自人类社会开始就存在的。[①] 这一问题在西方不是作为义利之辨的形式出现的，而是表现为功利论和道义论之争，占主导地位的思想则是功利主义。在资本主义制度确立之后，随着民主思想的产生及其在现实政治制度中的运用，现代意义上的利益均衡措施逐渐形成。纵观整个西方文明史，其在利益配置问题上并没有占据统治地位的学说，不同历史阶段有不同的认知，呈现出不同的特点。

### （一）古希腊罗马时期关于利益和道德的思辨

在古希腊罗马时期，西方思想家对于精神生活的崇高追求普遍压倒对个人利益的追逐，整个思想呈现出重道德轻利益的倾向。赫拉克利特曾指出："如果幸福在于肉体的快感，那么就应当说，牛找到草料吃的时候是幸福的。"[②] 所以，他极力排斥物质生活对于精神生活的不良影响，告诫世人做一个高尚的人。苏格拉底则要求人们，"首先并且主要地注意到心灵的最大程度的改善"[③]，不要去追求物质利益和荣誉，克服主体的感性欲望。柏拉图则认为，"舍善而趋恶不是人类的本性"[④]，人要把握善的理念，获得幸福，则必须摒弃肉体的欲望，摆脱肉体对灵魂的束缚，必须用智慧去追求至

---

[①] 吕世荣、刘象彬、肖永成编著：《义利观研究》，河南大学出版社 2000 年版，第 112 页。

[②] 北京大学哲学系：《古希腊罗马哲学》，商务印书馆 1961 年版，第 18 页。

[③] 同上书，第 149 页。

[④] 同上。

善，使灵魂回到理念世界。犬儒学派、斯多葛派同样鄙视物质生活，要求人们克制欲望，发展理性。新斯多葛主义的奠基人塞涅卡指出，"做人要讲求品德""要有意义地生活""最高的幸福在于灵魂的完善"①；马可·奥勒留说："一个公民贯彻着一个有益于他的同胞的行为之道而且满意于国家所指派给他的一切，这时他的生活是幸福的。"② 从以上这些论断可以看出，他们所追求的是纯粹的精神生活，这种精神生活高于日常的物质生活，并且和物质生活相互对立。这种割裂物质与意识，抹杀物质第一性的观点，为中世纪宗教禁欲主义的产生提供了思想基础。

在这个时期，当然也有一些思想家注意到了物质生活与精神生活密不可分的联系，他们在不否定精神生活崇高性的同时，也肯定了物质生活对于个人、群体的巨大利益。如伯里克利认为："当我们工作完毕的时候，我们可以享受各种娱乐，以提高我们的精神……在我们的家庭中，我们有华丽的风雅的设备，每天怡乐心目，使我们忘记了我们的忧虑。"③ 同一时代的德谟克利特认为，必要的物质享受是合理的，"生活而无宴饮，就好像长途跋涉而无旅店一样"④。伊壁鸠鲁也曾说，"一切善的根源都是口腹的快乐；哪怕是智慧与文化也必须推源于此"⑤。尽管这一派思想家认识到了物质与意识的统一关系，但他们并不主张个人生活的无限制放纵，而是主张通过道德的节制，实现物质上的安逸和灵魂上的安宁。对此伊壁鸠鲁说得非常明确："我们说快乐是最高的善时，我们并非指放纵不羁的人的快乐以及一般感官的享乐而言的，如同那些误解和毁谤我们的人所说的一样，乃是指肉体能摆脱苦海、心灵能摆脱烦忧而言。并不是丰盛的酒席、男女的淫乱和珍贵的物品所造成的优越生活，只

---

① ［古罗马］塔西陀：《编年史》，商务印书馆1981年版，第495页。

② 北京师范大学伦理学与道德教育研究所：《西方伦理学名著选读》，北京师范大学出版社2010年版，第253页。

③ ［古希腊］修昔底德：《伯罗奔尼撒战争史》，上海人民出版社2012年版，第130页。

④ 北京大学哲学系：《古希腊罗马哲学》，商务印书馆1961年版，第118页。

⑤ Bertrand Russell, *A History of Western Philosophy*, Simon and Schuster, INC., 1945, p. 243.

有清醒的理性才可以做到。理性研究我们所做和不做的事情的种种原因，并可排除扰搅我们心灵的成见。"① 即认为保持一份理性的尊严，是个人生活中德性的再现。

综上所述，古希腊罗马时期思想家们对利益和道德的思考，基本倾向是重视道德及精神生活的价值。以德谟克利特、伊壁鸠鲁等为代表的思想家，注重道德与现实物质生活的联系，肯定个人的物质需要，反对把道德与物质社会生活对立起来。② 他们认为物质生活的快乐是应该得到满足的，但同时强调道德也就是"义"对物质欲望的制约作用，以实现物质上的安逸和灵魂上的安宁。另一派以苏格拉底、柏拉图等为代表，他们认为道德是普遍的理性，与具体的感性生活无关，所以对美德的追求就需要抛弃世俗的一切情欲识见，同时强调道德的独立性和普遍性，也就是以"义"来消灭物质的欲望，来获得高尚的道德情操，即用智慧去追求至善。

（二）中世纪西方"神性论"笼罩下的义利观

中世纪的伦理思想，是在基督教神权和封建专制统治下曲折发展的。③ 在中世纪，基督教的统治强化了神秘主义和禁欲主义，在人对上帝的依赖顺从以及救赎得救的苦难岁月中，对上帝的爱和信仰被看成是崇高的美德。在这样的理论前提下，忍耐和节欲就成为非常重要的道德规范。

中世纪基督教伦理思想的出发点是关于上帝创世和人类的"原罪"理论，由此将人与上帝的关系看成是唯一的道德关系，对上帝的尊崇与热爱就与人的尘世生活在伦理上是根本对立的。这正如《圣经》中所明确显示的："不要在世俗中活着，而要与基督同心、同在，不要思念地上的事，而要思念天上的事。"④ 对尘世生活的放弃，也就是对感情欲望的放弃，也就是要摆脱肉体规律的束缚。否

---

① 《自然与快乐：伊壁鸠鲁的哲学》，包利明等译，中国社会科学出版社 2004 年版，第 39 页。

② 魏悦：《转型期中国市场经济伦理的建构 中西方义利思想演进之比较研究》，暨南大学出版社 2013 年版，第 31 页。

③ 李培超：《义利论》，中国青年出版社 2001 年版，第 67 页。

④ 参见《圣经·歌罗西书》第 3 章 1—2 节。

则一切世俗的罪恶都会由肉体需要和物质追求而滋生。而个人也必将终生接受苦役，死了也无法升入天堂。既然要求人们放弃世俗生活，也就是要求人与人之间放弃利益之争。每个人都要以忍让和牺牲为美德，与世无争，与人无争。

在中世纪基督教伦理思想发展过程中，奥古斯汀和托马斯·阿奎那二人居功至伟，为促进基督教伦理思想的系统化发挥了重要作用。奥古斯汀通过《忏悔录》现身说法，痛心疾首于自己的纵情肉欲。他在基督教"原罪说"的基础上，明确了"爱""信""望"三种道德要求对于个人生活的重要性，同时也对古希腊的智慧、勇敢、节制和正义四种美德做了符合基督教精神的改造。按照他的解释，所谓智慧，就是对上帝的爱，对自己的行为进行选择；所谓勇敢，就是甘愿为上帝而忍受一切；所谓正义，就是侍奉于上帝而守其节度；所谓节制，就是为了上帝的爱而洁身自守。[1] 总之，奥古斯汀竭力主张人们抛弃世俗享乐，甘愿过禁欲的生活。[2]

奥古斯汀之后，托马斯·阿奎那成为中世纪影响最大的神学家，他被中世纪的思想界誉为"圣哲"。对于将门出身的阿奎那来说，最终他能皈依基督教，也体现了他抛弃功名利禄的人生选择。为了追随上帝，他逆父志而甘愿做一个托钵僧。在关于善恶的问题上，阿奎那同奥古斯汀一样，摈弃现实的感官快乐和物质欲望。他认为世俗事物不能达到"最完善的道德境界"和"善的顶峰"，而只有上帝才能达到至善的境界，也就是说上帝才是善的化身。为此，他反对人们去追求快乐和财产，认为那样只会妨碍人们去接近上帝。但和奥古斯汀不同的是，阿奎那通过对亚里士多德思想和方法的继承，对德性进行了更加细致的分析研究。[3] 托马斯·阿奎那对德性的分析显示出他把道德看成是人的精神生活的理性能力，表

---

① 张海仁主编：《西方伦理学家辞典》，中国广播电视出版社1992年版，第84页。

② 李培超：《义利论》，中国青年出版社2001年版，第68页。

③ 德性分为尘世德性和神学德性。所谓尘世德性是人类在尘世生活中通过实践活动和理智活动而获得的习性；而神学德性则是人类拥有上帝的德性而获得的伦理规定。尘世德性与神学德性是有本质的区别的。尘世的德性只能使人在尘世生活中获得幸福，但这种幸福是不圆满的、短暂的。只有神学德性才能使人完成对尘世的超越，从而在对上帝的俯仰过程中，获得永恒的幸福。

现出理性主义倾向。此外，他还在神学理论体系中探讨了个人与社会的关系。他认为，个人总是作为社会整体的一部分而存在的，因此个人必须尊重和维护社会整体的利益，如果每一个人都只顾一心一意地追求自己的利益，那么这个社会必定会发生解体。对任何个体来说，都须牢记"社会利益大于个人利益，而且更为神圣"①。

当然，阿奎那所主张的国家利益等同于教会利益，所以他所谓的个人利益服从于国家利益的理论实质，是将宗教的权力凌驾于个人生活之上。② 托马斯·阿奎那在伦理问题的阐发上总是打着亚里士多德的招牌，通过歪曲、修正的手法使亚里士多德的理论为其宗教思想提供佐证，因而具有更大的理论欺骗性。

综上所述，中世纪基督教的义利思想就是通过对物质利益的否定确立上帝在道德上的至上性。但是这种以义斥利的观点所宣扬的既不是对人类理性的高扬，也不是对科学知识的探求，而是通过物质上的禁欲达到使人们在思想上愚昧的目的，它大大强化了古希腊罗马时期伦理思想中的禁欲主义和神秘主义，成为束缚人们的精神枷锁。

（三）资本主义时代的义利思想——功利主义和理性主义

14 世纪以后，伴随着欧洲资本主义生产关系的发展，与之相适应的新的义利观也在蓬勃兴起。文艺复兴运动拉开了西方近现代义利思想发生质变的序幕，新兴的资产阶级思想家在"发展人""重视人"的口号下，对基督教的禁欲主义、蒙昧主义的伦理进行了有力批判。他们提倡个人自由，追求个人解放，满足于物质享乐，要求以人性取代神性，提出了"宁愿做一个平凡的人而不做一个高贵的神"的人生选择。③

16 世纪后期至 19 世纪中叶，西方资本主义进入自由发展时期，资产阶级的义利观也逐步走向成熟。这一时期，资产阶级为了取得自己在政治、经济领域内的统治地位，同封建专制势力和教会势力展开了激烈的斗争。现实的需要迫使资产阶级要对现实中的道德与利益的关系等一系列问题做出符合资本主义发展需要的新的理论诠

---

① 《托马斯·阿奎那政治著作选》，商务印书馆 1982 年版，第 70 页。
② 李培超：《义利论》，中国青年出版社 2001 年版，第 69 页。
③ 同上书，第 70 页。

释。围绕着义利观的问题，感性主义与理性主义的分歧对峙表现得最为充分和明显。

1. 功利主义的利益分配观

感性主义即从人的自然需要和感性欲望出发，认为趋乐避苦是人的本质的体现，追求物质利益、满足感性欲望是人生的最大目的，而道德存在的必要性与合理性只在于为上述目的提供道德上的论证，即充当利益的工具。同时在个人利益和社会利益的关系问题上，感性主义者也将个人利益看作是出发点和归宿。该学派以霍布斯、爱尔维修、费尔巴哈以及边沁等为代表，他们的共同见解是从自然人性论出发，肯定道德和利益之间的联系，认为利益要先于道德、高于道德，义应该服从于利。①

"功利主义"学派的集大成者——密尔的思想最具代表性，在基本理论出发点上，一如既往强调人的感官欲望，认为功利是道德的基础，把道德与人在感官上的痛苦与快乐紧密地联系起来。密尔认为，社会利益并不是虚幻的。它是现实的，个人利益是道德的基础，社会利益同样是道德的基础，因此个人利益和社会利益的统一应当是合乎道德要求的。② 在现实生活中，为了他人和社会的利益而做出自我牺牲是高尚的，这样的英雄和善举是理应受到人们敬仰和尊敬的。并且这一点与功利主义理论也不矛盾，因为个人的自我牺牲能获得更大的好处。在承认个人利益与社会利益一致的基础上，密尔认为在现实生活中也应该通过实际的操作手段使个人利益与社会利益、个人幸福与集体幸福达成统一。他认为，这些操作手段主要是应加强法律和教育的作用。当然，密尔在处理利己和利他的问题上仍然是坚持利己主义观点的。尽管他承认个人利益和社会利益都是现实的，但是他仍然同其他功利主义学者一样认为社会利益是个人利益的相加，即没有个人利益也就没有社会利益。良心是在人们所天生具有的社会感情的基础上的升华，因而它对于个人与

---

① 陈芬：《论西方二重性人性论》，《吉首大学学报》（社会科学版）2005 年第2 期。

② 龚群：《对以边沁、密尔为代表的功利主义的分析批判》，《伦理学研究》2003年第4 期。

他人、与社会的协调统一起着重大的作用。"这种情感，假如是无偏私的，与纯粹的义务观念相连而不只牵连着特种义务或任何附属的情境，那么，它就是良心的精髓。"① 也正是在良心的作用下，"最大多数人的最大幸福"原则才能成为人们实现的行为动机，成为生活中自觉认识到的义务。

虽然密尔一再声明："我绝非鼓吹那种'英雄崇拜'，奖励有天才的强者以强力抓住世界的统治，使世界不顾自身而唯他之命是听。他所能要求的一切只是指出道路的自由。"② 他也认为，大众乃平庸之辈，他们不懂管理，不会当家，不值得信赖，因而唯有精英阶层才能够卓有成效地引领社会进步的潮流。换句话说，为了天才的自由成长而导致——它自然会导致——个人之间的实质性差别的话，那么，按照密尔的功利主义思想就不得不容忍这种不平等。在这个意义上，精英统治原则是密尔功利主义的潜台词。这种潜台词在同时代的赫伯特·斯宾塞那里引发了出来，他的学说便是"优胜劣汰，适者生存"的社会达尔文主义。斯宾塞作为一个功利主义学者接受了进化论，并将其用来解释一系列社会现象，从而形成了社会达尔文主义，并对现代社会产生了深远影响。

斯宾塞认为，社会是一个有机体，通过适应环境的生存竞争来实现优化选择。不过在生物界，个体是为了整体而生存，但在人类社会，"集合体的繁荣昌盛被看作与它的组成分子的繁荣昌盛无关，前者从来也不会被认为是社会努力的目的，是社会为了自己成员的幸福而存在，而不是成员为了社会的幸福而存在"③。他在此将功利主义与进化论做了最具想象力的嫁接。斯宾塞还认为，一如生物有机体，人类社会也存在普遍的生存竞争，这种生存竞争是每一独立个体的平等机遇，也是其无法逃避的生活选择。④ 此乃社会自然形成的天道，既然是天道，就不应该给它设置人为的障碍。合作和互

---

① ［英］富勒：《功用主义》，商务印书馆1957年版，第30页。
② John Stuart Mill, *On Liberty*, Forgotten Books, 2008, p. 80.
③ ［英］斯宾塞：《社会学原理》第1卷，纽约英文版1996年版，第287页。
④ 白云涛：《社会达尔文主义的输入及其对近代中国社会的影响》，《北京师范学院学报》（社会科学版）1990年第4期。

助虽然不是绝对不允许的，但它必须基于自愿，而不能强迫实行。任何强制性的法规，都会妨碍到社会进化的自然进行，因此必然要把它们降到最低限度。在他看来，扶困济弱等于惩优保劣，其慈善的外表背后实际上隐藏着抗拒进化的退化逻辑。只有"优胜劣汰，适者生存"的无拘无束的生存竞争，才能使强者自由地成长，并通过出类拔萃的强者来改良种族和社会有机体，实现低级到高级的进化，最终把人类带入一个完美的道德境界。按照他的说法，所有人都必须坦然承受进化法则的裁决，"如果他们有足够的能力生存，他们就会生存，他们要是能够生存，那就好；如果他们没有足够的能力维生，就会死亡，那么，他们还是死吧"①。

2. 理性主义的利益分配观

理性主义排斥感性的东西、物质因素，注重人性自身所蕴含的高尚的精神力量，认为人在对利益的摈弃和漠视中才能体现出其人格的伟大。该学派以斯宾诺莎、康德等为代表，而康德被认为是理性主义的集大成者。在他看来，人与动物是不同的，人具有动物不具备的理性。人之所以为人，理性使然，理性要求人必须过一种道德的生活，否则，人便不能被称作"人"。对于那些不能事事受理性支配的人来说，这一要求具有明显的命令性。因为人生活在社会之中，共同劳动、共同协作意味着人不能只像动物一样具有感性欲望，同时生存的竞争性又让人不能像圣人一般只有圣洁的意愿，能够始终按道德的要求行为而不受任何非理性的干扰。② 因此，应该过一种道德生活的要求常常受到阻碍或忽视，但人自身拥有的理性的力量是巨大的，"它排除一切外来的干扰，清洗全部利己的意图，保持自身所创制的道德规律的纯洁和严肃。在理性的主宰下，人们就可以不顾艰险，鄙弃诽讥，无私无畏地去担当起自己的道德责任"③。

---

① ［美］霍夫斯塔特：《美国思想中的社会达尔文主义》，台湾：联经出版公司1982年版，第36页。

② 高文武、潘少云：《康德对理性主义的重建及其重要影响》，《南京政治学院学报》2011年第2期。

③ ［德］康德：《道德形而上学原理》，苗力田译，上海人民出版社2002年版，第58页。

　　康德同时认为，即使存在人人都可以追求的幸福，想要找出一条"放之四海皆准"的实践准则也是完全不可能的。因为个体的差异，每个人对幸福的定义是不同的，而抽象出的幸福的概念是模糊的，难以适应每个人。从这个角度出发，康德得出这样一个结论：任何的以经验为欲求客体的实践准则都是主观的，没有丝毫道德性可言。因为只有善的无条件性才能证明道德的崇高，但是，实践的法则却具有这种客观必然性及普遍有效性。所以，为了保有法则的存在，康德抽象掉所有实践规则中的质料内容，只剩下纯形式。于是，实践法则被表述为："不论做什么，总应该做到使你的意志所遵循的准则同时能够成为一条永远普遍的立法原理。"① 康德将实践的法则又称为道德命令，并认为这种命令的自明性是不言而喻的。"在我设想一个定言命令的时候，我立刻就知道它的内容是什么。因为命令式除了规律之外还必然包括着与规律相符合的准则。然而规律中并不包含限制自己的条件，所以除了行为的准则应该符合规律的普遍性之外便一无所有。"②

　　但是，人不仅具有高度的理性，同样具有感性，所以人的理性时常受到感性的影响，从而导致与法则所不一致的情况的发生。所以，法则对于人而言不仅是道德，更是一种命令，强制人们必须按照法则的要求来活动，作为理性的人都有责任去服从这种命令。由于康德认为理性的力量是超脱一切的，它能够通过自身的"立法"命令感性的人如何理性地进行各种活动，感性的人有责任也有义务遵照理性的人的绝对命令，因为这种命令是理性的，是绝对的，不受任何经验等因素的制约，这才是只有理性人能过的且必须过的生活。

　　康德通过一道道德命令，将人的生存赋予了价值的存在感，同时使用这道绝对命令将人类置于崇高、光辉的理性之中，从而使人拥有媲美神明一般的尊严和威严。他坚信"人们是为了更高的价值

---

　　① ［德］康德：《实践理性批判》，关文运译，广西师范大学出版社 2001 年版，第62 页。

　　② ［德］康德：《道德形而上学原理》，苗力田译，上海人民出版社 2002 年版，第68 页。

而生存，理性所固有的使命就是实现这一理想而不是幸福。这一理想作为最高条件，当然远在个人意图之上"①。生命的全部价值都是由于人能够拥有德性，"德性是有限的理性存在者所得到的最高的东西"②。这种德性只有在理性的坚守之中才能发挥出功用，展现出价值。既然过一种道德的生活是理性人所应该坚持的唯一的生活方式，那么人们必须按照理性赋予的道德感去修正自己的行为，去实现自身的道德自律。在这一过程之中，人必然要受到自己私心的阻碍，也要克服自身内心原始、狂野的欲望支配，才能践行绝对命令的职责，进而实现真正的理性。作为一个社会人，我们并不是如同机器一样被动接受道德命令的指引。逐渐萌发的理性会使我们认识到，实现理性对人的支配是一个有意识的、循序渐进的过程，就是在这个过程中，人们会产生对于道德、对于理性的尊重。这种尊重能够帮助我们恪守道德命令，战胜内心欲望的驱使，从而实现向理性的"进化"。③

　　因此，康德认为理性的实现也需要一定的条件，它必须恪守道德命令的要求，而且能够时刻抵制那些与理性无关因素的纷扰，从而能够产生对于道德命令、对于理性的敬畏之情，最终通过对于职责的恪守以保留对于道德的自豪，做一个真正理性的人。此外，康德对于"利他"的道德有着格外的偏好，他曾明确地说道："一个行为之所以是道德的，不是因为他得到利益，而恰恰是因为他牺牲了自己的利益。德性之所以有那么大的价值，只是因为它招来了那么大的牺牲，不是因为它带来任何利益。全部仰慕之心，甚至效法这种人品的企图，都完全依据在道德原理的纯粹性上，而只有当我们把人们视作成分的一切东西都排除于行为动机以外的时候，这种纯粹性才能被确凿无疑地显现出来。"④ 总之，康德在道德和利益关系问题上是重视道德鄙弃利益，否认道德的利益基础的，认为一切

---

① ［德］康德：《实践理性批判》，商务印书馆 1960 年版，第 58 页。
② 同上书，第 58 页。
③ 朱会晖：《自由的现实性与定言命令的可能性——对康德〈道德形而上学奠基〉的新理解》，《哲学研究》2011 年第 12 期。
④ ［德］康德：《实践理性批判》，商务印书馆 1960 年版，第 158 页。

道德价值产生都是出于对物质欲望的排斥，在道德评价上重动机而轻效果，强调自我牺牲的道德价值，这体现了与功利主义迥然不同的"道义论"的色彩。

3. 西方利益协调思想

亚当·斯密和大卫·李嘉图被誉为英国古典政治经济学的集大成者和最终完成者。他们的思想当中蕴含着相当篇幅的"利益协调思想"。亚当·斯密提出的利益协调的思想是："以个人利益为中心，个人利益与社会利益完全一致的思想，二者存在手段与目的的关系，即通过个人利益协调的手段和过程实现社会利益的最终协调。"① 当然，两者在协调的过程中不可避免地产生矛盾，亚当·斯密看到了经济规律和利益关系之间的内在联系——通过"看不见的手"来调节，这种市场机制，通过经济系统在资源配置上的自由调节，"消除个人利益和社会利益之间的矛盾，使得对个人利益的追求，从伦理的角度上，不再是一种令人难堪的行为，这只手竟成了引恶趋善的良媒"。② 大卫·李嘉图的利益协调思想主要体现在"国际贸易中比较成本理论的阐述"中。他曾经举过一个例子："葡萄酒得以在法国和葡萄牙酿制，谷物得以在美国和波兰种植，而金属制品和其他商品得以在英国生产，并非偶然，参与国际贸易的各国虽然在经济、社会、自然资源等方面存在巨大差异，但是每个国家都可以通过在生产成本、劳动效率等方面具有比较优势的产品参与贸易，从而获得利益。"③ 他的利益协调思想主要是各国之间通过这种成本优势达到利益的基本协调。

4. 西方义利观小结：从道义论到功利论

纵观西方社会的义利观，虽然有"功利主义"和"道义论"两种不同的看法，但是"道义论"理想主义色彩浓厚，终究敌不过

---

① 蒋永穆、纪志耿等：《社会主义和谐社会的利益协调机制研究》，经济科学出版社 2011 年版，第 12 页。

② 蒋自强、张旭昆等：《经济思想通史》第 2 卷，浙江大学出版社 2000 年版，第 66 页。

③ David Ricardo, *Principles of Political Economy and Taxation*, Cosimo, Inc., 2006, p. 95.

"功利主义"。① 这是因为人总是生活在一定具体的社会环境之中，人的感性需求、物质欲望的存在是不可忽视的，每个人都很难将功利之心抛弃。加之 19、20 世纪正是资本主义经济高速发展的时代，经济发展所带来的直接结果，按照马克思的说法就是"利益被提升为人的统治者"，也就是说人与人之间的关系逐渐演变为一种经济或者商业关系，金钱、财产、物质财富成为左右人们生活的重要因素。② 在这种历史的大背景下，迎合资产阶级谋取利益需求，为资本主义经济发展提供道德论证和价值导向的功利主义在整个资本主义世界占据学术上的高地就不足为奇了。因此，实用主义哲学盛行，弱肉强食深入人心，社会达尔文主义被奉为主流价值观。相较于社会利益，他们更为强调个人利益，主张从个人需要出发，个人利益是更根本、更现实的利益要求，也就是主张私利高于公益，正因为如此，感性伦理学派又被称为"功利主义"学派。斯宾塞的功利主义和竞争观念并重的社会达尔文学说在很大程度上迎合了当时资本主义历史发展的需要，但是其夸大了人类社会的生存竞争强度，对后世造成了负面影响。

### 二　我国古代利益均衡理论概述

古代中国并没有产生过系统化的利益均衡理论，但是对于利益均衡理论的核心——义、利关系问题却有着极为深刻的研究，其不仅作为一种统治思想而存在，还是百姓的一套为人处世的哲学。③ 在我国义利观产生初期，曾出现儒、法、道、墨多学派并存的局面，但随着统治阶层对社会控制加强，专制势力侵入人们思想领域之后，整个社会义利观就逐步走向统一，形成了统治阶层所认可的官方的义利观。道义论在我国历史上始终占据主导地位，其确立、巩固和发展是经过不同时期三次大规模的义利之辨形成的。

我国义利观的内容较西方宽泛得多，对公众的思想、行为习

---

① 魏英敏：《功利论、道义论与马克思主义伦理学》，《东南学术》2002 年第 1 期。
② 张玉堂：《利益论：关于利益冲突与协调问题的研究》，武汉大学出版社 2001 年版，第 182 页。
③ 张锡勤：《论传统义利观在近代的变革》，《中国哲学史》2005 年第 2 期。

惯、家庭观念、社会风俗等的影响也大得多，其影响力已远远不是一个学术问题那么简单。例如"义者，心之制，事之宜也"①，在中国几千年的传统文化中指人们在社会生活方式及行为规范当中所应当遵守的最基本的道德准则；"利者，人情之所欲"②，则指能够满足实现人们最基础的物质或精神上的生活需要的利益或者功利。而如何处理好义和利二者的关系，对一个朝代的政治、经济、文化以及社会风尚等都具有十分重要的作用，同时也对这个朝代整体利益的均衡起着指向性的作用。所以，几千年来中国历朝历代的思想家们都对义利观的问题进行了反复激烈的讨论，从而推动了利益分配问题研究的日益深入。

（一）春秋战国时期

春秋战国时期的思想界，不同学术思想相互交锋，呈现出百家争鸣的生动局面。儒家和墨家在当时剧烈的社会变革中，面对旧制度的解体和新制度的孕育，掀起了中国历史上有名的第一次"义利之辩"。③义利关系有两层含义：一是在事实角度，在人们生存发展的客观过程的意义上，义、利二者是什么样的关系，分别处于什么位置；二是在价值角度，在人们生存发展的最高价值、最终目的这样的意义上，二者是什么样的关系，分别处于什么位置。

1. 儒家义利观——道义论

在事实角度上，儒家认为利益是非常重要的，必须承认和肯定。基于此，儒家主张，群众要有最起码的利益，能够安居乐业则更好；否则，如果群众没有维持生存最基本的利益，没有固定的家产，就会胡作非为，甚至铤而走险；统治者要确保群众起码的固定家产，以便能够奉养父母抚育妻儿，才能进一步激励他们"居仁由义"④。

在价值角度上，儒家重义、先义后利，在中国思想史上奠定了

① 朱熹：《四书章句集注》，中华书局 1983 年版，第 201 页。
② 同上书，第 73 页。
③ 张宗磊：《孔子、墨子义利观之比较——兼论两种义利观的现实意义》，《广西社会科学》2001 年第 2 期。
④ 侯会编著：《四书分类语录》，团结出版社 2014 年版，第 33 页。

道义论的传统。儒家认为，义利关系是对立的。利益只是人之为人的基础和必要条件，而道德（即义）才是把人和动物区别开来的人之为人的决定性条件和标志、才是高扬人的尊严和崇高的标志和高于其他价值的最高价值和终极价值。因此儒家的义利观主张在日常生活中，坚守道德的立场和原则，且将其放在第一位。面对可能给自己带来利益的种种事情，要根据道德进行评价，做出取舍，必要时"怀义去利"或"舍生取义"。

2. 墨家义利观——功利论

在事实角度上，墨子认为义、利是统一的，且义在根本上就是利，是有利于国家、社会和群众。"天下有义则生，无义则死；有义则富，无义则贫；有义则治，无义则乱。"① 墨家学派认为的"利"是公利，即国家、社会和群众之利。墨家承认人有利己之心，但明确反对私利。因为只从利己之心出发，损人利己，损公肥私，任其发展就会危害社会统治秩序的稳定，导致国家灭亡；只有坚定地提倡和维护公利，才能实现国泰民安、国富民强。总之，墨家把义通约为利，把利规定为大利、公利，从而在公利基础上，把义利统一起来了。②

在价值标准上，墨家尚利、用利规定义，在中国思想史上，确立了功利论的传统。③ 尚利，则是墨家截然不同于儒家的价值标准。诚然，在理论形态上，墨家是既崇义又尚利的，但是，在实际内容上，义又只是国家和百姓之利，是实现国家和百姓之利的手段，是为国家和百姓兴利除害的手段。墨家贵义，只是因为义有利，是尚利的特殊表现。因此，墨家明确提出了这样一种价值标准："废（发）以为刑政，观其中国家百姓之利"④和"利人乎即为，不利人乎即止"⑤。后期墨家又把尚利的价值标准进一步具体表述为"利之

---

① 《墨子·天志上》卷七第二十六，中华书局 2011 年版。
② 吴忠希：《中国人权思想史略》，学林出版社 2004 年版，第 28 页。
③ 同上。
④ 《墨子·非命上》卷九第三十五，中华书局 2011 年版。
⑤ 《墨子·非乐》卷八第三十二，中华书局 2011 年版。

中取大，害之中取小"①。总之，墨家一贯主张，对一切人和事都根据是否符合国家、百姓的利益进行评价和决定取舍。同时它提倡的功利不是法家主张的极端的个人利益，而是国家和百姓的利益；它在提倡功利的同时，也充分地重视和提倡道德，由此达到了义利统一，这正是和儒家的道义论相区别之处。

（二）宋明时期

宋明两代，随着民族矛盾和阶级矛盾日益尖锐以及统治阶级上层改革派和保守派、主战派和投降派的斗争日益激烈，"义利之辩"再次成为焦点，并且发展到新的认识水平和理论高度。②

彼时道义论和功利论两大学派之间对立更加鲜明，争论更趋激烈。道义论以程朱理学和陆王心学为代表，他们继承和发扬了先秦儒家高度弘扬道德的传统，把传统的义利之辩进一步具体化，使义利问题进一步成为传统人生哲学中的核心问题。程朱理学高度弘扬客观化的"天理"；陆王心学则高度弘扬主观化的"吾心"，彼此之间展开了激烈的争论和较量。但是，他们两派在讨论和解决义利问题时，却不约而同地严格分辨义、利关系；在价值取向上，努力弘扬道德而贬抑利益。他们主张，不论利害，只有在这前提下，利才是可以讨论并坚决反对"以利为心"。

功利论学派则以北宋李觏、王安石和南宋陈亮、叶适为代表。他们在"饮食男女，人之大欲"的人性论基础上，主张趋利避害。追求富贵是人的需要和欲望，每个人没有利益就不能生存。因此，在当时酝酿社会变革之际，为国家理财，维护国家利益，就是义。基于这样的认识，他们坚决反对先义后利、贵义贱利的道义论，认为汉代董仲舒概括的"正其谊不谋其利，明其道不计其功"全是空疏无用的废话，对国家和民众没有任何实际利益；只有给国家和民众带来实际的利益，而绝不自居其功，才能使道德发扬光大。因此，王安石高举"富国强兵"的旗号在北宋中期展开了轰轰烈烈的

---

① 《墨子·大取》卷十一第四十四，中华书局 2011 年版。
② 杨泽波：《从义利之辨到理欲之争——论宋明理学"去欲主义"的产生》，《复旦学报》（社会科学版）1993 年第 5 期。

变法运动，史称"王安石变法"，虽然在短时间内减轻了民族和阶级矛盾，但终究无法抵挡封建顽固势力出于阶层私利对变法的破坏而归于失败。纵使结局悲剧，但他们创新了传统的儒家义利观，在反对先义后利、贵义贱利的传统和"存天理，灭人欲"的理学基础上，形成了崭新的宋明时代功利论思潮。①

总体上宋明时代"义和利"发展到新的认识水平和理论高度，表现为以下几点。首先义利问题被提升为覆盖面最广、概括力最强的普遍性问题，即"天下之事，惟义利而已"②；其次对义利问题的探索，达到了新的广度、深度和高度。其一是把义和利的关系简洁明确地定性为公和私的关系。③ 其二把义利之辩深化为理欲之辩。其三把义利之辩发展为王霸之辩，所谓"王"，是指用道德治国；所谓"霸"，是指用利益手段乃至强制手段治国。

（三）明末清初至近代

明末清初以至近代，随着商品经济萌芽，阶级矛盾和民族矛盾更加尖锐，封建社会走向晚期，并在蜕变中趋于解体。④ 一批进步思想家对宋明理学乃至中国传统思想展开了批判性总结，他们依据具有近代色彩的功利主义对宋明理学推向极端的传统道义论和禁欲主义展开了批判，从而引发了第三次义利之辩。

明清以来，为了救亡图存，进步思想家们从西方引进功利主义以及自由主义、个人主义等理论武器，主张经世致用。他们把批判锋芒直指传统义利观乃至整个传统义利观，坚决反对宋明理学"存天理，灭人欲"的禁欲主义，认为义必须能够经世致用，给国家和人民实际利益，才有存在的意义；一旦离开利，不谋利不计功，那样的义只是空洞的理论，而没有丝毫的意义。在此基础上，进步思想家响亮地提出了"正其谊以谋其利，明其道而计其功"⑤ 的口号，

① 刘文波：《王安石义利观的时代特色》，《湖南师范大学社会科学学报》2008 年第 2 期。

② 程颢、程颐：《二程遗书》卷十一，上海古籍出版社 2000 年版。

③ 郭振香：《宋明儒学公私观之初探》，《江淮论坛》2003 年第 6 期。

④ 吴忠希：《中国人权思想史略》，学林出版社 2004 年版，第 29 页。

⑤ 颜元：《四书正误》卷一，四存学会排印本，1932 年版。

一方面，主张以义制利、以礼导欲；另一方面，主张经世致用，重功利。① 从而，把传统义利观推向一个新阶段，为传统人生哲学注入了新内容。

首先，进步思想家们旗帜鲜明地肯定"人欲"的合理性，即肯定人的利益追求的合理性。因此，必须通过积极的引导，使人们认识到国家利益和民众利益的客观必然性，认识到道德的必然性和必要性且必须"节欲"（即对人们的利益追求和感性需要进行调节和引导）。

其次，在肯定人的感性欲望和利益追求的基础上，统一"理"和"欲"。坚决反对宋明理学家"存天理，灭人欲"的禁欲主义。因此，体察民情，满足民欲使广大民众的利益追求和感性欲望自然而然地发展，达到极致，也就充分地达到了道德的要求。

再次，进一步批判汉代董仲舒和宋明理学极端化的道义论。他们旗帜鲜明地指出，义是"立人之道"，是人之所以成为人的根本；利则是"生人之用"，是人赖以生存发展的基础。② 义、利二者对人的生存发展缺一不可。他们从谋实利、计实功的功利论立场出发，对汉代董仲舒坚持的"正其谊不谋其利，明其道不计其功"和宋明理学主张的"不论利害，唯看义当为，不义当不为"的绝对功利论，提出了彻底的否定和坚决的反对，并且针锋相对地提出，"便谋利，明道正谊便计功"，坚持彻底的功利论立场。

最后，进步思想家们从功利论的立场出发，反思和总结历史，认为宋代以来世风日下、国力贫弱的根本原因是不务"经济实用"，即不讲利必落后。他们认为宋代以来的国家积贫积弱和丧权辱国，根本原因之一就在于奢谈道德，静坐主敬、解书修史、正心诚意，却反对实事实功，反对巩固边疆，聚财理财，加强军备。③

---

① 王泽应：《中国伦理思想史上的义利之辨及其理论分析》，《道德与文明》1990年第3期。

② 王泽应：《王夫之义利思想的特点和意义》，《哲学研究》2009年第8期。

③ 刘欢：《中国近代伦理思想研究的新成果——评〈中国近代义利观研究〉》，《西北大学学报》（哲学社会科学版）2008年第3期。

### 三　新时期义利观的发展

十一届三中全会实现了党思想路线的拨乱反正，开辟了社会主义现代化建设的新时期。在这个时期，进行义利轻重的价值选择，必须基于唯物史观的基本原理，根据社会主义初级阶段的本质要求，反映社会发展的规律和人的全面发展的需要。[①] 其一，确立符合社会主义初级阶段本质、反映社会发展趋势的真正的义去指导求利活动。其二，坚持义利的对立统一关系，即强调利对义的基础作用，亦强调义对利的反作用。[②] 在二者统一的关系上，肯定二者彼此相互规定相互制约，反对那种为义而义的空头说教，也反对那种唯利是图、见利忘义的错误倾向，主张义利兼顾，以义制利。党的十四届六中全会决议指出，既要把国家和人民的利益放在首位，又要充分尊重个人的合法利益。国家利益、个人利益属于利的范畴，而"首位""尊重"则是义，社会主义的义利是相互定义、不可分割的。义包含利，利寓于义。

新时期的义利观是义利并重、义利统一，归根结底，只是由社会主义性质和根本制度决定的。[③] 义利并重、义利统一的价值目标代表着社会主义的发展方向，表达了中国人民建设富强、民主、文明、和谐的社会主义现代化国家的愿望，是实现最广大人民群众根本利益的不二选择。[④] 人的全面发展、利益需求得以实现是社会主义建设的重要内容和目标。以此为参照，它的价值指向必然是义利并重、义利统一，义和利只有围绕着人的全面发展这个中心才有意义。作为新时期的义利观，其有显著的特点，不论是理论的广度，还是理论的深度都较前代有所发展。它超脱于精神层面的说教，通过对社会关系的疏导、协调来实现自身的效能和价值。基于社会主

---

① 吕世荣、刘象彬、肖永成编著：《义利观研究》，河南大学出版社 2000 年版，第 302 页。

② 同上书，第 303 页。

③ 郑永扣：《当代中国社会主义义利观理论形态的历史演进》，《郑州大学学报》（哲学社会科学版）2005 年第 2 期。

④ 王泽应：《正确义利观的深刻内涵、价值功能与战略意义》，《求索》2014 年第 11 期。

义初级阶段的国情，新时期的道义精神不再仅仅关注某一阶级或集团的利益，而是着眼于社会绝大多数成员的利益，来实现整个社会意义上的"义"。就个体利益而言，新时期的义利观不再孤立、静止地去看待，而是强调利益的社会性和其他利益的关系，突出社会整合利益的效能和社会创造利益的优势，通过社会性分配，来实现自身作用的发挥。

新时期的义利观坚持的是"两点论"，不再选择性地忽视个人正当利益，但是对于义利间的价值取向却是鲜明的、有重点的，是"两点论"和"重点论"的统一。其要求将国家、人民的利益放在首位，当社会主义的义和利发生碰撞时，提倡舍利取义。① 由此来看，新时期的义利观具有公利或整体性的特征，其目的在于协调不同阶层不同的利益关系，从而求得社会主义现代化建设的"最大公约数"。但是，这种公利相较于其他社会制度下推崇的公利也有明显的区别，它不再仅仅是一种真实的社会集合体的利益，还在最大限度上统一了国家利益和个人利益，拓宽了"公"的边界，极大地提升了"公"的程度和水平。新时期的义利观纠正了社会主义理论诞生以来对于个人利益的片面理解，承认了社会公众利益的合道义性，并把特性有机融入社会整体利益之中，将其视作社会利益不可分割的有机组成部分，主张"为最广大人民的利益而奋斗"，坚持把是否有利于增进人民群众利益、是否有利于改善和提高人民群众的物质文化生活水平作为道德判断的标准。由于国家利益和人民利益在价值目标上的高度趋同，国家利益实现、综合国力的增强必将为人民利益的实现创造良好的外部环境，而人民利益得以尊重和满足也会对国家利益产生积极的促进作用。②

此外，新时期的义利观还是伦理价值目的论和伦理价值工具论的有机统一。一方面，"君子爱财，取之有道"，用合理合法的方式追求个人利益既是生存发展的需要，又是实现国家利益的一种途径；另一方面，道义作为个人利益实现的一种高尚要求，应当体现

---

① 张继功：《社会主义义利观浅论》，《河南大学学报》（社会科学版）1997年第5期。

② 万元和：《论社会主义义利观》，《南京社会科学》1990年第4期。

在利益的追求、占有、消费和付出的整个过程，以此彰显自身在社会生活中的存在。新时期的义利观旗帜鲜明地反对资本主义社会普遍存在的功利主义、个人主义价值观，认为仅将道义视为谋利计功的手段为之大谬，指出新时期的义利观有着独立存在的价值意义，将道德视为利益附庸的观点不仅危险，而且会泛化社会主义义利观和资本主义义利观的界限，进而造成意识形态领域内的混乱，造成公众的信仰危机。

就目的价值而言，新时期的义利观强调道义的目的价值甚于强调功利的目的价值，这是由社会主义社会的基本经济规律所决定的。[①] 社会主义市场经济条件下，利益主体多元化，价值取向随之呈现多元化的趋势，计划经济时期相对单纯的义利观念趋向解体，代之以强烈的个人色彩，个人差异化明显。这种背景下，要求人们正确认识和合理对待国家利益和个人利益的关系难度加大，正当谋利和公平竞争的观念难以深入人心，自觉将谋利计功的活动纳入道德范围进行思考的习惯没有形成，这对于新时期义利观的重塑是巨大的挑战。如何进一步协调国家与个人的关系，贯彻新时期的义利观，实现利益均衡的目标会是当前及今后一段时期内的重要任务。

### 四　利益均衡的理论纷争简析

选择什么样的义利观能最大限度地推动社会的发展和人的全面进步？只有满足社会的本质需要并能推动人的全面发展的义利观才有真理的因素。以本质论，不同阶层、群体的义利观是统一的，他们用自身所代表的义指导他们各自的利。例如我国封建帝王，为了维护统治的需要就把"三纲五常"作为义，为了维护自身经济利益就约束被统治阶级的求利活动；而资产阶级则把私有财产神圣不可侵犯当作"公义"，去倡导资产阶级的求利活动并约束无产阶级的求利活动；[②] 这是因为任何阶级的义利观都是本阶级利益需求的反

---

① 王泽应：《义利之辨与社会主义义利观》，《道德与文明》2003 年第 5 期。
② 吕世荣、刘象彬、肖永成编著：《义利观研究》，河南大学出版社 2000 年版，第 300 页。

映，它们存在统一的一面。但是，义利关系有时也是分裂的，其包括两种情况：一是个人的求利与国家大义的矛盾，或是被统治阶级的求利活动和统治阶级义的矛盾；二是他们在义和利二者孰轻孰重的价值选择上的不同观点。① 如中国封建社会的重义轻利、资本主义的重利轻义，都表明统治阶级的价值选择，这种选择不代表阶级内部义利关系的对立和割裂，而是他们根据整个阶级利益需要所做出的价值选择。

在具体社会背景下，道义论和功利论并不是截然分开的，二者间的相互博弈造就了占据统治地位的理论，正是这种同一维度，给了我们对于二者进行区别的机会。实际上，这种区别主要体现在正当利益与不正当利益、个人功利与社会功利两方面。② 功利论把趋乐避苦作为人的自然本性，他们不仅把追求功利作为人生目的，而且把功利的大小作为道德评价的依据。这样，道德就成了为功利服务的工具，或成了功利的附属物。因此，只要能使个人获得功利、使人感到快乐和幸福，不管动机如何，极端的功利主义者甚至不管获利的手段如何，都被认为是善的、是正当的。功利论完全从人的自然感性出发，必然抹杀人与动物的根本区别，陷入主观感觉论。因为每个人的感觉能力是有差别的。正如黑格尔说："如果感觉畅快和不畅快可以作为衡量正义、善良、真实的标准，可以作为衡量什么应当是人生的目的的标准，那么，真正说来，道德学就被取消。或者说，道德的原则事实上也就成了一个不道德的原则……一切任意妄为都可以道行无阻。"③ 相反，道义论从人的抽象理性出发，主张个人无条件地为集体、为推进国家或全人类的利益而牺牲个人利益，把精神的崇高当作人生的目的。反对为利益而获益，在求利的时候，更强调目的和手段的合理性。这种否认人的感性追求之合理性、否认不同时代人的物质需要的合理性，其本身也具有不

---

① 吕世荣、刘象彬、肖永成编著：《义利观研究》，河南大学出版社 2000 年版，第300 页。

② 刘霞：《评有关功利论与道义论之区别的三种流行观点》，《哲学研究》2013 年第 12 期。

③ ［德］黑格尔：《法哲学原理》，商务印书馆 1961 年版，第 73 页。

合理性。①

对于个人利益和社会利益的关系问题，两者也存在冲突。功利论强调的是个体，即个人利益。道义论强调的是整体利益而忽视甚至扼杀个人利益和个性的发展。这种对立又造成对义利评价标准上的、方式和目的关系上的对立。功利论把行为所获得的功利效果作为道德评价的标准。道义论把行为的根据归为道德的准则。所以，功利论是把道德作为获得幸福或快乐的手段和工具，而道义论是在目的论的意义上谈论道德的，它肯定道德中所含的人的价值和尊严。功利论从人的自然感性出发，论证人的物质追求、快乐和幸福的必然性和合理性。而道义论从人的抽象理性出发，认为人的本质在于超越生物的特性而追求理性的完善，也具有合理性。因为，不管是物质追求还是理性追求都是人的需要。但是，他们都离开社会发展的具体阶段片面地强调人的某一方面，既是片面的又是抽象的，由此可以看出二者对立的实质：一是二者的理论基础不同。人的自然本性和抽象理性的对立，反映了对人的本质的不同理解。二是二者的对立有其深刻的时代背景和阶级基础。功利论和道义论的对立，从表现上看是两种思想体系的对立，实际上这些思想观点与一定的历史时代相联系，反映着一定的阶级利益，代表着一定的政治主张。封建时代，功利论往往在锐意进取的改革派身上得以显现；与之相反，在资本主义时代，功利论则体现了资产阶级对于财富的极端渴望。可见功利论和道义论的对立在人类历史发展的过程中，反映了不同时代的差别。②

综上所述，不同时代的义利观只有反映社会的发展规律才可能推动社会前进。只有合理的义才可能有合理的求利活动，在义利孰轻孰重的选择过程中片面地强调某一方面，都会对社会带来难以估量的影响。所以说，在当代推动和实现利益均衡的价值取向是：兼顾义利，但施行过程中义先于利。一方面推动和实现利益均衡并不

① 吕世荣、刘象彬、肖永成编著：《义利观研究》，河南大学出版社 2000 年版，第301 页。

② 同上书，第 301—302 页。

是空泛的只讲"义"而回避"利",因为这既不符合马克思主义的矛盾论,也不符合实际。义、利作为矛盾对立统一的两个方面是相互依存的,离开任何一方,另一方就会不复存在,商品社会更是如此。公民作为理性人只有获取"利"的甜头,才会肯定与之相依存的这种"义"是可信的;另一方面,推动和实现利益均衡也不能只讲"利"而回避"义",因为没有"义"作为正确引导的"利"会导致阶层矛盾激化从而引发社会动荡。

而利益均衡作为一种社会关系调节机制,无不渗透着义利观的影响,可以这样说,只有明白义利观,明确义、利的价值顺序,才会有助于进一步理解什么是利益均衡。当前形势下,抵制损人利己、损公肥私、见利忘义、唯利是图的思想和行为,弘扬为人民服务的道德精神,遵循集体主义的道德原则,这便是正确的义利观,也是推动利益均衡工作的"催化剂"。

## 第三节　利益均衡法律调控的概述

### 一　利益均衡法律调控的重要性

利益均衡以分配正义为基本先导,而法律调控的目标也是追求公平正义价值,二者在终极目的上有高度一致性,这构成了利益均衡法律调控存在的基本前提之一,即其重要性。旨在对于经济发展领域极端不公正及日益显著的财富差距,对于政治领域权力恣意性,对于社会治理领域尤其是最基层治理中出现的风险和矛盾基于适度的工具性调控。

（一）利于抑制日益显著的财富差距

全球贫富差距在最近的二三十年日益扩大,这不仅仅关系到公平,同时对经济也存在短期或长期的影响。库兹涅茨假设认为,伴随社会由相对落后向现代工业生产转变的过程,人均收入增长会带来贫富差距的扩大,而当收入增长到一定水平时,这种差距会缩小。然而,以近几年的实际数据来看,库兹涅茨的假设在发达国家并没有得到很好印证。高收入国家出现了人均收入较高,但更多收入依然流向富人的趋势。美国 2000 年人均 GDP 已达 3.6 万美元，World Wealth and Income Database 曾根据全美纳税情况测算，当年收入最高的 10% 的人获得了全国 43.11% 的收入，到 2015 年这一比重增至 47.81%。日本 90 年代初开始人均 GDP 超过 3 万美元，作为名副其实的高收入国家，其高收入者的收入占比近年亦逐步提高。

我国改革开放之后 GDP 快速增长，但与此同时贫富差距也显著扩大。收入前 20% 的人收入占比从 1985 年的 36.58%，经过 20 年增至 2005 年的 48%，而收入末 20% 的人收入占比从 9.23% 降至 5.02%。2015 年全国居民人均可支配收入达 21966 元，已步入中等收入国家行列，据国家统计局的数据，在基尼系数超过 0.49 之后，我国基尼系数自 2010 年随收入增长而有所降低。根据最新的 2016 年《新财富》发布的富人榜，前 10 名的富人，财富总额就达到了 9728.6 亿元，离万亿大关只剩一步之遥。根据 2016 年最新的数据，直到今天，我国仍有 7000 万的贫困人口。而我国对于贫困人口的临界线是年收入不超过 2300 元。显而易见，这样一个标准已经远远无法和现实情况匹配。

新时期，房价成为不断加剧固有贫富差距的更重要因素。中国内地一线城市房价的疯涨现象，早已突破了房地产问题的范畴，成为一个棘手的经济问题，同时也是一个非常现实的社会财富流向问题。房价的高速增长使得拥有房产的富裕阶层与无房的贫穷阶层的资产净值差距越来越大。

无论是个体之间经济实力的巨大差异，或者是整个社会群体之间在经济领域的巨大财富差异都导致了难以挽回的危害。我国社会在一定范围内或已出现"极端不平等"现象。一方面，极端不平等使穷人和富人之间形成观念层面的断裂，社会凝聚力不可避免受到巨大影响，人们在观念上也逐渐分裂为不同群体，形成不同的亚文化。①社会群体之间的文化一旦发生断层，极易引发大的社会事件。除此之外，我国还有一个显著的特征，即城乡二元结构短期内难以打破，加之收入二元分化，形成特有的"双二元"结构。

---

① 郭兴利：《论不平等的法律调控》，中国社会科学出版社 2011 年版，第 110 页。

而法律的作用在于抑制日益显著的财富差距。法律作为一种利益调节机制，对现有社会财富进行有效再分配。例如，政府通过调整利率，解决居民经济下滑带来的消费乏力问题，从另一个侧面刺激消费。再如，通过税收比例、税种的科学化、合理化，调整利益格局，2015年底开始实施的"营改增"即是通过法律手段调整经济利益的典型方式。

（二）利于缓和权力与权利的二元对立

从权力的起源来看，公权与私权的划分是权力产生的基础原因。而权力天然具有恣意性，缺乏监督导致的权力真空极易引发腐败、权力滥用等公权对于私权的侵害。

权力的恣意性，对于经济发展有着不可忽略的消极作用，不仅极大程度地破坏了经济发展秩序，也给社会生产力带来难以恢复的影响，从而导致赤贫现象出现。贫富差距巨大另外一个原因是靠权力取得的收入，即"权力寻租"。此概念来源于经济学中解释特定腐败现象的"寻租理论"，是指握有公权者以权力为筹码谋求获取自身经济利益的一种非生产性活动的经济学术语。权力寻租则是把权力商品化，或以权力为资本，去参与商品交换和市场竞争，谋取金钱和物质利益。像物质形态的土地、产业、资本那样，在这里，权力也被物化了，转化为商品货币，进入消费和财富增值环节。权力寻租所带来的利益，成为权力腐败的原动力或污染源。经济学家吴敬琏曾经在《财经》年会上指出，中国贫富差别如此的巨大，它主要的原因，主要是来自租金的收入，就是靠权力取得的收入。要解决这个是我们税收体制力所不及的，这个要靠整个体制改革，要让权力不能支配那么多的资源，而且要对权力进行监督才能够解决这个问题。

权力的恣意性会对政治文明建设产生极大影响。权力理应受到限制，不受限制的权力将会成为不可控制的强大力量，将如猛虎一般吞噬正常的社会伦理和秩序。权力最大的特点，即其在法律规范的限度内进行活动，而"将权力装进制度的笼子里"即是在笼子的内部，权力是自由的，正当的权力行使理应受到支持；在笼子之外，权力切不可以恣意妄为，其行使的方式、程度、范围都要受到严格的限制。一方面，行政法上非常重要的理论之一即职权法定。任何一个行政机关在做出决策的过程中应该做到形式合法与实质合法。形式合法着眼于实施法律的具体程序，严格按照程序正当性的要求办理；实质合法是指一项行政行为的行使在实体上符合法律规定，既没有在法律规定的范围之外行使，也没有扩大使用法律规定的权力，同时对于法律规定应当实施的权力也没有缺位。

改革开放以来，我国的城市发展和建设规模日益增大，随之而来的大拆大建状况明显。由工程建设带来的巨大利益滋生了大量腐败问题，逐渐演变为部分腐败分子和商人竞相逐利的竞技场。从20世纪90年代人尽皆知的"豆腐渣"工程，到21世纪以来愈演愈烈的工程爆破再修建，给国人带来巨大的心理伤害，大大减损了政府公信力。解决问题的有效途径仍然是法律的调节。法律的首要价值即工具性价值，对权力的恣意性给予惩戒，从而在全社会营造出一种权力应受到限制的文化氛围。从本质上讲，法律工具的合理行使会敦促权力重回理性轨道。法律对于腐败现象的惩戒，也是从根源上、制度上杜绝权力寻租的重要路径。

（三）利于缓解社会阶层间的分化与撕裂

改革开放带给我们巨大经济利益的同时，给社会带来了一系列的代价和阵痛。2013年党的十八届三中全会报告中提到，改革进入攻坚期和深水区……要拿出壮士断腕的精神将改革推向深入。我们党充分认识到改革面临的困境和挑战，而与此同时，法律的调控作用则主要集中在几个方面。

第一，三十多年经济高速发展积聚的巨大的社会矛盾，在短时间内急剧爆发。以近些年全国范围内的强拆事件为例，面对强拆，民众往往反应过度，更多的是不分青红皂白地指责强拆行为本身，而不会理性地去考量部分强拆本身的合理合法性。殊不知，改革开放以来，随着城市化进程的不断深入，各地在巨大的拆迁补偿的巨大利益刺激和驱使下，民众产生强烈的逐利心理，大量的违法建筑如雨后春笋般涌现出来，面对这样公然违反拆迁补偿规则的行为，强拆行为实属合法的行政执法行为。反之，如若对这类违法行为不闻不问，则反而是对违法的纵容，在村民内心会激发攀比心理，造成更大的社会隐患。当然，其中也不乏一些行政机关以行政执法为名对合法建筑进行强拆，粗暴践踏相对人财产甚至人身权益。对于此类事件的正确理性判断，在很长一段时间，尤其是在法治社会尚未建成、法治精神尚未全面彰显的过渡时期，无法依靠行政相对人和普通民众的自我价值判断，而是要靠法治。换言之，在过渡时期，法律的调控作用在于在社会树立罪与非罪、违法与合法的正当界限，代替由经验主义养成的非理性判断。

第二，几千年累积的传统道德观念受到前所未有的冲击。有几千年文明历史的中华民族，从未放弃过对道德的追求，而日常约束民众的，更多的是传统观念沿袭下来的是非观念。然而，改革开放的大潮带来了多元的价值观，在社会迅速分层之际，各种利益团体之间的价值观出现难以弥合的鸿沟，原本建构的固有价值体系遭到一定程度的破坏。曾几何时，在中国这样一个弘扬尊老爱幼、帮贫扶弱的社会居然会出现路遇伤残扶还是不扶的社会难题。之所以出现这样的难题，还是因为法律应有的社会调控作用尚未完全发挥。在全国各地倡导道德，首先要各地出台"好人法"做保障，对于救助人的权利进行应有的保障。唯其如此，道德的彰显才能有抓手和刚力。

第三，随着自媒体的不断发展，网络舆论给传统舆论传播方式带来巨大冲击的同时，也随之而来出现了虚假消息泛滥、不实言论充斥的现象；更有甚者，一些反政府的虚假消息不时充斥网络。传统的调整方式已经无法适应日益变化的传媒场。迫切需要新的立法，尤其是网络准入、监管相关立法为新时期的舆论传播保驾护航。

## 二　利益均衡法律调控的必然性

正是源于对公平正义的追求，在特定的历史时期，法律基于平等的适度调控不仅是重要的，也是可能的。这构成利益均衡法律调控存在的第二个基本前提，即其必然性。利益均衡的法律调控是国家机器正常运转的必然要求，是统治阶级为追求良法善治的必然选择，也是为杜绝因绝对均等导致的调控过度而采用的理性手段。

（一）法律的强制性

由国家制定或认可，是国家创制法的两种方式，也就是统治阶级把自己的意志转化为国家意志的两种途径。法既然是国家制定或认可的，它就必然具有国家意志的属性，因此具有高效的统一性和极大的权威性。

法律最显著的特征之一就是其工具性特征，即"惩恶扬善"的基本功能。法律的强制性是指法律以国家的强制力作为后盾保证其实施。作为一种特殊的社会规范，法律由国家制定或者认可，向社会主体提供一定的行为模式，具有明显的规范性。[1] 法律的强制力不同于其他社会规范之处就在于它是一种国家强制力，而不是一般的社会强制。[2] 但是值得注意的是，法依靠国家强制力保证实施，这是从终极意义上讲的，即从国家强制力是法的最后一道防线的意义上讲的，而非意味着法的每一个实施过程、每一个法律规范的实施都要借助国家的系统化的暴力；也不等于国家强制力是保证法实施的唯一力量。[3]

根据张文显教授的理论，法律的强制性应该有三个层次。一是，法律的强制力具有潜在性和间接性；这种强制性只在人们违反法律时才会降临行为人身上。二是，法律的强制力不等于纯粹的暴力。三是，国家强制不是法律实施的唯一保证力量；法律的实施还依靠诸道德、人性、经济、文化等方面的因素。[4]

正是由于法律的国家强制性，使得利益均衡的法律调控成为必然。如前所述，面对财富、资源乃至社会发展的极度不均衡，社会主体一般情况下总是极力占据更多的社会资源，而容易造成更大限度的经济上的贫富差距、权力限制上的失衡失重以及社会发展的机会不均等，从而加剧阶层固化，使得社会的上下流动更加不可能，长此以往，造成新的不稳定因素。而正是国家的强制力给这种传统

---

① 郭兴利：《论不平等的法律调控》，中国社会科学出版社 2011 年版，第 136 页。

② 卢云：《法理学》，四川人民出版社 1993 年版，第 33—36 页。

③ 张文显：《法学基本范畴研究》，中国政法大学出版社 1993 年版，第 43—49 页。

④ 张文显：《法理学》，法律出版社 1997 年版，第 54—59 页。

调节作用上增加了更多人为理性的因素，使得社会通过法律调节从而趋向均衡性成为必然。

（二）法治的正义性

党的十八届四中全会系统地提出全面依法治国的宏伟目标，更具体的要求是建立科学立法、严格执法、公正司法、全民守法的法治中国。其中，法治国家、法治政府和法治社会一体化建设是首次提及。"法治"成为官方话语体系中的高频词之一。党的十八届三中全会明确提出实现良法善治，不断提升治理方式和治理能力的现代化。

而无论是中国古典的法的思想，或是西方起源于契约精神的经典法治理念，都有一个最基本的要求，即对于公平正义的追求。今天，国家对法治的孜孜追求内在地要求法律必然被奉为权威，成为社会治理的主要手段。正如党的十八届四中全会报告中明确指出的，让法律成为全体社会成员的追求和信仰。法治国家、法治政府和法治社会一体化建设的基本要求需要我们将法律调控手段作为最主要的倡导均衡的路径选择。社会均衡性目标的实现涉及多个领域，具有广泛性和全局性，其调控也更应趋于合理和理性，法律手段是首要选择。

相对于其他的调控手段，利益均衡的法律调控具有明显优势。一是其无可替代的理性化特征，即其以明确的、可预见的、普遍适用的特性进行利益的事先调控，为社会秩序的建立和稳定提供保障。二是以其权利和义务双重双向性对利益的均衡性进行指引和评价，基于社会主体更多的自由和选择。三是以其规范性、原则性等天然要素，具有更为灵活的利益均衡调控功能，这是其他调控方式不可比拟的优势。因此，法治目标的提出和实现为利益均衡法律调控提供必然性。

（三）法治的理性

法律调控的一大特征在于面对利益均衡的调节目标，其以法律特有的理性和法的精神保障使这一目标不会走向另外一个极端，即不必为追求某种绝对均等而陷入过度性泥潭。

均等可以分为绝对的均等和相对均等，绝对的均等就是每个社会主体获得相同的权利需求的满足。而相对的均等，是指社会主体获得的权利需求的满足虽然有一定程度的差异，但是这种差异不足以推进社会的良性运行和协调发展。均等的观念在我国可谓根深蒂固，其主要源于社会的小生产者意识。在他们看来，只要把财富进行一次平均分配，人人都能有相同的财产，都能过着相同的生活，就可以免予剥削与压迫，就可以安居乐业。①均等或许是一种美好的、接近理想状态的社会现象，但是现实中却有很多消极作用。可能滑入"多数人的暴政"；而"人民的多数在管理国家方面有权决定一切"这句格言，是渎神和令人讨厌的。② 即导致极端民主化或是无政府主义，法理学上有类似的论断。自美国著名法学家富勒在1949 年《哈佛法律评论》发表虚构的洞穴探险者案③以来，该案也一直被誉为"法理学永恒的洞穴"，其提出一个永恒的论题，即何谓法的精神？一般认为，"法的精神"是种绝对的"理性"，即"每个人拥有平等的权利"。法律的目的在于调节矛盾，而非追求绝对的公平正义。

均等的观念在我国有着根深蒂固的影响，历史上太过于长久的小农经济时代给均等观念更为深厚的土壤。鉴于前述在经济发展领域、权力限制领域以及社会治理领域，都需要法律发挥基于平等的调节功能，通过法律调整均等，对于进一步平衡社会各个主体的利益关系，有一定的重要作用。对于利益均衡的法律调控，平等是其首要要求，然而平等一定要与绝对的均等相区分。调控的适度性是必须考虑的又一重要因素。

### 三　利益均衡法律调控的基本功能

利益均衡理念作为一种法治理念，它能正确处理经济社会发展中凸显的利益分化问题，建立利益分配整合机制，是有效化解社会

---

① 郭兴利：《论不平等的法律调控》，中国社会科学出版社 2011 年版，第128—130 页。

② ［法］托克维尔：《论美国的民主》，董国良译，商务印书馆 1988 年版，第287 页。

③ Lon Fuller, "The Case of the Speluncean Explorers", 62 Harvard Law Review 616, 1949.

冲突矛盾的基准；能不断满足人民群众日益增长的物质文化需要，切实保障人民群众的经济、政治和文化权益的指南；能在国家和社会事业快速发展中不断维护社会稳定，为国家和政权的长治久安奠定社会基础的指导思想。

（一）冲突化解功能

"天下熙熙，皆为利来，天下攘攘，皆为利往"①，社会冲突发生的根本原因在于社会利益资源是有限的，分配难以均衡，使得利益关系呈现出紧张的状态。党的十八届三中全会指出要"创新有效预防和化解社会矛盾体制"②，并且要"坚持依法治理，加强法治保障，运用法治思维和法治方式化解社会矛盾"③。而利益均衡理念就是通过对人民法律观念的树立对社会是非进行权威性的界定，在缺乏时效性、严格硬性，甚至是带有漏洞、滞后的部分纠纷救济制度面前，又或是只能处理具体纠纷，无法缓和这一矛盾更深层次问题的时候，作为一套亟须的冲突处理价值准则摆在了人们面前。科塞认为社会冲突可以分为现实性冲突和非现实性冲突，"那种产生于特定关系中的受挫、产生于对参与者所获成果的估计，或是产生于追求受挫的目标的社会冲突，可以叫做现实性冲突；相反，非现实性冲突不是针对对抗者的最后结局，而只是因一方或双方发泄紧张的需要而发生，在这种情况下，冲突不是指向具体结果的获得"④。现实性冲突涉及具体的、特定的利益之争，对抗和紧张程度较小；而非现实性冲突则包含价值冲突、利益格局冲突、阶级利益冲突等难以调和的矛盾。如果一个社会结构对非现实性冲突难以容忍或者表现僵化，则会导致社会结构内部不平衡，所以说，制度所起的功能是有一定限度的，需要以利益均衡理念强化冲突解决的社会效果以辅之。

---

① 《史记·货殖列传》。

② 刘志明：《实现中国梦的重要支撑 中国特色社会主义社会建设》，红旗出版社2014年版，第43页。

③ 参见《中共中央关于全面深化改革若干重大问题的决定》，2013年11月15日新华社电（2013年11月12日通过）。

④ ［美］科塞：《社会冲突的功能》，华夏出版社1989年版，第139页。

和谐社会的构建离不开一套科学的冲突化解理念，利益均衡理念是建立在利益公平分配与保障基础之上的，冲突的化解不是对矛盾予以压制，或者用"和稀泥"的方式进行妥协，而是要求在充分达到人们的利益均衡目标之上实现的。"纠纷解决目标的确立不仅应当考虑纠纷解决的主观性效果，而且应当考虑客观的社会性效果，这两方面的效果统一才是真正意义上的纠纷解决。而为了说明纠纷解决的主观性效果和客观性效果以及二者的统一，就需要引入外部的判断标准。"① 这便是利益均衡理念的功能所在，它代表的主观性标准，即是冲突主体满足了自己的预期利益或使自身的原本利益得到了保护；它代表的客观性标准，即是依据了法治所建立起的利益均衡途径去尝试解决冲突。

（二）社会变迁功能

社会变迁是指重建社会成员在政治、经济、社会生活等领域之间的相互关系，使得原本无法参与群体关系的成员，以新的方式和程度参与到社会关系网络中来，这意味着社会成员享受在住房保障、医疗救助、法律援助等多方面的新利益。发展成果必须更多、更公平地惠及全体人民，必须解决好人民最关心、最直接、最现实的利益问题，不过"政府失灵是现实存在的——维持那些无效率的立法安排和不能采取行动消除立法中存在的制度不均衡"②，利益均衡理念呼吁更多利益、财富进行重新、公平地分配；它影响各种社会制度，重新构造社会正义的内涵；它是实现社会目标的途径，开启、引导和支撑着社会变迁。但需要指出的是，这种作用不是单向的，利益均衡理念既是社会变迁的起因，又是社会变迁的结果。社会变迁是现代国家转型的重要标志。在传统的农业社会，由于利益总量长期在低位游走，利益均衡理念对于社会变迁作用发挥不大，而在社会转型的现代化过程中，社会经济秩序产生了重大变革，市场经济更是发生了翻天覆地的变化，利益总量急速增长，人的世界观、价值观、人生目标和追求都不同于以往，对利益的欲望也不断

① 赵旭东：《纠纷与纠纷解决原论——从成因到理念的深度分析》，北京大学出版社 2009 年版，第 84 页。

② 包万超：《行政法与社会科学》，商务印书馆 2011 年版，第 65 页。

增强。但是由于既得利益集团和强势阶层的阻挠、抵制和反对，广大群众对利益的需求往往得不到公平的满足，"一小撮人获得集中的利益而把成本摊派在为数众多的，利益分散的纳税人头上"①。现代社会需要理念革新来保障人民群众的政治、经济、社会利益，传统农业社会由家庭所承担的各项保护功能已经不断弱化，国家必须树立起肩负对公民利益保护义务的新理念，在整合和分配利益资源的过程中，在住房、医疗、教育等公共领域，提供更多更好的公共服务，更多地惠及全体群众。因此，能否实现利益均衡影响着国家能否跨越"中等收入陷阱"，也关系着能否跨越"授之以鱼"的转型陷阱。

（三）社会治理功能

党的十六届六中全会指出：要"健全党委领导、政府负责、社会协同、公众参与的社会管理格局"②；十七大指出，"要加强基层政权建设，实现政府行政管理与基层群众自治有效衔接和良性互动"③；十七届三中全会指出，"要着力增强乡镇政府社会管理和公共服务职能，完善与农民政治参与积极性不断提高相适应的乡镇治理机制"④；十八届三中全会指出："要改进社会治理的方式，坚持依法治理，加强法治保障，运用法治思维和法治方式化解社会矛盾。坚持综合治理，强化道德约束，规范社会行为，调节利益关系，协调社会关系，解决社会问题。坚持源头治理，标本兼治、重在治本，以网格化管理、社会化服务为方向，健全基层综合服务管理平台，及时反映和协调人民群众各方面各层次利益诉求。"⑤ 党的方针政策都表明了社会治理模式的推进在国家和社会事业中的重要

① M. Olson, *The Logic of Collective Action*, Harvard University Press, 1965。转引自包万超《行政法与社会科学》，商务印书馆2011年版，第100页。

② 参见《中共中央关于加强党的执政能力建设的决定》（2004年9月19日通过）。

③ 参见《胡锦涛在中国共产党第十七次全国代表大会上的报告》，2007年10月24日。

④ 参见《中共中央关于推进农村改革发展若干重大问题的决定》，2008年10月19日（10月12日通过）。

⑤ 参见《关于全面深化改革若干重大问题的决定全文》，2013年11月15日新华社电（2013年11月12日通过）。

地位。"治理是一个上下互动的管理过程，它主要通过合作、协商、伙伴关系、确立认同和共同的目标等方式实施对公共事务的管理。治理的实质在于建立在市场原则、公共利益和认同之上的合作。"①社会治理有两种表现形式，一种是通过群体自身的内在化自治从而达到社会治理的效果，另一种则是依据一定的治理策略，通过外部作用力进行治理，"无论是德化的路径还是强力的路径，实际上都是契合于中国社会的有机和谐追求的方式"②。前者是内生型的社会治理，特定的社会群体在自我生存的同时形成了一套被普遍接受的思想或行为规则，人们通过对此思想或规则的不断遵守从而使得社会能够有机地自我运转。而后者是外力型的社会治理，通过外部作用力来实现社会治理的方式包括"正向治理"和"反向治理"，正向治理指的是对于符合治理策略的人或行为加以鼓励或帮助，反向治理指的是对于违反治理策略的人或行为予以惩罚或限制，两种方式最终都是为了主动达到社会治理的效果。

"法治社会不仅是形式上的依法治理，而且包含着丰富的价值底蕴，其终极追求乃是通过社会治理的形式合法性和主体行为的规范性来实现社会善治的根本价值目标"③，利益均衡理念要求横跨国家、政党、群体、个人之间鸿沟，在利益资源整合与配置中实现互利共赢局面的理性要求，实现社会治理民主化与法治化的理想。作为一种社会治理的思想观念，既表现为群体的内在化理念，也表现为国家的控制策略，一方面社会在自我管理、自我服务、自我监督的自治活动中，由于人们经历了群体生存的过程和阶段性后果从而相信应该遵从，利益均衡理念提供了遵循利益均衡价值取向的自我动机，并且人们同时也体验并检测了利益整合的正确与否、利益配置正负误差，利益均衡理念提供了大致准确的计量标准。因此，利益均衡理念在社会自我化解矛盾，自我和谐稳定，自我快速发展的

---

① 俞可平：《治理和善治引论》，《马克思主义与现实》1999 年第 5 期。
② 景枫等：《中国治理文化研究》，中国社会科学出版社 2012 年版，第 17 页。
③ 刘旺洪：《社会管理创新与社会治理的法治化》，《法学》2011 年第 10 期。

过程中不可获取。① 另一方面，利益均衡理念又是官方的、正式的，是党和国家在对社会进行治理时的理想策略，宏观的国家控制离不开一套理性的指导思想，面对复杂社会共识缺失、价值观扭曲、竞争矛盾的极度激化，急需社会内化规则之外的国家理念来予以明确社会的发展方向，有条理地使用奖励和限制以维系治理策略，系统有序地运用利益均衡理念而达到社会治理的目的。

---

①　郑海明：《从权利均衡到利益均衡：和谐社会利益表达中的制度建设》，《理论研究》2008 年第 5 期。

# 第二章

# 利益均衡法律调控的基本原则

在法学上，原则一词来源于拉丁语 Principiumdr，原意为"开始""起源""基础"的意思，后演变为英语 Principle。在法学英语中，Principle 的含义是：（1）法律诸多规则或学说的基础或来源；（2）确定的行为规则、程序或法律判决、明晰的法律原理或前提，除非有更明确的前提，不能对之证明或反驳，它们构成一个整体或整体的构成部分的实质，从属于一门科学的理论部分。[1] 英国法学家沃克从法律原则的功能角度认为法律原则是对"许多法律推理所依赖的前提，不断的正当的适用于比较特别和具体的规则解决不了或不能充分、明确解决的待决案件的一般原则"[2]。在法理学上，法律原则就是指"可以作为法律规则的本源性、综合性、稳定性的原则和准则"[3]。综上可见，原则具有本源性，是体现法律的本性的依据。正因为其本源性，使其能够统领和维系整个法律体系，"所有相关的法律规范之所以会组合成一项制度、一部法律、一个部门法乃至一个法律体系，都是因为原则的维系和集合功能"[4]。由此我们可以推导出利益均衡法律调控的基本原则应当作为一项规则的本源性，指导着整个社会利益在全体成员之间均衡分配的实施和推进。

从这一概念上讲，利益均衡法律调控的基本原则是有一定特殊性的，不是普遍存在的，它是由利益分配关系这一社会关系的本质

---

[1] St. Paul, Minn, *Black's Law Dictionary*, West Publishing Co. 1983, p. 1074.

[2] ［英］戴维·M. 沃克（Davy M. Wolk）：《牛津法律大辞典》，光明日报出版社 1988 年版，"法律原则"条。

[3] 张文显主编：《法理学》，北京大学出版社、高等教育出版社 1999 年版，第 74 页。

[4] 孙笑侠：《法律对行政的控制》，山东大学出版社 1999 年版，第 167 页。

所决定的，能够对社会整体利益在全体社会成员间达到均衡分配具有指导作用的标准，只有符合这一原则，才能成为利益均衡法律调控的基本原则。当前学界迄今为止，学者们并没有真正展开在社会主义市场经济条件下，对不同阶层间利益均衡的法律调控进行专门而深入的研究。从宏观的角度看，虽然利益、利益矛盾和利益调节已经是众多学者涉及的热点和焦点问题，但都是在微观领域就事论事，很少系统性或抽象性地在宏观领域具体提出解决问题的一揽子方法。因此，利益均衡法律调控研究作为一个全新的课题，笔者认为其基本原则应包括公平原则、协商民主原则、合法性原则等，这也是最为重要的原则。公平原则是指"在每个社会成员在权利、资格平等的前提下国家通过制定利益均衡规则，在合理配置存量利益的同时不断增加利益增量并按规则配置"；协商民主原则是指"通过'公民参与'与'公共协商'的方式达到以公权力主导下的政府决策由利益富有者向利益贫困者有益输送的目的"；合法性原则是指"利益均衡的调控行为应当在法治的框架内进行，即人民通过法律赋予政府调控利益均衡的权力、政府调控利益均衡的权力必须受到法的控制、利益均衡法律调控行为应当符合程序正当的要求并严格落实利益均衡调控的法律责任"。

在这里需要特别说明的是利益均衡法律调控的合法性原则。大部分字典在定义合法性这个概念时，合法性（legitimacy）与法律（legal）之间的关系是必然会提到的第一要素，合法性被定义为"符合法律"。Legitimate 的词根是古拉丁语 lex，即法律，所以它的古拉丁语原形 legitimus 确实意味着"合于法"①。但是，早在中古时期，由 legitimus 变化形成的 legitimitas 已不仅仅指"合于法"，而更多地指"合于传统习惯"。发展到现代英语词 legitimate 和现代德语词 ligitim，除了"合于法律""合于传统习惯"等含义外，还包括了"合于程序""合于逻辑""合理"等更为广泛的意义。本书所指的利益均衡法律调控的合法性原则是在狭义法学领域即法学领域

---

① Mchael Agnes, *Webster's New World College Dictionary*, Fourth Edition , Cleveland , OH：IDG Books Worldwide , 2001, pp. 818–819.

的概念，强调的是利益均衡的法律调控的一切行为是否合法、是否符合程序，区别于自然法学、宗教法、政治学、政治法学、政治社会学、政治哲学领域的合法性概念①。

第一，概念不同。利益均衡法律调控是以法律为主要手段对于不同社会成员间的社会关系进行利益调控的思想，其从本质上是法治思想在社会治理活动中的延伸；②而利益均衡调控机制则是一套全方位规制和调节利益初次分配和再分配过程，促使利益从国家流向社会、从获得利益较多阶层流向获得利益较少阶层的机制，其是一种系统的社会治理理论和机制。

第二，适用手段不同。利益均衡法律调控是以法治为主要思想，法律为主要手段的社会治理方式，其涉及的一切调控手段都是法律的延伸，即使是经济手段、政治手段也不例外；而利益均衡调控机制则是系统的国家治理体系，政治、经济、社会是平行的三条主线，而涉及的调控手段众多，包括经济、法律、政治等多种。

第三，原则不同。利益均衡法律调控最为基本的也是最为重要的原则是公平原则、协商民主原则和合法性原则，它们贯穿于理论、制度体系的始终，是目的、手段的本质反映；而利益均衡调控则是一种国家治理思想，其涉及社会的方方面面，全局性本源性的原则归纳并没有出现。

## 第一节　利益均衡法律调控的公平原则

### 一　公平原则的概念

"公平"，其辞源可追溯至春秋时期的《管子·形势解》，所谓"天公平而无私，故美恶莫不覆；地公平而无私，故大小莫不载"。顾名思义，公平包括公正、平等两方面的含义。在法律基础价值上属于正义范畴。公平是人类千百年来不断追求的权利之一，公平因时代

---

① 政治意义上的合法性是指人们是不是能够把法律当作合理的东西加以接受。

② 汪玉凯、黎映桃：《当代中国社会的利益失衡与均衡——公共治理中的利益调控》，《国家行政学院学报》2006年第6期。

不同而具有不同的内容。人们对公平的理解也是多角度的。皮埃尔·勒鲁认为："公平是一种原则，一种信念，当今社会，从某方面考察，除此原则外，别无其他基础。"① 艾德勒说："当一事物在某一认同的方面不比另外一事物多，也不比另一事物少时，我们说这两个事物是公平的。"② 马克思认为："公平是人在实践领域中对自身的意识的要求，也就是人意识到别人是和自己平等的人，把别人当作和自己平等的人来对待。"③ 博登海默说："平等乃是一个具有多种不同含义的多型概念。它所指的对象可以是政治参与权利、收入分配制度，也可以是不得势的群体的社会地位与法律地位。其范围涉及法律待遇的平等，机会的平等以及人类基本需要的平等。"④ 所以，公平主要指的是权利资格的平等，在法律上公平主要是指分配正义，指社会整体利益的公正分配。⑤ 由此可见，公平概念是与自由、平等紧密联系的。自由、平等是最为基本的人权，国家和法律的目的就是保护公众的自由和平等，在此基础之上以求利益均衡，这是终极目标。自由是公平的基础，"放弃自己的自由，就是放弃自己做人的资格，就是放弃人类的权利，甚至就是放弃自己的义务"⑥。自由与平等是相互依存的，自由是平等下的自由，真正的自由不以奴役他人为条件，所以自由离不开平等，因为如果允许人们之间的不平等，即允许一个人居于另一个人之上享有特权，势必造成对他人自由的干涉；自由是平等价值限制下的自由，"民主的自由观念并不是说每个人都有权做他喜欢做的事，即需附加一个条件'不得干涉别人同样的自由'"⑦。也就是说，自由同样受到他人权利的限制，不能把自己的自由建立在别人不自由的基础之上。这种限制在现代社会一般以法律形式表现，即当代社会自由的实现离不开法律面前

---

① ［法］皮埃尔·勒鲁：《论平等》，王允道译，商务印书馆1991年版，第19—25页。
② ［英］艾德勒：《六大观念》，生活·读书·新知三联书店1991年版，第505页。
③ ［德］恩格斯：《马克思恩格斯全集》第1卷，人民出版社2009年版，第264页。
④ ［美］E.博登海默：《法理学——法哲学及其方法》，邓正来等译，华夏出版社1987年版，第253页。
⑤ 张国清：《分配正义与社会应得》，《中国社会科学》2015年第5期。
⑥ ［法］卢梭：《社会契约论》，商务印书馆1982年版，第16页。
⑦ 同上书，第30页。

的人人平等，自由和平等作为社会发展目标和要求同时在法律中得以
体现；自由应是平等的，而非部分人自由但大部分人不自由。同时，
自由的行使是有边界的，即通过法律来限定自由的范围。只有理解了
自由与平等的辩证关系才能真正说自由平等构成公正的前提。

　　在利益均衡法律调控框架下，对于公平原则的理解，既包括静
态的考察，也包括动态的区分。从静态的角度看，利益均衡中的公
平表现为公众在权利上的平等。这种平等包括三方面。首先是政治
权利的平等。作为公民，每个人享有相同的政治利益，这种利益不
因个体差异而有所改变。政治权利平等的另一个重要表现是在法律
面前人人平等，公民要在法律允许的范围内进行活动，但这种平等
不包括立法上的平等，社会主义民主虽然广泛，但依旧存在敌对势
力和敌对分子，他们不享有平等的政治权利。其次是经济权利的平
等。公民在生产、生活中享有相同的权利，这种权利既包括平等地
拥有工作机会和条件、休息权，又包括收入分配上的平等，同工同
酬、同量同薪。最后是社会性权利的平等。随着时代发展，社会性
权利的内容也在不断扩张，对受教育、医疗卫生、社会保障等传统
型权利重视程度在加深，而诸如环境权等新型社会性权利也在逐步
引起关注，成为利益均衡的重要环节。[①]

　　从动态的角度看，利益均衡中的公平原则表现在条件、机会和结
果的公平，或者说是起点、过程和终点的公平。[②] 条件在活动中占有
先导地位，撇开条件就没有办法分析机会和结果。社会条件的公平或
平等，意味着公民可以在公平的"起跑线"上开展活动，是事物发展
链条开端的公平。机会的平等就是进行活动概率的可能性平等，社会
活动的机会面向所有社会成员开放，使每个人都有选择的权利，不会
因为机会条件限制而丧失资格。结果的公平指的是事物发展链条末端
的公平，它强调的是在条件相同、机会均等的情况下，活动结果的一
致性。当然，人的社会性活动受到的制约因素很多，对结果会产生或
多或少的影响，结果的公平说的是一种大体上的情况或趋势。

---

　　① 龚向和：《社会权的历史演变》，《时代法学》2005 年第 3 期。
　　② 张建忠主编：《创新、发展、和谐——社科文集》，陕西人民出版社 2008 年版，第
336 页。

### 二 公平原则的历史演进

利益均衡法律调控的公平性原则理论源远流长，但它不是与生俱来的，而是社会发展的结果。每一次社会的变革都丰富其理论内涵，使其在理论和实践上得到进一步的完善，促使其对于社会存在产生积极的反作用。

在原始社会，利益均衡调控中公平性原则的主要内容为社会整体利益的平均分配，即公平原则就在于每个人都占有同样的社会利益，由此实现"利益均衡"的理想状态。无论出于什么理由（出身、权势、才能、贡献等方面的差异），都不应带来社会利益分配上的差异。拉法格指出："野蛮人不能允许他的氏族的任何成员分东西比别人分得更好一些"，"他们对这些把一切东西都分成同样份额的平等制度感到满足"。① 而当人类告别蛮荒、不开化的原始社会也就意味着这种绝对平均分配的方式退出了历史舞台。但是，在"平均主义"主导下的公平原则却并未销声匿迹，在封建时代的农民手中反倒发扬光大。② 自从唐末黄巢起义打出"天补均平"大旗开始，到清末太平天国颁布《天朝田亩制度》为止，农民阶级一直把分土地、均利益作为反抗封建等级压迫，建立人人都饱暖的理想社会的终极追求。一些封建思想家出于维护统治的需要，在其学说中对平均主义进行吸收，以钳制农民思想，达到长治久安的目的。而在科学社会主义的思想来源——空想社会主义学说中，也将平均作为公平原则的重要方面。其代表人物摩莱里在他的名著《自然法典》中，就要求在消费领域绝对平均地分配消费品，企图用强制、严格规定的平均主义生活方式去克服资本主义社会在财富占有和消费品分配上的不公平。③

这种提倡社会整体利益，在社会成员间的平均分配的思想不利于资本主义萌芽时期追求利益最大化的原则，因此进入资本主义社

---

① ［法］拉法格：《思想起源论》，生活·读书·新知三联书店1963年版，第73页。

② 袁银传：《论平均主义的社会思潮长期存在的社会根源》，《社会主义研究》2002年第2期。

③ 参见高荣贵主编《经济学辞源》，吉林人民出版社1991年版，第249页。

会，平均主义开始向等级主义转变。等级主义下的公平原则是当时社会文明的产物，它通过理论将利益分配中的不均衡合理化、神圣化，以达到缓解社会矛盾，维护统治秩序的需要。依照等级主义的观点，人生而平等，但这种平等是人生存活动权利的平等，实际上由于人诞生时灵魂所带来的等级差别，在后天生活中利益分配是存在差异的。正是由于灵魂差异所带来的权力、财富差异，才形成尊卑有序、各守本分的公平统治秩序。虽然从今天看该论点荒谬不堪，但在当时包括许多著名的思想家在内都是等级主义的积极鼓吹者。依照柏拉图的观点，公平就是社会成员各就其位、各得其所，使他们在适当的岗位发挥出应有的作用。由于人天生素质的不同，适合他们天性的岗位也不同，所以他们应当在城邦之中担任不同的角色，从而处于不同的等级中。第一等级的是哲学家，他们是神用金子做成的，具有智慧的德行，理应成为国家的统治者；第二等级是武士，他们是神用银子做成的，其德行是勇敢，他们的职责是保卫国家；第三等级是农民和手工业者，是神用铜铁做成的，他们的职责是从事生产劳动，供养第一、二等级，其德行是节制；至于奴隶，他们在社会等级结构中毫无地位可言。① 在柏拉图看来，国家在社会利益分配中，使上述具有不同素质、不同德行的人们得到不同的社会地位、处于不同的社会等级、履行不同的社会职责，就是"公平原则"的一种体现。相对来说，亚里士多德对于公平的理解更深一层次，他将公平划分为普遍的公平与特殊的公平、分配的公平与报应的公平，认为它们存在着显著的差别。但在如何实现公平上，亚里士多德与柏拉图高度一致，他认为人与人之间天赋、能力存在着不同，公平的利益分配应该以人与人之间不平等为基础对各人实行不平等的分配，能者多得、无能者少得甚至不得，这才是公平原则在利益分配中的价值体现。②

随着商品经济的进一步繁荣，市场经济体制的逐步确立，资本促成社会事务的"商品化"，财富占有的多寡成为衡量人价值的唯一

---

① 金喜在编著：《当代中国市场经济理论与实践》，科学出版社 2010 年版，第 208 页。
② 李纪才：《"合乎比例的不平等"与"比值相等"——柏拉图、亚里士多德的公平思想》，《上海行政学院学报》2009 年第 6 期。

指标。等级主义下公平观开始向功利主义主导下的公平观转变，其基本观点是："功利，或社会利益，或'最大多数人的最大幸福'构成社会公平的目的，公平的利益分配方式也是最有助于实现这一目的的分配方式。而论功行赏、按劳分配什么样的分配方式最有助于这一目的的实现呢？那就是论功行赏、按劳分配。谁具有有益于社会团体的较大才能，谁对公共福祉贡献最大，谁就应在社会利益分配中占有较大的份额，反之只应获得较少的份额。"① 这种不掺杂任何人性价值判断，只唯利益的理念反映了当时特定的思潮。霍尔巴赫曾说道："公平的法律要求，在每一个国家中，公民都应按照他对同胞所做之事是善是恶而得到奖励或惩罚。……如果社会在这方面处理不当，如果嘉奖了无用的和有害的人，它将自食其果。"② 而人的工具价值则被推崇到登峰造极的地步，"人们所得的利益是要用他们的功德和德行来衡量的。如果在一个国家里，有益于其他同胞的人并不比敌人更使人觉得满意，那个国家就不会是一个智慧和理智之邦"③。

随着社会、经济的进一步发展，功利主义之下的公平理念出现了"退潮"。这是因为假如功利主义占据社会主流，人们对于利益的追逐将不再受到约束。虽然追求利益是人的本能，而对金钱的崇尚将导致社会中的一部分人不择手段地去谋取金钱，金钱本身又是最具活力和动力的，它会摧毁原有的一切社会保护机制，进而引发阶层间利益的严重失衡。因此，在现代社会，公平原则又被赋予了一项新的内涵——人道主义。人道主义主导下的公平原则强调的是人与人之间的平等，肯定人生而平等，这种平等不仅包括先天的平等，还包括后天的平等，并把此种平等视为人在分配社会利益中享受各种好处的最有权威的凭证。④ 人道主义既不赞同等级主义，又对功利主义大加批判，体现出自身鲜明的特征。"人的出身根本不能决定人在政治生活中的地位和价值，评价一个人的价值，不应该

---

① ［英］富勒：《功用主义》，商务印书馆1957年版，第30页。
② ［法］霍尔巴赫：《袖珍神学》，商务印书馆1972年版，第5页。
③ ［英］威廉·葛德文：《政治正义论》，商务印书馆2007年版，第99页。
④ 刘福森：《公平的历史尺度和人道尺度——历史唯物主义视野中的效率与公平》，《人文杂志》2001年第5期。

根据他的出身门第、社会地位和财富多寡，根据出身决定一个人享有政治利益的多寡不过是把动物王国通行的法则搬到人类社会中来。至于人的才能对于健康的政治生活诚意有益的，但是如果根据人的才能的高低来决定享有政治利益的多寡，必然取消人在政治上的平等，使民主政治化为乌有，导致社会利益分配的不公平。"①

但是，人道主义主导下的公平依然存在理论误区，它把人的权利平等当成每个社会成员平等享有利益的唯一因素，而将个人能力与利益分配间的关系完全割裂。在现代社会，个人才能作为一种资源在社会利益有限的现实情况下存在着广阔的发展前景，鼓励提高个人能力，完善自我，不仅是适应经济转型的内在要求，还是进一步激发社会活力，创造高度物质文明、精神文明的重要保证和必由途径。在这种背景下，自由主义主导下的公平原则作为一种新的理念顺应历史潮流而生。它虽崇尚人的权利平等，但并不把它当成每个社会成员平等享有利益的唯一因素，而是作为一种先决条件，利益享有的多寡，还要靠个人的行为，因而与人道主义的公平原则有别；它虽把个人才智高低与享有利益的多寡连在一起，但并不把它当成每个社会成员平等享有利益的唯一因素，而是把个人才智发挥程度的因素考虑进去，因而又和功利主义不同。②

自由主义主导下的公平原则核心是机会均等，只有机会均等才能创造公平的社会环境。③ "社会利益分配的目的就是要允许个人得到实现其目的的自由，通过劳动获得财产，通过交换满足需求，通过升迁达到与其才智相称的地位。"④ 丹尼尔·贝尔指出，现代社会的结构正是以机会均等原则为基础。18 世纪以及更早的等级社会给地主、军人、教会以优先地位，现代化带来的开放、变革和社会流动的理念根除了这种等级秩序，企业家代替了地主士绅、政府官员权力大于军队、知识分子继承了神父的地位。从原则上讲，这些新

---

① 周辅成编：《西方伦理学名著选辑》，商务印书馆 1964 年版，第 573 页。

② 郁建兴：《公平原则：一个历史考察》，《浙江大学学报》（社会科学版）1995 年第 3 期。

③ 徐大建：《西方公平正义思想的演变及启示》，《上海财经大学学报》2012 年第 3 期。

④ ［美］贝尔：《后工业社会的来临》，新华出版社 1997 年版，第 264 页。

的社会利益向一切有才智的人们开放，每个人都有通过自己的努力从而得到享受社会利益的机会。

### 三　公平原则的基本特征

利益关乎社会关系，在利益均衡法律调控框架体系下，对于社会公平的考察本质上是对社会中利益关系的一种反映。公平作为一种社会发展要素，有着显著的特征。对于其特征的分析，我们应该坚持具体的历史的辩证方法，既注意把握公平的客观性，同时也注意把握其主观性和相对性，从而使对公平的认知和理解达到一个新的层次。

（一）利益均衡法律调控视角下的公平是具体的公平

公平是社会经济发展的目标之一，是抽象的价值追求，但同时也是历史的、具体的。它与人类发展的一定历史阶段相适应，是社会利益关系的真实写照。恩格斯在《论住宅问题》中指出："从此以后，在法学家和盲目相信他们的人们眼中，法的发展就只不过是使获得法的表现的人类生活状态一再接近于公平理想，即接近于永恒公平。而这个公平则始终只是现存经济关系的或者反映其保守方面、或者反映其革命方面的观念化的神圣化的表现。希腊人和罗马人的公平认为奴隶制度是公平的；1789年资产者的公平要求废除封建制度，因为据说它不公平。"① 在不同历史阶段，公平的内涵发生着变化，但生产力标准则是衡量社会公平实现程度的最终标准。正如习近平同志在2014年新年贺词上所说的："我们推进改革的根本目的，是要让国家变得更加富强、让社会变得更加公平正义、让人民生活得更加美好。"② 也就是说，在当代建设富强、民主、文明、和谐的社会主义现代化国家是社会公平正义的应有之义。

（二）利益均衡法律调控视角下的公平是相对的公平

公平具有相对性的特征，它不是要求利益在社会成员之间进行均衡的划分，允许通过形式上的不公平来实现实质上的公平。③ 社会公平不等同于平均主义，"大锅饭"式的平均主义只能实现形式

---

① 《马克思恩格斯选集》第3卷，人民出版社1995年版，第211—212页。
② 参见新华社发布习近平同志2014年新年贺词。
③ 陈霞明：《论实质平等》，《江西社会科学》2007年第4期。

公平的目标，而无法达到实质公平。纵观人类历史，包括社会主义初级阶段，社会物质、精神财富以及相应的权利都没有实现均等的划分和享有。在社会生活实践中，差别是始终存在的。导致该差异存在的因素既包括主观社会成员间的差别，又包括客观社会物质生产条件的制约，也就是说，在全社会范围内实现利益均等划分和享有是不现实的。① 列宁曾指出："任何权利都是把同一标准应用在不同的人身上，即应用在事实上各不相同、各不同等的人身上，因而'平等的权利'就是破坏平等，就是不公平。"② 由此可见，利益均衡法律调控视角下的公平是一个相对性的概念，不同的阶层、不同的利益群体在实际生活中所对应的公平程度不同，这是政策制定者所应当承认的社会现实。党和政府所努力的目标就是通过政策、措施改善社会公平状况，将公众对于不公平的忍耐程度控制在一个合理的区间，以实现构建公平社会的价值目标。

（三）利益均衡法律调控视角下的公平具有主观性

公平不仅是社会发展和谐程度的标尺之一，也是社会个体对于生存、发展状况的一种主观认定和评判。具体而言，公平是对处于社会生产、交换、分配、消费各个环节中的社会个体的社会地位和物质、精神财富分配满意与否的一种主观感受，是权利和社会关系的一种直面反映。生活在不同历史时期、不同社会类型、不同社会阶层的社会个体对于社会公平存在着不同的感受、认定和评判；而生活在同一社会背景条件下的社会个体，由于成长环境、价值观等因素的不同，对于公平的主观感受也难以相同。正是通过不同社会个体不同公平观的汇聚、综合、抽象，社会范围内的公平观形成，这种公平观反映的是社会绝大多数成员对于公平的主观认知，具有强烈的价值判断意味。以此为角度，"公平实质上就是依据一定的价值标准对人与人之间涉及利益分配的社会关系的合理程度所做出的一种肯定性评价"。③

---

① 王元亮：《论形式平等与实质平等》，《科学社会主义》2013 年第 2 期。

② 《列宁选集》第 3 卷，人民出版社 1995 年版，第 194 页。

③ 孔令锋、黄乾：《市场与公平：改革转型前的思考》，《中央天津市委党校学报》2007 年第 1 期。

### 四　公平原则的基本维度

当代中国处在社会转型的关键时期，有关公平的博弈时刻都在发生。对于利益均衡法律调控视角下公平内涵的确定和把握，一方面要从理论角度出发，科学、全面地概括公平的实质价值；另一方面从现实出发，理论联系实际，在综合社会性质、社会发展水平以及社会发展目标的基础之上，合理揭示公平的工具价值。[①] 以此为基准，笔者认为，当代中国公平包含权利公平、机会公平和规则公平三大基本维度：

（一）权利公平：公平的内在要求

"权利"表现为一种资格、一种利益，是法律预置的一种权力。权利公平是机会公平和规则公平的逻辑前提和实践基础。如果公平体系中没有权利公平的参与，那么机会公平、规则公平就是"无源之水""无本之木"，难以长久维持。权利公平在社会公平保障体系中占有首要地位，对于全社会范围内公平正义的实现有着重要意义。[②] 我们可以从以下三方面加以理解：

1. 权利公平是建立在权利与义务统一基础之上的

权利和义务是相辅相成、不可分割的一个整体，没有无权利的义务，也没有无义务的权利。[③] 具体来说，社会个体行使法律赋予的各项权利的前提是尊重他人权利的行使，主动履行自身作为公民的应有义务，以实践为基础实现权利和义务的统一。在数量关系上，权利与义务是一一对应的，二者在总量上是大体相等的。就权利公平来讲，它既是对权利的凸显，又是对义务的强调。以劳动权为例，在我国劳动权既是权利又是义务，通过诚实劳动、公平分配，劳动者以身体力行的方式实践着权利公平。[④] 劳动是实现权利

---

① 刘长兴：《社会公平的内涵及其评价尺度新探》，《长白学刊》1996 年第 5 期。

② 谭贵全：《马克思主义的社会公平观及其对构建社会主义和谐社会的启示》，《马克思主义与现实》2009 年第 1 期。

③ 张友渔：《论公民的权利和义务不可分离——宪法修改草案的一个重要问题》，《东岳论丛》1982 年第 5 期。

④ 王锴：《论我国宪法上的劳动权与劳动义务》，《法学家》2008 年第 4 期。

公平的重要途径，习近平同志对此有深刻的认知："要坚持社会公平正义，努力让劳动者实现体面劳动、全面发展。"① 在当前社会背景下，社会个体的权利有时得不到公平的对待，这是权利与义务分离所导致的，是社会发展过程中的正常现象。随着经济社会的不断发展、进步，权利与义务相统一的政治经济基础将会得到进一步的巩固，社会个体的权利意识也随之进一步觉醒，这样权利公平就能在权利与义务统一的基础之上得以真正实现，从而为机会公平、规则公平的实现创造良好的社会条件。

2. 权利公平的具体内容受到社会存在的制约

社会存在是社会物质生活条件的总和，包括物质资料生产方式以及地理、人口因素。而权利公平的内容归根结底取决于社会存在，取决于生产力发展水平。在不同的社会发展阶段，不同的社会制度下，基本权利的内容和水平呈现出差异化的情况，而随着时代的发展、进步，基本权利特别是生存权的内容得到极大扩充。马克思曾指出："我们首先应当确定一切人类生存的第一个前提，也就是一切历史的第一个前提，这个前提是：人们为了能够'创造历史'，必须能够生活。但是为了生活，首先就需要吃喝住穿以及其他一些东西。因此第一个历史活动就是生产满足这些需要的资料，即生产物质生活本身，……人们单是为了能够生活就必须每日每时去完成它，现在和几千年前都是这样。"② 也就是说，不论权利体系有多么复杂，社会个体的基本权利在任何时候都是以生存权为基础的权利的集合。换言之，权利公平的最基本最重要的方面是生存权的公平。③ 社会公众只有首先解决了衣食住行用等基本问题，才能从事其他物质性或精神性的高级活动，进而实现更高程度上的权利满足。对于不同社会阶层的生存权和发展权，我们在尊重和保障的基础之上，一旦遇到生存权与发展权相冲突的情况，毫无疑问，生存权的价值取向优先于发展权，这也是利益均衡法律调控体系的价值选择。

---

① 参见习近平 2013 年 4 月 28 日在全国劳动模范代表座谈会上的讲话。
② 《马克思恩格斯选集》第 1 卷，人民出版社 1995 年版，第 78—79 页。
③ 汪进元：《论生存权的保护领域和实现途径》，《法学评论》2010 年第 5 期。

### 3. 权利公平是人自由和尊严的体现

权利公平是人自由、尊严的前提和保障。自由，不是狭隘地争取自身利益的权利，而是将个人自由与他人自由共存，从而不会让个人自由超越社会、集体自由的自由。尊严，是自己尊重自己从而赢得他人尊重的权利。社会公平制度的缺失或缺陷，会使人的自由和尊严遭受践踏，也会给利益的公平分配造成负面影响。在奴隶社会，奴隶作为奴隶主的财产，没有丝毫自由和尊严可言；在封建社会，农民依附于地主阶级，自由和尊严没有任何保障，与此相反，地主阶级享有不公平的等级特权。正如马克思所指出的："在中世纪，权利、自由和社会存在的每一种形式都表现为一种特权。"① 在资本主义社会，虽然从肉体上消灭了人压迫人的现象，但是劳动者在物质和精神生活上仍然受到占据统治地位的资产阶级的控制，人的自由和尊严无法完全得到保证。因此，要想实现权利公平，就必须构建一个人人享有自由和尊严的社会。在利益均衡法律调控体系框架下，社会个体的自由和尊严会被充分考虑，以社会公平正义为价值追求的公平保障体系得以建立，公平的基本维度能够实现。

### （二）机会公平：公平的前提和基础

机会，表达的是一种数学上的发生的概率。具体到社会生活，机会是社会个体参与社会活动能够获得利益的一种可能性。对社会个体来说，机会公平是在社会活动空间、活动内容大致均等的前提下，机会平等地面向社会成员开放，以满足他们生存和发展的权利。② 不同于权利公平，机会公平作为一种现实的社会存在，是公平的前提、基础，是最大的公平。对于机会公平，我们可以从以下三方面来理解其具体内容：

### 1. 起点的机会公平

就像田径比赛，没有起跑线上的一致，是难以保证最终结果的公正的。对于社会个体来说同样也是如此，保证他们在人生起点上的公平，不受社会地位的高低、家庭财富多寡等因素的影响，在一

---

① 《马克思恩格斯选集》第 1 卷，人民出版社 1995 年版，第 381 页。
② 孟天广：《转型期中国公众的分配公平感：结果公平与机会公平》，《社会》2012 年第 6 期。

个相对公平合理的竞争环境中，争取自己美好的生活和未来。罗尔斯曾指出："在社会的所有部门，每个具有相似动机和禀赋的人，都应当有大致平等的教育和成就的前景。而那些具有相同能力和志向的人的期望，不应当受到他们的社会出身的影响。"① 摒弃出身、地位、财富等不相关条件的影响，"唯才是举"，保障每个社会成员起点上的公平，满足其基本的发展要求，有助于利益均衡法律调控体系下公平保障机制的建立、完善。

2. 发展机会的公平

起点公平是一个相对抽象性的概念，笼统地表达在社会活动过程中出发点的公平；而发展机会的公平强调的则是在具体活动之中，排除一切影响机会实现的非正常因素的干扰，保证机会实现过程本身的公平。② 对于"发展机会的公平"，哈耶克有过一番深刻论述："百年以前，亦即传统的自由运动（claasical liberal movement）发展至高潮的时候，人们一般都是以这样的主张来表达其平等要求的，即'人才能驰骋'。这一要求包含三个含义：一是阻碍某些人发展的任何人为障碍，都应当被清除；二是个人所拥有的任何特权，都应当被取消；三是国家为改进人们之状况而采取的措施，应当同等地适用于所有的人。"③ 他向我们阐述了，如果社会个体的发展机会尚无法实现公平，那么结果的实质公正是无法保证的。

在市场经济条件下，公平不单单是指收入、分配等实实在在的公平，还包括在市场要素均等情况下参与市场竞争的平等。现实社会中，在机会公平的情况下收入分配差距会被控制在一个合理区间内，这是市场机制的自发调节。但是，因为机会不均等及其他因素的制约，我国收入差距呈现快速拉大之势，在现阶段强调机会公平有着强烈的现实意义。④

---

① ［美］罗尔斯：《正义论》，中国社会科学出版社 2001 年版，第 69 页。
② 孙一平、董晓倩：《论机会公平的目标与原则》，《理论探讨》2013 年第 3 期。
③ ［英］哈耶克：《自由秩序原理》上，生活·读书·新知三联书店 1997 年版，第 169—170 页。
④ 高国希：《机会公平与政府责任》，《上海财经大学学报》2006 年第 6 期。

3. 尊重社会成员的个体差异的公平①

正如世界上没有两片完全相同的树叶，社会个体的差异性也是显著的，表现在个人智力、能力、心理、教育程度、体质等诸多方面。这些细微的差别塑造了每个社会成员的个性，使之成为独一无二的人。但是这些差别也同样影响着每个社会成员在面对机会时的选择、把握能力，这种影响虽然是正常的，但却是竞争性的，也就意味着不公平。对于那些综合素质较强的社会成员，社会应当给予尊重、承认，赋予他们应得的机会。而对于那些综合素质较差的社会成员，却不能予以抛弃，因为这种做法不符合实质公平的利益均衡调控目标。社会应当倾斜社会资源对其进行适当的照顾，以体现社会最基本的道德底线，而这种底线也正是社会得以存在、维系的终极力量。②也就是说，对于弱势群体的权利进行保障，甚至将生存、发展的机会优先提供给他们，不仅不违背机会公平的原则，反而是机会公平原则在更高水平上的体现。如果我们忽视社会成员个体上的差异，一味强调形式上的公平，恐怕利益均衡的目标永远都不能实现。

（三）规则公平：公平的存在形式

规则是由社会集合体制定或认可，对其组成人员发挥效力的有形或无形规范。社会规则具有普遍性、公平性，对于社会成员具有普遍的约束力。规则公平作为公平的存在形式，是保证社会公平，实现利益均衡调控的重要保证。在社会生活中，规则公平要求社会个体在参与社会活动过程中遵守所接触的规范和准则，如法律法规、规章制度、村规民约等，自身行为符合政治经济社会发展、他人的合理预期，符合社会绝大多数成员的利益，合乎绝大多数社会成员的价值选择和道德评价，以从心理和行为层面实现公平的最终目标。③ 规则公平在公平保障体系中是必然不可或缺的，规则公平、合理为权利公平、机会公平营造出良好的氛围，使得公平可以在更大范围、更广的深度得以实现。

---

① 黄秀华：《机会公平的影响因素及实现途径》，《广西社会科学》2011 年第 4 期。

② 李薇薇：《平等原则在反歧视法中的适用和发展——兼谈我国的反歧视立法》，《政法论坛》2009 年第 1 期。

③ 陈仕平、梁东兴、郑芳：《规则公平何以可能》，《科学社会主义》2013 年第 5 期。

社会的文明程度、发展水平是由社会规则体系所直接反映的，社会规则是社会得以正常运转的重要支撑。社会规则调整的不仅包括平等的人与人之间、团体与团体之间的关系，还包含不平等的社会与个人、团体与个人间的关系；社会规范约束着社会成员的行为，指导他们该做什么、不该做什么以及如何去做。① 正是由于规则这两大特性，它才可以在公平实现过程中发挥必要作用。在当代社会，规则公平会促使社会成员对于社会、集体产生更强的认同感，能够减少社会不同阶层间的社会隔阂，从而产生一种良性向上的正能量，引导社会向公平的方向发展。而如果规则缺乏基本的公平，社会个体对于规则的遵守缺乏应有的动力，社会个体的行为对于他人来说变得不可预测，在此种情况下，社会个体从个体私利出发，寻求对于自己利益最大化的结果，必然会对整个社会的公平体系造成冲击。② 所以，规则公平是公平体系得以运行的重要保证。

规则公平不仅为社会个体参与社会生活创造公平的外部环境，还对利益产生着重要的调节作用。在市场经济背景下，利益多元化导致利益结构越发复杂，客观上使得利益关系的协调需要更加积极有效的规则引导。传统的道德以及风俗习惯由于缺少必要的强制力，导致对于社会活动的调节缺乏应有力度，使得部分社会成员的行为不受制约，不能够有效地参与和服从社会整体利益协调的格局中。只有明确的规则，确定了相应的调节手段，才能充分协调社会利益。政府通过对规则的制定，将不同利益阶层的社会成员的利益诉求予以考虑，完善社会各项政策和措施，保证社会运行规则的公平。③

此外，规则公平与权利公平、机会公平一道共同构成社会公平保障体系。权利公平确保社会个体公平参与社会生活的权利，机会公平赋予社会个体公平地参与社会生活的机会，而规则公平则确保社会个体在社会生活中受到同等的规则约束，有效保障了社会活动过程中的公平性，从而为结果的公平创造了良好的外部环境。由此

---

① 李正华：《社会规则论》，《政治与法律》2002 年第 1 期。

② 刘其君：《市场经济中的公平问题研究》，《江西社会科学》2002 年第 3 期。

③ 吴增基：《坚持"规则公平优先、兼顾结果公平"的公平观——兼论"效率优先、兼顾公平"的实质与合理性》，《学术界》2006 年第 1 期。

可见，权利公平、机会公平与规则公平紧密联系，贯穿于社会活动的方方面面，对于社会公平保障体系的构建以及利益均衡法律调控机制的完善产生着极为重要的促进作用。①

### 五　公平原则

在公平原则的释义中，笔者已将公平原则的内涵细分为起点公平、机会公平、结果公平三点，以下将会从上述三方面论述公平原则对于法律调控利益均衡的作用。

（一）起点公平是法律调控利益均衡的基础

公平并不是完全否认事实上的差别，而只是强调人人享有同样社会利益的权利。然而，起点公平又是最基本的公平，是其他公平原则的基础，没有起点公平，就没有其他更高层次的公平。② 起点公平可以从源头上避免社会整体利益在不同主体之间的不均衡分配，解决当前我国存在的一些现实问题，比如高考分数线的地域性差异带来的差异，北京考生和河南考生同样的分数水平却不能上同档次的大学；比如农村居民和城镇居民在医疗、社会保障等方面的差别待遇。起点公平的实现可以缓和类似社会矛盾，促进社会利益在社会全体成员之间的均衡分配。

（二）过程公平是法律调控利益均衡的保证

所谓过程公平的实质是资源配置的优化，起点公平只是为这种优化提供了可能性，过程公平却为这种优化带来了必然性。③ 不管在哪个领域，只有资源配置优化，才能使其全体成员各尽其能、各尽其才；只有全体社会成员各尽其能、各尽其才，才能保证社会利益在全体成员之间均衡分配。过程公平就是要促使社会的各个主体（包括个人和团体）都能自由平等地去获取各种利益，或者说各种利益完全对各个主体开放，反对一切特权和不合理的强制干涉，排

---

① 吴忠民：《公正新论》，《中国社会科学》2000 年第 4 期。

② 张辉：《竞争起点公平与过程公平的实现——我国构建公平竞争的法律保障制度刍议》，《华南师范大学学报》（社会科学版）2007 年第 6 期。

③ 史耀波、温军、李国平：《从起点和过程公平的视角论公平与效率》，《西安交通大学学报》（社会科学版）2007 年第 3 期。

除平均主义的利益分配结果。过程公平的公平原则，有利于激发人们的进取意识，促使人才脱颖而出，从而推动社会的发展。

（三）结果公平是法律调控利益均衡的目标

从某个角度上讲，共产主义社会即是社会整体利益在全体社会成员间实现"结果公平"分配的社会，在这个制度之下，人们的先天差异等不平等因素不再作为影响利益分配的因素，而每个社会成员不同的负担和需要由社会分配来考虑，即不论每个人条件如何、职位高低、能力大小、贡献多少，只要各尽其能，一律同等按照各自需要来分配。显然，这是与机会平等相违背的，然而，结果公平不是绝对的利益平均，而是在相对平等的基础上各部分协调一致，它不排除差别，但内含着一种平等的趋势和要求，使利益分配的不均衡保持在恰当的尺度上。[①]

# 第二节　利益均衡法律调控的协商民主原则

利益均衡法律调控的公平原则内涵极为丰富，起点公平、机会公平、结果公平从不同角度保障利益均衡法律调控的结果符合预设目标；但这种公平的博弈不是暴力的，也不能是暴力的，否则就会引起灾难性的后果。为了确保实现公平的路径可控，利益均衡法律调控必须借助于协商民主原则的应用。

## 一　协商民主概述

（一）概念

协商民主是 20 世纪末西方政治学界关注的新领域。英文写作：Deliberative Democracy，亦被翻译作审议民主、商议民主等。1980年，美国学者约瑟夫·比塞特在《协商民主：共和政府的多数原则》一文中首次使用了"协商民主"一词，表达了其主张公民参与

---

[①] 栗玉香、冯国有：《结果公平：美国联邦政府教育财政政策取向与策略》，《华中师范大学学报》（人文社会科学版）2015 年第 1 期。

而反对精英政治的宪政民主观念，明确其学术意义。[①] 此后，包括约翰·罗尔斯、安东尼·吉登斯、于根·哈贝马斯等西方学者都开始使用协商民主一词并对其理论进行开拓、发展。

国内外关于协商民主的定义较多，[②] 目前尚未有定论。依照笔者的观点，协商民主应是平等的主体，自由、公开、平等地参与对话、沟通和协商或倾听各种不同的意见，通过理性、负责的思考，审议各种理由的合理性，或者改变自身的观点，或者说服别人改变自身的立场，积极参与国家大事或公共事务的决策，通过自由平等对话来取得共识，保证公共和普遍利益的实现，使决策合法化、科学化。以协商的形式决定国家大事在我国古代早已有之。像我国古代的庙堂议事、朝议制等。但作为现代国家管理手段的协商民主则是舶来品。协商民主概念被引入中国后，与社会主义民主制度相结合，焕发出勃勃生机，形成了我国民主制度的新优势。在新时期，推进协商民主不仅是发展社会主义民主，形成人民有序政治参与，促进决策民主化的要求；还是进一步密切党同人民群众血肉联系，推进党的群众路线的要求。

公共协商是"协商民主"理论的核心。[③] 而公共协商，就是社会成员以各种形式和途径参与公共讨论，充分反映利益诉求，在协

---

① 牛立文主编：《协商民主理论与实践研究》，中共党史出版社2014年版，第42页。

② 协商民主：（1）梅维·库克认为，如果用最简单的术语来表达，民主协商指的是为政治生活中理性讨论提供基本空间的民主政府。（2）瓦拉德斯认为，民主协商是一种有着巨大潜力的民主治理形式，它能够有效回应多元文化之间的对话，促进不同政治话语的相互理解，尤其强调对于公共利益的责任，支持那些重视所有人的利益与需求的公共政策。（3）古特曼和汤姆森认为，可以把民主协商定义为一种统治形式，在这种形式下，自由而平等的公民通过一定的程序给出彼此都可以接受的理由来证成（justify）决策的合理性。（4）乔·埃尔特斯的定义最容易理解，民主协商可以分为两部分：民主与协商，民主意味着任何集体决策必须经由所有会受到影响的公民或其代表参与而达成；协商则意味着决策的过程是以公共讨论的方式进行的，并且参加讨论的公民或其代表必须珍惜理性与公正的价值。（5）杨（Young）把民主协商的概念归纳为四点：第一是包括（inclusion），所有受影响的公民都被包括在决策的过程中；第二是政治平等（politicalequality），所有受影响的公民享有平等的机会和权利来表达他们的想法和利益；第三是合理（reasonableness），参与者要有开放的胸怀和认真倾听的态度，愿意改变个人不合理的偏好；第四是公开（publicity），参与者要公开说明自己的利益和偏好。

③ 参见中国共产党十八届三中全会公报全文。

商的过程中实现公共利益的最大化。在协商民主的理论架构中，公共协商是在公共利益的框架下进行活动，其主要目标是在利用公共理性寻求最大限度地满足社会利益的基础之上，实现个体利益的最大化，即实现集体利益与个人利益的双赢。[1] 公共利益是协商民主理论的基本要素，我国学界对于公共利益有如下界定：它是社会共同体的基础，是社会各种利益的整合，反映宪法共同体价值体系的基本要求。公共利益是个人利益的汇聚、抽象，它来源于个人利益，又高于个人利益。公共利益以社会秩序为基本着眼点，体现出社会个体对于公共生活的一种参与兴趣。在公共协商之中，不仅要表达自己的意见和建议，更重要的是倾听对方的观点，在公共利益的指引下，不同利益进行有效的博弈，以体现公平和效率原则。[2] 此外，协商民主的隐形内涵是协商主体的平等性。只有平等的双方或多方主体才能完成协商的过程。没有平等的地位，协商过程不会存在，或者它只能是一个样式，无法取得实质的效果。协商民主的过程是平等协商的过程，协商主体的地位平等是协商过程能够顺利进行的前提条件。在行政管理的过程中主体与客体之间是管理与被管理的关系，为适应协商的过程政府机关作为协商的参与者需要调整心态以平等参与者的身份与利益相关者进行协商，以获得最终实现利益均衡的方案。

（二）协商民主与政治协商

协商民主不同于"政治协商"。政治协商是人民政协的三大职能之一，有着特定的含义：是对国家和地方的大政方针以及政治、经济、文化和社会生活中的重要问题在决策之前进行协商和就决策执行过程中的重要问题进行协商。[3] 中国人民政治协商会议全国委员会和地方委员会可根据中国共产党、人民代表大会常务委员会、人民政府、民主党派、人民团体的提议，举行有各党派、团体的负

---

[1]　陈家刚：《协商民主引论》，《马克思主义与现实》2004 年第 3 期。

[2]　张敏：《协商治理：一个成长中的新公共治理范式》，《江海学刊》2012 年第 5 期。

[3]　郑德涛、林应武主编：《深化行政体制改革 创新社会治理》，中山大学出版社 2014 年版，第 182 页。

责人和各族各界人士的代表参加的会议，进行协商，亦可建议上列单位将有关重要问题提交协商。而协商民主的主体更为宽泛，它不仅仅局限于党派之间的协商，还包括政府与全体公民或公民代表的协商；协商的事务包括经济、文化、社会生活等领域，更关注政策制定过程的利益整合和利益协调，而非单纯的讨论与出台对策。①

## 二　协商民主的特点

协商民主作为一种新型的民主理论，其特点表现在如下四个方面：

### （一）决策理性

公共决策需要公民或公民代表的参与、表达，并且这种意见应当是理性决策，即有缘由的。理性决策是基于民主的观念，社会个体不应当被仅仅视为公共政策的对象，消极的承受者，还应当被视为积极的能动者，他可以直接或者间接地参与到社会治理的过程中来。在协商民主之中，主体参与的重要性是就是表达意见、理性决策。理性决策有着重要意义：一方面可以得到一个具有可操作性的决策，另一方面可以表达相互尊重的价值。如果是仅投票而没有做出任何决策，即使是多数人没有不满意见，也违反了协商民主的要求，因为这个过程没有体现对于少数人表达平等的尊重。因此，协商民主可以在一定程度上有效防止"多数人的暴政"。②

### （二）决策公开

理性决策的结果必须以一种所有参与成员能够理解的方式公布，决策公开必须在形式上满足两个要件：一是协商本身必须在公开场所进行；二是决策的理由必须是公开的。如果参与协商的其他社会个体不能理解所能陈述的内容，就无法满足协商民主合法性的要求。③ 在特定情况下，协商过程中可能使用专业知识和专业证据，但是这并不意味着决策的理由是社会公众所不能够理解的。有时

---

① 陈家刚：《协商民主与政治协商》，《学习与探索》2007 年第 2 期。

② 张献生、吴茜：《试论中国社会主义协商民主制度》，《政治学研究》2014 年第 1 期。

③ 李涛、王新强：《协商民主、选举民主与民主政治建设》，《政治学研究》2014 年第 3 期。

候，仅仅形式上的公开也能对公众知情权产生一定程度的安慰。

（三）决策的约束性

协商的最终目的是产生科学的决策，协商不同于辩论会或学术研讨会，参与者不是为了论证而讨论，参与的成员抱着讨论能影响政府的公共决策，或者可以影响未来如何做出公共决策的心态，所以如果协商后能产生共识，对公共决策就应该具有约束力。这种约束具有绝对性，非经过合法程序不能够撤销，并且一经做出便视为发生效力。

（四）决策的动态性

协商的目的是求得一个科学、合理的结果，但是它并不预设这个结果一定可以达成，所以它保持开放和持续性对话的可能性。一个公共决策可能维持相当长的时间，但在某种意义上，又是暂时的，它必须对未来时间的挑战保持开放。这意味着某些既定的方针决策因为协商过程中出现"新的理由"而被重新加以讨论或改变。

从以上对民主协商内涵和特征的分析可以看出，协商民主具有重要意义，"它把民主协商主体从政治精英扩展到广大公民，有助于在社会各阶层中对利益进行良性配置。在民主协商的体制中，对共同关注事物的协商不再局限于政党、利益集团、政治精英，而是扩展到整个社会，普通民众在一定意义上获得了平等的话语权。在一些不够真实和健全的民主体制中，广大公民经常只是充当着投票工具的角色。而民主协商则更多强调为不同阶层的社会成员之间的对话构建一个平台，保证人们在进行商谈所必需的各项权利以及有效实现这些权利所必需的权力。在这种较为包容、平等、公正、自由的讨论沟通机制的基础上，各个社会阶层都有渠道来反映自己的利益、需求和偏好，在很大程度上改变了以往少数特权阶层和巨富阶层控制政治决策的现象。公民在民主协商过程中分享彼此的观点，分析彼此产生分歧的原因，不断修正自己的观点，有助于化解彼此之间的矛盾，改善决策的品质，促进整个社会利益均衡。当然，各阶层在民主协商中形成某种共识并不是预设的目标，而且即使达成了某种共识也并非意味着就此完全消除了分歧。求同存异、和而不同是协商民主的根本精神"①。

### 三　协商民主原则的历史演进

（一）西方协商民主原则的发展

西方通过协商民主原则指导利益均衡的做法并不是脱离西方民主政治的历史凭空提出的，而是对以往民主政治理论和实践的继承和发展。在西方民主政治理论提出和实践的 2000 多年中，具有典型意义的是古典协商民主、共和主义协商民主、代议制协商民主和现代协商民主，它们在民主政治的发展过程中取得了辉煌的成就，成为民主政治进一步发展的宝贵财富；其内在的局限也为民主政治的发展指出了需要努力的方向。协商民主原则就是站在民主政治发展的新起点上，吸收历史的成果，努力克服其局限性，在新的时代背景下产生和兴起的一种新的民主理论和实践模式。②

古典协商民主主要以古希腊雅典民主为代表。雅典公民参与民主和自我管理的方式主要是全体公民聚集在一处，讨论、决定和制定法律。这就赋予了雅典每个公民一种参与的"话语权"。法国哲学家福柯在《话语的秩序》中认为，话语就是权力，人通过话语赋予自己权力。"话语意味着一个社会团体依据某些成规将其意义传播于社会之中，以此确立起社会地位，并为其他团体所认识的过程"③，"话语权是一种不可或缺的资源——发展的过程就是呈现，需要不断彰显，拥有话语权就拥有了彰显的平台，因此社会上的人都需要借助话语权，在社会生活中寻找最大化的呈现和表达机会；同时话语权在很大程度上能保障话语者赢得社会地位，并由此获得利益"④。可见，在西方学者看来，话语权既是一种权利，也是一种权力，其本质是公民表达自己真实意愿的一种权力和权利。古希腊

---

① 贾可卿：《谈协商民主的价值及其局限》，《人文杂志》2008 年第 4 期。

② ［澳］何包钢：《协商民主和协商治理：建构一个理性且成熟的公民社会》，《开放时代》2012 年第 4 期。

③ 王治河：《福柯》，湖南教育出版社 1999 年版，第 159 页。

④ Michel Foucault, Text, Discourse, Ideology, The Order of Discourse Inaugural Lecture at the Collège de France on 2 December 1970.

协商民主正是通过赋予每个公民一种话语权，让每个公民（包括强势群体、弱势群体）都能表达自己的意见和声音，借此推动利益均衡的实现。当然，雅典协商民主也存在其历史局限性，其参与协商民主主体是成年雅典男子，大量的妇女和奴隶被排除在协商过程之外，是在一个小规模的且同质性的政治共同体中进行，但这并不能否认这种通过协商民主的方式来均衡利益的做法是人类历史上的一个伟大的创造。

共和主义之下的协商民主原则侧重强调对公共利益的关注，它是指如何通过制度组织公共事务，强调政府的公共性和中立性，公权力必须代表所有人的利益，体现出公共利益，特别要防止民主有可能产生的多数人意志专政。而这种公权力的合法性只能来自于社会成员对公共事务的广泛参与，通过讨论、协商和政治选择，选择一般的公共规则（宪法和法律）和特殊的公共决策（公职人员和政治方案）①。这种通过"决策权共享"的方式有效回避了"决策权独享"的局面，以达到决策过程中对相关利益均衡妥善把握的目的，实现法律的正义性。当然，共和主义协商民主原则也存在缺陷，即公民资格获得的依据是财产拥有，妇女被排斥在政治参与之外，这与雅典协商民主制存在异曲同工之处，使得社会利益局限于所谓"公民"的范围之内进行均衡分配。

代议制协商民主源于20世纪协商民主理论的兴起，是现代民主政治制度运行的典型方式，是自由主义民主理论在现实政治中的主要表现形式。②指的是一国统治阶级从各阶级、阶层、集团中，选举一定数量能够反映其利益、意志的成员，组成代议机关，并根据少数服从多数的原则，决定、管理国家政治、经济、文化和社会生活等方面重大事务的制度。③它克服了古希腊式直接民主不能适用于大规模政治共同体的限制，使得民主在现实政治生活中得以实现，不仅解决了"大国善治"的难题，有助于公权力的和平转移、

---

① 许纪霖：《在合法与正义之间——关于两种民主的反思》，《战略与管理》2001年第6期。

② 《简明不列颠百科全书》第6卷，中国大百科全书出版社1986年版，第5页。

③ 周叶中：《代议制度比较研究》，武汉大学出版社2005年版，第10—11页。

规则更替和文明行使，促进了决策的合法性，而且在政治生活中建立起必要的过滤器，减少和避免了缺乏审慎思考、理性反思所导致的政策偏颇。同时，这种民众通过自己选择和认可的政治代表表达自己的愿望实现自己利益的做法有效地均衡了政党与人民之间的政治利益。

现代协商民主是 20 世纪 80 年代西方兴起的民主理论模式。①现代协商民主原则不仅将协商实践扩展到了多样化的政治共同体中，这些共同体不排斥协商主体的信仰、地位和文化的差异，而是把所有政治上的平等者都包括进来，而且通过启动协商对话的能力平等找出政治上处于不平等地位的少数人团体以有效的发言权和机会的途径。②一方面，通过建立完善制度来保证协商公正的程序平等；另一方面，为协商创造新的公共空间，使得参与者不但可以利用它们表达新的公共理性，而且能够进入范围更广的公共领域实施对国家的影响，进而影响决策。经由这一决策程序，国家的决策、措施可以凝聚众人的政治智慧，尽最大可能综合不同的利益，大大降低政策的随意性，使得理论更加符合实际，③实现在决策过程中达到政治利益共享的目的。从某种意义上可以说，现代协商民主吸收了共和主义之下协商民主和代议制协商民主的优点，消除其原有的不足，实现了新的突破。

（二）我国协商民主原则的发展

中国协商民主是在政府主导下发展而来的，并非简单地引进西方理论，而是继承、发展了儒家和共产党的参政议政传统。

在中国古代，儒家士大夫建立公共论坛，他们就国家大事进行讨论，尽管在中国传统中缺乏民主、人权思想，但是却拥有丰富的协商资源。封建时代，统治者为了维护统治，同时对官员进行监督，需要了解农民的心声，以便做出更为合理的决策，由此形成了许多体现协

---

① 陈家刚、俞可平编：《协商民主与政治发展》，社会科学文献出版社 2011 年版。
② ［美］詹姆斯·博曼：《公共协商：多元主义、复杂性与民主》，黄相怀译，中央编译出版社 2006 年版，第 92 页。
③ 景跃进：《建构利益协调机制以降低维稳压力》，《社会科学报》2011 年 4 月 8 日。

商民主的制度安排，如朝议制度、谏议制度以及庶民议政等。

朝议制度类似于统治集团内部的集体决策制度，它是我国传统政治制度的重要组成部分，在议事会内部，成员一律平等，采取协商方式讨论的方式讨论国家大计，其在一定程度上体现了政治利益在统治集团内部的均衡分配。谏议制度即鼓励"言官谏诤"，也就是要求谏官或者言官为国家管理提出看法、观点和建议。这种制度虽然是为监督王权而设，但是谏官可以对政治决策提出批评、监督和讨论，体现出协商的一面。庶民议政是指民众可以对国家政治进行议论和批评，春秋时期，郑国子产"不毁乡校"；明朝的东林党人，主张"以众论定国是"；晚清思想家魏源要求"民众参与政治"，这些庶民议政的主张打破了政治利益在王朝内部消化的大格局，有利于政治的民主化。

协商民主原则在我国政治生活中广泛体现，对完善社会主义民主制度，促进政治民主化，均衡不同阶层政治利益发挥出重要作用。[1] 中国人民政治协商会议历经 60 多年，经历了统一战线组织形式到国家一种重要政治制度的过程。近年来，政协专业化、法律化程度明显提升，程序化日趋完备，委员来源广泛，是党和政府与社会各界进行沟通、协商的平台。1987 年党的第十三次全国代表大会提出建立社会协商对话制度，这进一步扩展了党的群众路线的内容，为基层协商民主创造了条件，在村（居）民会议、村（居）民代表会议基础上，我国城乡基层社会兴起了各种协商民主形式的制度安排，如民情恳谈会、民主恳谈会、民主理财会、民情直通车、便民服务窗、居民论坛和乡村论坛等。[2]

此外，新时期党和政府不断创新协商民主的实现手段。互联网深刻改变着中国的政治生态，公共论坛（BBS）、微博、微信等提升了社会个体的政治参与度，通过双向互动交流，社情民意可以直达决策层；各种具体行政行为前置听证程序提供给社会成员一个公开表达利益诉求的平台，多种利益主体参与下的博弈有利于公共决

---

① 童庆平、王强：《试论建设中国特色协商民主的根本原则》，《广州社会主义学院学报》2013 年第 3 期。

② 郑杭生、张建明：《试论社会协商对话制度》，《中国社会科学》1988 年第 2 期。

策的科学化。总之，新时期，协商民主制度得到了长足发展。

党的十八届三中全会首次将"健全社会主义协商民主制度"写入报告，以大篇幅予以强调："在党的领导下，以经济社会发展重大问题和涉及群众切身利益的实际问题为内容，在全社会开展广泛协商，坚持协商于决策之前和决策实施之中。要构建程序合理、环节完整的协商民主体系，拓宽国家政权机关、政协组织、党派团体、基层组织、社会组织的协商渠道；深入开展立法协商、行政协商、民主协商、参政协商、社会协商；发挥统一战线在协商民主中的重要作用，发挥人民政协作为协商民主重要渠道作用，完善人民政协制度体系，规范协商内容、协商程序，拓展协商民主形式，更加活跃有序地组织专题协商、对口协商、界别协商、提案办理协商，增加协商密度，提高协商成效。"①

### 四　协商民主的法理基础

利益协商以利益表达为方式和途径。所谓利益表达，是社会成员通过一定的渠道和方式向政府、执政党等公权力部门和社会各级组织机构表达自身利益诉求，以求影响政治系统公共政策制定及输出，从而保护自身权益的过程。利益表达机制就是在承认个体正当利益的基础上，允许社会成员通过正常合法的渠道和方式表达自己的利益诉求的机制，由利益表达主体、利益表达客体、利益表达渠道、利益表达方式四大要素构成。② 相对而言，社会协商制度的理论多为哲学、政治学的理论，法学理论基础还相对薄弱，为此，笔者试图在现有理论的基础上构建起"社会协商制度"的法理基础。

（一）中国和谐取向的法律思想

中国传统文化倡导"和"的精神，追求社会关系内部治理的和谐，古人云："礼之用和为贵"，"天时不如地利，地利不如人和"。这里的"和"主要指人与人之间的关系融洽、团结，彼此协调，以达到和谐发展的目标。中国"民为邦本""以和为贵"的法律思想

---

① 参见中国共产党十八届三中全会《关于全面深化改革若干重大问题的决定》。

② 张惟英、姚望：《当代中国利益表达机制构建研究》，《科学社会主义》2007年第6期。

是中国特色社会主义法律制度建设的深厚土壤，承载着鲜明的民族色彩和文化特色。"和"也承认利益多元化及平衡，在维护社会稳定、促进社会进步和发展的历史进程中发挥了巨大作用。我国传统文化注重以沟通和对话的方式来实现人际关系和谐，协商也是中国传统文化内生性的需求。在社会协商领域体现和谐理念，是充分实现中国传统法律领域的治理经验和价值追求。

（二）古典自然法学的社会契约理论

社会契约论者们认为国家是基于契约产生的，"权利的互相转让就是人们所谓的契约"①，也就是说，国家是在人们互相让渡权利，进行利益协商的基础上产生的。卢梭是社会契约论的集大成者，认为社会契约是人民自由协商的产物，社会契约论要解决的根本问题就是否定人类的不平等，从而达到新的平等，"人类由于社会契约而丧失的，乃是他的天然的自由以及对于他所企图和所能得到的一切东西的无限的权利；而他所获得的，乃是社会的自由以及对于他所享有的一切东西的所有权"②。社会契约论契合这样一种学说："人天性上倾向于作为公民而存在，尽管人拥有政治本能，但其实现要靠契约机制。"③ 社会契约的订立和生成离不开协商谈判，社会协商可以视作一种动态的社会契约不断地被协商，从而不断地被订立起来的过程。社会协商是一套综合了利益表达、利益博弈、利益协调以及利益解决的程序，社会协商是实现利益分配的媒介，而社会契约的精髓是互惠互利的，并以公共幸福为目的，这就意味着社会协商中的利益均衡同样要达到此等效果，社会协商只有在合作谈判的制度框架内，不断地调整社会权利关系，不断地改善社会公平状况，才能发挥社会安定平衡器的功能。

（三）新自然法学的程序正义理论

社会协商制必须统合于利益保障与利益限制的张力之间，有保障而无限制，利益容易被滥用而受到威胁，有限制而无保障，利益

---

① ［英］霍布斯：《利维坦》，商务印书馆1986年版，第100页。

② ［法］卢梭：《社会契约论》，商务印书馆1997年版，第30页。

③ ［爱尔兰］约翰·莫里斯·凯利：《西方法律思想简史》，法律出版社2010年版，第178页。

难以被均衡，社会价值难以实现。新自然法学的程序正义理论强调规则和制度对话路径的重要性，为缓和社会协商保障与限制之间的紧张关系提供了启示，也成为考察社会协商制度建设的重要价值标准。通过程序进行保障是为了实现正义，通过程序进行限制，同样也是为了实现正义，国家对利益的均衡、公民对利益的追求都应满足一定的程序正义，必须建立在理性的社会规则与基础之上。① 罗尔斯认为在处理宪法本质或基本正义问题时应遵守公共理性，"如果官方论坛尊重公共理性，那么，他们就确实赋予公民支持其遵循的法律，以及社会所遵循的政策的公共理性"，并且，"这还远远不够，民主还涉及基本社会结构内公民间的一种政治关系，在这种社会中，他们生于斯，长于斯……公民们平等地分享他们通过投票和其他方式彼此施加的强制性政治权力"，② 公共理性对社会协商的关键意义就在于，公民的协商交涉与合理谈判，是建立在正义原则的理性价值之下的，并且每位参与其中的公民都予以认同和捍卫，因此，符合公共理性的社会协商具备某种公共的正当性基础。季卫东教授评论道："程序正义是通过求同存异的办法来防止实质性价值争论的激化、维护多元化格局的制度框架，限制某种价值观（既包括少数人的偏执，也包括大多数人的思想共识以及传统观念）对公共性话语空间的垄断和支配，以防止某一种信仰压倒甚至抹杀另一种信仰这样的精神暴力导致整个世界单调化的倾向。"③ 所以，社会协商制的构建必定不能是杂乱无章、恣意妄为的，利益均衡应当建立在公共理性的基础上，接受一定的程序束缚，根据正义价值规划出一个理想的对话模式。

**（四）新分析法学的效力理论**

法律效力是指法律的强制力和约束力，是一种符合特定逻辑的

① 杜曙光：《程序正义理论的再梳理：从〈正义论〉到〈政治自由主义〉——遵循罗尔斯思想发展的轨迹》，《河北法学》2007 年第 8 期。

② ［美］约翰·罗尔斯：《公共理性的观念》，载［美］詹姆斯·博曼、威廉·雷吉主编《协商民主：论理性与政治》，陈家刚等译，中央编译出版社 2006 年版，第 72 页。

③ 季卫东：《法律程序的形式性与实质性——以对程序理论的批判和批判理论的程序化为线索》，《北京大学学报》（哲学社会科学版）2006 年第 1 期。

存在状态，但是法律的效力从何而来却一直困扰着历代法学家。早期，凯尔森认为法律的效力来自主权者的命令，"它之所以有效是因为它是被预定为有效的"①，其效力根据是效力层级更高的"基础"规范，这主要是由立法程序决定和赋予的，只要统治者或立法者处于有效的统治之中，通过立法程序将法律资格赋予了该规范，该规范就具有法律效力。但是这种解释很快引起了以哈特为代表的法学家的批判，法律的效力在于法律外部，它并不能由法律本身证明。哈特在证明法律规范在体系内有效在次级规则中采用"承认规则"来表明，法律效力的标准应当通过外部效力论证来进行，只有法律是适格的规范发布者发布，并且承受者承认（接受）该法律，"纯粹属于'实然世界'的实施和纯粹属于'应然世界'的道德效力均在'一定情形下'构成法律体系外部效力的'检验条件'"②，对法律的效力予以确认时，才具有法律上的效力。所以，开展社会协商制，绝不是简单的关于利益的"讨价还价"，而是授权的外在表现形式和必要程序。只有通过法律规范承受者的协商讨论，才能对法律的效力予以赋予和确认，法律规范才能因此具有正当性和生命力，通过法律调控的利益均衡才能成为可能。

（五）法社会学的社会范式理论

法社会学家通常以两种理想类型——合意型和冲突型来透视整个社会，前者认为社会是由统一的基本价值来维护的，社会的运转功能相对稳定，社会是由彼此间相互依存，拥有共同利益、共同文化、共同价值观，基本保持团结、和谐、凝聚的个人和群体组成，冲突是无意义的；后者则认为社会是到处埋藏着和爆发着冲突、纠纷的，斗争和矛盾是常态，社会不是建立在共享和共识的基础之上，在恶劣的竞争环境之下，每个人、每个群体都在寻求自身利益的保护与最大化。理查德·奎尼指出："与其说法律是一种控制利益的工具，还不如说法律是一种利益

---

① ［奥］凯尔森：《法与国家的一般理论》，中国大百科全书出版社1996年版，第132页。

② 舒国滢：《法哲学沉思录》，北京大学出版社2010年版，第197页。

表达的手段。"① 但无论是合意型还是冲突型，构建社会协商的法律制度在规范社会中都具有重要意义。以合意为视角，社会协商是实现社会整合和资源配置的优化工具，是致力于提供公共产品，满足社会需求的方式；以冲突为视角，社会协商制则是一种利益表达的手段，是协调社会利益冲突的武器，社会本身不是合意和稳定的，当不同的利益群体发生冲突时，各个群体都需要社会协商来保护自己的利益。一个和谐良好的社会往往并不是表现为没有或少有矛盾与冲突，而是表现为它能够容纳、化解、协调好矛盾与冲突。②

（六）经济分析法学的成本负担理论

经济分析法学的核心思想是效益成本，经济分析法学最重要和最基本的原则就是效益原则。③ 经济分析法学定义了公共成本与社会收益的概念，并且"理性经济人的假设"探讨了他们之间的关系，即人们在做出任何社会行为时（包括利益矛盾解决时）都应考虑到机会成本与最后收益之间的关系，考虑到自己投入的机会成本能不能得到最大收益，"法律制度的资源配置功能为政府对支付部分成本提供了正当的支付理由"④，在此理念下社会协商制也是一种不可或缺的资源配置工具。党和政府作为公权力的掌握者，其手中的公共资源同样是有限的，是要花费一定社会成本的，采取何种方式在何种限度内运用公权力，使公权力的配置达到最优化的程度，进而使最后收获的社会效益最大化，是个值得深思熟虑的制度构建与运作问题。同样，作为社会参与的群体与个人，对参与方式的选择取决于行为人以收益最大和成本最小为目标对不同的社会参与方式进行成本、收益和实效的对比。⑤ 所以，社会协商制是基于效益

① ［美］史蒂文·瓦戈：《法律与社会》，梁坤、刑朝国译，中国人民大学出版社 2011 年版，第 17 页。

② 云立新：《论主流意识形态功能与社会冲突化解》，《江苏社会科学》2011 年第 3 期。

③ 宁国良、刘辉：《成本—效益分析：公共政策执行力研究的新视角》，《中国行政管理》2010 年第 6 期。

④ ［美］理查德·A. 波斯纳：《法律的经济分析》，蒋兆康译，中国大百科全书出版社 1997 年版，第 679 页。

⑤ 蒋红珍：《政府规制政策评价中的成本收益分析》，《浙江学刊》2011 年第 6 期。

最大化为理念构建的，社会协商制依据其耗费的人力、物力和财力的高低，有利于节约政府行政资源的特征，是党和政府进行利益均衡、公民与团体进行社会参与的最佳途径，符合经济效益原则，能实现成本费用的最小化，是一种目的最大化的工具，其建立与存在具有必然性和必需性。

（七）后现代法学的软性法治理论

后现代法学的重要代表人物之一哈贝马斯认为资本主义早期在国家与社会之间存在着一个公共领域，公共舆论在其中对国家进行监督、影响。基于双方公开、平等的协商，公共领域起到沟通国家与社会的功能，但是到了现代资本主义阶段，国家过多地介入了公共领域，利益政党和团体完全取代了原来发表公共舆论的个人，公共领域出现了崩溃的局面，"哈贝马斯呼吁，必须重新构建社会关系，使政治权利和社会权利合理化，使舆论恢复活力，使公众真正参与决策"[1]。现代法治应当更多地反映公民的呼声和需求，后现代法学认为随着后工业社会阶段的来临，传统的形式主义和法治原则都不再适合当代社会的实际需要，自由主义的法治国家逐渐转变为社会福利国家，国家对社会的治理不再是严格按照形式理性的原则，而应当根据社会实质正义做出行为和决定，并且随着国家领域与社会领域不断接近，社会调整必须采用多元化的方式与合作主义，软性法治不断取代硬性法治，大量矛盾和社会问题都要求将法的强制性转换为协商的交涉性，"毫不奇怪，很多法学家和实务法律家都是在对法治的反思中，寄希望于协商"[2]。可以看出，社会协商制度为一种相对软性的法律制度，实质上是在对现代法治反思的基础上对公共领域职能的重新构建，其重点不在于转变法治本身，而在于谋求法治与社会发展之间的良好衔接。[3] 在社会转型的新时期，利益均衡所采用的法律调控方式，不是单纯地指向简单、强硬

---

① 任岳鹏：《哈贝马斯：协商对话的法律》，黑龙江大学出版社 2009 年版，第 38 页。

② 范愉：《非诉纠纷解决机制研究》，中国人民大学出版社 2000 年版，第 309 页。

③ 杨弘、张等文：《中国社会协商对话制度的现实形态与发展路径》，《理论探讨》2011 年第 6 期。

的规则之治，柔性的社会协商在法治社会也有了一定的市场。

### 五    协商民主原则的作用

（一）保障主体的全面参与

协商主体及利害关系人只有积极参与到协商过程中来，才能够真实表达自身利益诉求，听取他人观点和意见，通过内心的比较、衡量等价值判断活动，理性地对自己利益进行处分，形成基本共识，提高公共决策的合理性、科学性。在民主协商过程中，参与主体对于自己的言行负责，清晰合理地表达观点，提供理由说服利益相对方同时也要认真倾听他人的意见并予以适当地回应。[①]民主协商的过程，起决定性作用的是合理的观点和缜密的论证，而非个人情绪化的表达，参与者应始终保持理性的思维和态度，在综合考虑集体利益与个人利益的基础上，重新对自己、他人观点进行批判性审视，以做出符合自身利益最大化的决定。这一过程本质上是不同主体的力量博弈，博弈的目标在于通过彼此交换观点和意见达成互相妥协，以满足各协商主体的基本利益。

（二）确保参与主体的平等地位

在民主协商的过程中，平等体现在三方面。一是机会平等，协商参与者有平等的机会了解相关所有信息，同时也有平等的机会去表达自身的利益诉求。当然，参与者主动放弃陈述权利的状况除外。二是程序平等，协商活动通过预设的程序性事项保证参与者有平等的机会进入协商活动并对决策施加自身的影响。三是实质平等。通过规则、协商人员选拔等活动，剔除权力、财富等情况对于协商结果的负面影响，以保证决策能够实现利益均衡的设定目标。[②]

（三）实现程序的公开合理

协商民主原则重视程序，比起结果，它更加强调共识和公开意愿形成的过程和程序，而不是个体意愿的简单表达与集合。协商结

---

① 马一德：《论协商民主在宪法体制与法治中国建设中的作用》，《中国社会科学》
2014 年第 11 期。

② 陈尧：《从参与到协商：协商民主对参与式民主的批判与深化》，《社会科学》
2013 年第 12 期。

果的合法性在很大程度上取决于合理严密公开的程序。① 程序的公开公正至关重要，不仅协商的内容是公开的，而且协商的程序也是公正的。公开性意味着各协商主体公开地给出合理的理由来证明各自的立场和观点，这完全不同于代议制民主中的秘密投票，在秘密投票的过程中，任何人都没有义务公开自己的选择并做出解释，任何人也没有权利过问或者质疑别人的选择。协商原则认为，这种不透明的方式极有可能成为个人追逐私利的保护伞，必须在民主协商过程中加以摒弃。

（四）指引"以公共利益为共同价值追求"方向的推进

市场经济发展，公众价值观出现分化，思想领域呈现出多元化的倾向，人们在思想、行为等诸多方面存在着差异和冲突，而民主协商则是可能寻找到分歧达成共识的最明智做法。② 作为一个带有政治意味的社会活动，协商的基础之一就是承认不同参与者利益诉求的差异，并努力实现利益的协调一致。但是民主协商的结果并非追求最大化的个人私利，而是鼓励公开和协调各种个人利益，利用公共理性制定出最能彰显民意和维护民意的政策，以维护共同的利益。换言之，公共协商过程中的对话和讨论重心在于使参与者的选择偏好转向公共利益，这样就能够听取弱者的声音，保证那些最弱势的群体的利益实现最大化。③

## 第三节　利益均衡法律调控的合法性原则

### 一　合法性原则的概念

建设社会主义法治国家，合法性原则贯穿于法治运作的各个环

---

① 吴增基：《治权的合法性及其在当代中国的实践》，《政治与法律》2007 年第 2 期。

② 陈家刚：《当代中国的协商民主：比较的视野》，《新疆师范大学学报》（哲学社会科学版）2014 年第 1 期。

③ 郑慧：《参与民主与协商民主之辨》，《华中师范大学学报》（人文社会科学版）2012 年第 6 期。

节、立法、执法、司法过程中处处有体现。在我国，立法活动要求最为严格，程序性事项在《中华人民共和国立法法》中有明确的规定，加之一些约定俗成的惯例，合法性原则在我国落实得比较彻底。司法工作是专业法律人具体运用法律处理案件的专门活动，在"结果公正"大目标的指导下，合法性原则是终极价值追求之一，同样受到重视。相较而言，现阶段合法性原则的薄弱环节乃是行政领域。所以说，对利益均衡法律调控而言，某种程度上对合法性原则的强调也就是对行政法治的强调。

行政合法性原则在中国行政法上的确立是依法治国、建设社会主义法治国家和我国民主宪政建设的产物。① 但是学界对它的研究的深入程度却远远没有达到与其地位相平衡的层次。各派学者对于合法性原则的内涵表述不一，至今仍没有形成统一的学说。笔者结合胡建淼、杨小君、应松年等知名学者的定义，结合自身的思考，认为行政合法性原则应包括如下含义：

（1）行政主体的行政职权由法设定或依法授予。一切行政行为以行政职权为基础，无职权便无行政。行政职权必须合法产生，行政主体的行政职权或由法律、法规设定，或由有关机关依法授予。不合法产生的行政职权不能构成合法行政的基础。②

（2）行政主体实施行政行为必须依照和遵守行政法律法规。这里含有"依法行政"和"守法行政"两项内容。它要求每一个行政主体既要依法"管理"行政相对人，又应在其他行政主体的管理中遵守法律、法规和规章。行政主体既是实施法律的主体，又是遵守法律的主体。行政主体不得享有法律以外的特权。③

（3）行政主体的行政行为如违法则无效。行政主体的行政行为必须合法，它既应符合行政法律条文，更应符合法的精神。

（4）行政主体必须对违法的行政行为承担相应的法律责任。对于行政主体的行政违法行为，不仅应确认该行为无效，同时还应追

---

① 胡建淼：《关于中国行政法上的合法性原则的探讨》，《中国法学》1998 年第 1 期。

② 应松年主编：《行政法学教程》，中国政法大学出版社 1988 年版，第 40—42 页。

③ 张焕光、胡建淼：《行政法学原理》，劳动人事出版社 1989 年版，第 73 页。

究行为责任者相应的法律责任，这是"违法必究"精神的体现。包含行政赔偿在内的行政责任制度便是这一内容的体现。[①]

（5）行政主体的一切行政行为（法律另有规定的除外）必须接受人大监督、行政监督和司法监督。这就是说，任何行政行为必须受到监督和救济，否则任何责任都将成为空谈。[②]

合法性原则的外延较之行政合法性原则大，与行政合法性原则一样，合法性原则也并没有一个准确定义。但将法治原则作为合法性原则的基础这点学界还是取得了共识，我们这里通过分析法治的要件来阐述调控合法性原则的基本内涵。虽然古往今来很多法学家都曾从不同的角度来探讨法治的要件，但总的来说都摆脱不了亚里士多德关于法治的经典阐述："良法之治"和"普遍服从"。"良法"是前提，"普遍服从"是法治所要达到的一种状态。从一定意义上说，从古希腊到古罗马、中世纪到近现代的所有思想家，他们对法治的论述不过是对亚里士多德法治思想进行符合自己时代精神的发挥和进一步阐述而已，他们或者结合自己所处的时代背景和现实，论证社会成员守法的正当性、合理性，并进而设计出保证法律被一体遵守的各项政治制度（如司法独立、权力分离、信息公开等）；或者从"良法"之道上下功夫，提出关于什么是良法的一系列形式和实质标准。

从法治的这两个要件出发，得出法治对利益均衡法律调控的要求：通过正义的法对调控行为的约束达到权利和权力的平衡，这也正是行政法上合法性原则的核心价值——行政服从法律，并且该法律本身是制定得良好的法律，是正义之法。其中正义之法是前提，而行政服从法律是合法性原则的具体状态。[③]

## 二　合法性原则的发展趋势

行政法治根植于各国的行政体制，差别极大，特色鲜明。依托

---

① 胡建淼主编：《行政法教程》，杭州大学出版社1990年版，第48页。

② 胡建淼：《行政法学》，法律出版社2003年版，第60—61页。

③ 张康之、张乾友：《合法性视角中的公共行政概念——20世纪后期公共行政概念建构中的新视角》，《中国人民大学学报》2013年第3期。

于各自法系，从整体上，我们可以将其分为大陆法系行政法治模式和英美法系行政法治模式。不同行政法治模式下，行政法的基本原则的表述不仅有形式上的差异，更有实质上的差别。随着西方各国行政法治的发展，现代西方各国行政法基本原则在保持各自特色的同时，开始在实质上走向同一。

（一）从形式法治走向实质法治

传统意义上的大陆法系国家的行政法的基本理论只问行政是否受法的约束，不问法本身的正义性，与英美普通法国家相比，我们称之为形式法治。但是随着社会的发展，德国类型的"行政合法性"和英国类型的"行政合法性"其实质性差别在不断缩小。① 法律本身的正义性越来越受到行政法理论界和实务界的关注。② 以德国为例，作为约束行政权的发源的变化从行政合"法律"性到行政合"法"性的转变，确实是"一字之差，可表现整个行政法理之转变"③。从形式法治走向实质法治的转变实际上也代表整个行政法理论的发展方向。

（二）行政法法源的扩大

过去大陆法系国家一般比较重视成文的规定，与英国司法审查上古老的自然公正原则相比，对于抽象、较为概括的自然法意义上的一般法律原则、法的精神等较少关注。但是随着行政自由裁量权的扩大，对其只进行形式上是否符合法律规范的审查难以达到控制行政权滥用的效果，这就需要对约束行政权的发源做一个扩大，将体现法的精神、自然法思想的一般法律原则等纳入行政法的发源中来，例如法国的平等权原则、公共服务连续性原则、德国的信赖保护、比例原则等，这种并不将行政合法性绑死在僵硬的法条之上，改采较具广阔弹性及宏观性的"法"来约束行政权，对于扩大行政救济的范围，控制行政权的滥用，具有积极的作用。④

---

① 胡建淼主编：《论公法原则》，浙江大学出版社 2005 年版，第 193 页。
② 同上。
③ 陈新民：《中国行政法学原理》，中国政法大学出版社 2002 年版，第 39 页。
④ 胡建淼主编：《论公法原则》，浙江大学出版社 2005 年版，第 193 页。

（三）行政程序逐步走向法治化

行政权力天生具有扩张的属性，这是由于社会经济的发展，人们生活范围的扩大，涉及事务的增多，迫切需要行政权力的调控。为了应付行政权力的滥用，西方各国逐渐认识到用行政程序约束行政权力是一条可行性的方法。现代行政程序法起源于英国，发展于美国，而今天几乎在世界上所有的国家"落地生根"。在英美法系行政程序法的核心有两个，即司法审查和行政程序。传统上不注重行政程序的大陆法系也开始行政程序法治化的步伐，德日均已制定行政程序法典，而法国也已制定若干单行的行政程序法。尽管在具体制度设置、法律调整范围上两大法系有所不同，但毕竟均属于行政程序的范畴。进入21世纪，大陆法系和英美法系的融合进一步加剧，在行政程序法律领域也是如此，越发注重对于行政权力的监督和对公民权利的保护。

总之，英美法系改变人们对于行政程序法无足轻重的传统偏见，产生、发展了行政程序法；而大陆法系移植了行政程序法律制度，并在传统成文法的基础之上完善了行政程序法律制度，进一步促进了程序法治的发展。① 综观西方行政法史上行政与程序法关系的演变，一条清晰的脉络呈现在我们面前：行政合法性原则的发展史是行政权作用不断扩大的历史，又是公民权救济不断加强的历史；既是行政权行使的强权色彩趋于淡化的历史，又是行政权运行的程序法治化的历史；既是对行政权的审查从形式走向实质的历史，又是公民权救济制度体系逐步完善的历史。考察两大法系在行政与法的基本关系上的共同演变趋势，可以为中国行政法上的合法性原则发展所借鉴。②

## 三　合法性原则的作用

利益均衡是一种理想的社会状态。理想的实现需要人类不懈地

---

① 曾祥华：《行政程序法典化的法治条件比较研究》，《南京社会科学》2008年第5期。

② 王万华：《行政程序法的立法架构与中国立法的选择》，《行政法学研究》2005年第2期。

追求和努力。古今中外的历史经验表明，社会公平无法自发实现。①
亚当·斯密信奉"无形的手"，但市场调节不可能自发地产生社会
公平的结果，公权力的干预是推动和实现利益均衡的必要手段，国
家的政策、法规是维护和实现利益均衡的必要保障。约翰·穆勒在
利益的调节上，强调政府调节与个人调节的兼顾运用，他认为政府
干预是广泛而必要的，但是政府的干预一定要以增进公共利益为目
的，否则就是对公民权利的践踏。他列举了政府不当干预个人利益
的几种情况：一是性急的改革者认为控制政府要比控制民众的理智
和意志来得容易、方便，因而时常倾向于过分扩大政府的权限；二
是统治者常常并非为了公众的利益而干预个人利益，或在错误地理
解公众利益的情况下干预个人利益，同时一些真诚希望改良的人也
提出了许许多多轻率的建议，主张通过强制性的法规来实现那些本
来只有通过舆论和辩论才能有效地实现的目标。在维护个人自由的
基础上，政府的某些干预是必要的。穆勒认为，假如个人不能做出
判断，或者是个人已经做出判断，但凭个人的力量无法实施对个人
有益的判断，就应该由政府实施对个人有益的判断；假如人们自己
不能去做，而要得到别人的帮助，尤其是人人都需要这种帮助，而
人人又不能提供或者不愿提供这种帮助时，就需要政府提供这种帮
助；假如关系到全社会的利益，由于个人的能力或者得不到应有的
报酬而不愿去做的事情，应当由政府去做。如制定法律以保护个人
财产、监督契约的履行，避免欺诈与强迫行为的发生，保护弱者的
利益，还有包括公共事务，如铺建道路、安装路灯等。总之，政府
干涉的范围很广，没有一定的框架限制，政府行为只要是为增进普
遍利益的，就是被认可的行为。总之，穆勒给政府干预制定的标准
就是"是否有利于公共利益"②。俞可平也认为："各级政府应当把
维护和实现社会公平当作自己的主要任务和道义责任，统筹经济社
会发展，努力做到在经济持续增长的基础上实现社会的全面进

---

① 陈辉、熊春文：《社会公平：概念再辨析》，《探索》2011 年第 4 期。
② 郝云：《利益理论比较研究》，复旦大学出版社 2007 年版，第 110—111 页。

步。"① 可见，中外学者普遍认为，推动和实现利益均衡应当以公权力为主导。因此，行政合法性原则对于利益均衡法律调控的作用体现在推动和实现利益均衡的公权力如何在遵守国家的宪法、法律、法规、规章等规定的前提下有效运行。

（一）确保利益均衡调控服从法律

调控行为服从法律，就是指依法调控、调控符合法治原则等，即通过法律控制公权力主导下的调控行为，防止该种调控权的滥用，保障公民的合法权利，同时协调法与自由裁量权的关系，使调控能够积极有效率地展开，保证社会全体成员在充分的政治、经济、社会条件下实现社会利益的均衡分配，这是合法性原则在利益均衡法律调控框架内的主要内容。从法治的要求看法对调控行为的支配，主要包括如下几个方面：

1. 法律赋予政府调控利益的权力

"在每一种行政法理论的背后都是关于国家的理论。"② 人民通过选举产生了国家和政府，国家权力属于人民，权力的行使以权利的保障为目的。法是人民意志的充分体现，人民通过法的意志表达达到对权力的制约。卢梭以社会契约为基础，论证了人民、政府和国家间的关系问题。卢梭对此有一个形象的比喻，即政府是人民与国家间的比例中项。"这个数学公式是主权者/政府＝政府/国家；也就是政府×政府＝主权者×国家。这个公式的含义不外乎是说：'政府所施诸于国家的公权力，应该等于主权者（人民）所赋予政府的权力。'"③ 人民赋予政府的权力的载体正是法律，将行政机关置于以法律形式表达出来的人民意志之下。因为法律"是全体人民对全体人民作出的规定"④，具有对象普遍性和意志普遍性，法律是公意的体现。人民通过法律的形式赋予政府的权力划定界限和内容。因为虽然说人民是国家的主人，但并不是每一个人都能直接参与社会

---

① 闫健编：《民主是个好东西》，中国社会科学文献出版社 2006 年版，第 117 页。

② Carol Harlow and Richrad Rawlings, *Law and Administration*, London：Butterworths, 1997, p. 1.

③ ［法］卢梭：《社会契约论》，何兆武译，商务印书馆 1980 年版，第 77 页。

④ 同上书，第 50 页。

的管理，人民只能通过选举产生代表来表达意志，这就是代议制政府，这里存在着政府与人民之间的代理关系和人民选举的代表与人民之间的代理关系，即政府应本着为人民谋福利的宗旨，并只能在人民所授权的范围内（法律范围内）行为，超出授权范围的行为是越权行为，是无效的，人民有抗辩的权利；其次人民选举的代表与人民之间的代理关系要求制定的法律应该尽量符合人民的意志，否则人民有权改变。因此，合法性原则要求政府权力的行使与法律的一致性，这背后正是体现了人民、政府与国家之间的关系。

2. 政府的调控权力需受到法律规制

从应然的角度讲，政府既然是人民授权产生的，自然应该为人民权利服务。但是从实然层面上，一旦政府权力形成以后，总是存在着扩张和被滥用的倾向。这是权力的特性所决定的。

首先，不受制约的权力是非常危险的，这是由公权力自身的特征所决定的。权力具有扩张性和侵略性，人性私欲的无限膨胀使得手中握有的权力的人滥用权力总是成为经常。孟德斯鸠早就告诉我们：一切有权力的人都容易滥用权力，这是亘古不变的法则。这一点早已被历史证实。如果不对政府的权力加以限制，如果不确立政府行为法与非法的界限，那无疑就是对专制的认可。

其次，权力相对于权利的强势地位使得公权力容易直接影响甚至入侵到私权利，这对于公民权利的实现和保障显然是不利的。"赋予治理国家的人以巨大的权力是必要的，但是也是危险的，它是如此危险，致使我们不愿只靠投票箱来防止官吏变成暴君。"[①] 因此，"行政法定义的第一个含义就是它是控制政府权力的法，无论如何这是此学科的核心"。"行政法的最初目的就是要保证政府权力在法律的范围内行使，防止政府滥用权力，以保护公民。"[②]

现代行政权随着国家职能的转变而扩张，更要求加强法律的控制。从过去的守夜人——国家只是承担着消极保护人民生命财产的

---

① ［美］博恩斯等：《美国式的民主》，谭君久等译，中国社会科学出版社1993年版，第189页。

② ［英］威廉·韦德：《行政法》，徐炳等译，中国大百科全书出版社1997年版，第5页。

职责到福利国家要求给予行政、服务行政的兴起，行政机关还要主动积极地去提供人民最大程度上的"生存照顾"，从消极行政到积极行政，政府管辖的领域在不断扩大，科技发展的日新月异和社会生活方式的多变，使立法机关不得不赋予行政机关更大的政策裁量自由权，以应付环境发展的需要，这在法律控制的方式和理念上给行政法提出了新的挑战，也为进一步解释和扩充行政合法性原则的基本内涵使其能够适应新形势下行政权行使的需要提供了社会条件。

3. 调控应遵循正当程序要求

正当程序之于现代行政法的重要意义，已为学界所共识。它注重从程序规则的模式来达到行政行为这个过程的正当性。[①] 通过对不同角色的参与者程序性权利义务的分配，形成一种分工上的制约与平衡，通过赋予相对人的防卫权达到行政主体与相对人之间的"交涉"与"反思"，从而实现将行政行为的过程置于相对人的直接监督和控制之下。正当程序包括了调控公开原则、调控公正原则、调控效率原则。

调控公开主要是指调控主体在实施调控行为时，除涉及国家秘密、个人隐私和商业秘密外，必须向社会及调控相对人公开与此相关的信息。[②] 通过规章条文的发布、告知、送达、听证等制度的实施予以保障。调控公开原则为公民参与调控过程提供了一个合法的途径，不仅体现和保障社会主义民主，而且有利于预防行政权的滥用，将调控过程置于阳光之下，正如王名扬先生所说："公开原则是制止自由裁量权专横行使的最有效的武器。"[③]

调控公正原则是指确保调控主体做出的调控利益均衡的行为的过程和结果可以为社会一般理性人所认同、接受所要遵循的基本原则。[④] 调控公正原则体现法律的正义性，通过回避、说明理由、裁审分离、听证、听取相对人意见、赋予相对人辩护权等制度予以

---

① 王柱国：《论行政规制的正当程序控制》，《法商研究》2014 年第 3 期。
② 章剑生：《行政程序法基本理论》，法律出版社 2003 年版，第 46 页。
③ 王名扬：《美国行政法》，中国法制出版社 1995 年版，第 109 页。
④ 章剑生：《行政程序法基本理论》，法律出版社 2003 年版，第 62 页。

保障。

调控效率原则是指调控行为应以精简效能的方式为之，以较小的代价换取较大的成果。从干预调控到服务调控，调控所干预的范围由狭窄走向宽泛，由消极走向积极，调控的方式由机械走向机动，由强制走向合意。

4. 严格落实法律责任

"无责任便无调控""无救济便无权利"，这是亘古不变的法律信条。利益均衡法律调控的合法性原则要求调控行为依法而行，违法的调控行为不具有法律效力，无论是实体上的违法，还是程序上的违法，它都不能约束调控相对人的行为。从行政法角度（《中华人民共和国行政诉讼法》《中华人民共和国行政复议法》等）而言，有关违法行为的种类主要包括证据不足、适用法律法规错误、违反法定程序、超越职权、滥用职权、不履行或拖延履行法定职责六类。目前我们对违法的公权力调控行为的追究主要依靠行政机关的内部监督和人大的立法监督，而对其进行司法审查的范围是极其有限的。[1]

此外，调控主体还应当承担起因违法调控行为引起的法律责任。行政法上的责任制度的完善是法治国家的重要标志，一个真正意义上的法治社会是不允许存在政府责任的真空地带的，政府的违法调控行为必然应当受到法律的追究，公民权利遭到调控行为的侵害时，就必然要有畅通的救济渠道和利益表达机制。无救济便无权利，无责任便无调控。因此司法审查和司法独立是调控合法性原则的应有之义。如果没有司法审查这一追究调控责任的渠道，如果没有负责执行法律的司法机关独立于行政机关，偏袒政府或依照它们的指示判案，那么无疑调控合法性原则就只能存在于某些名著之中，成为"空中楼阁"。[2]

---

① 学界认为，我国《行政诉讼法》第五十三条意味着法院对规章有一定的审查权，这对扩大司法审查权来说，这样的理解是必要的。但这只是学理分析，未被立法所明确。

② 支振锋：《司法独立的制度实践：经验考察与理论再思》，《法制与社会发展》2013 年第 5 期。

（二）保障法律自身的正义性

在一个法治的国家里仅仅强调公权力主导下的利益均衡调控行为与法律的一致性是远远不够的，如果这样的话，二战时期希特勒政府肆意践踏人权的行为也有充分的法律依据，也变成是法治的社会了，这显然是荒谬的结论。如果政府能够随自己的意愿制定出适应自身利益需要的法律，那么行政法就将成为政府肆意践踏公民权利的工具。[①] 因此，法治政府以法律作为基本行为准则，强调政府行为与法律的一致性，但其前提是法律必须是"良法"，符合最为基本的公平正义标准。

这里我们暂且不去探讨这些标准具体是什么，不同的社会个体对于公平正义有不同的理解，但是公平正义观念所具有的实质性价值如自由、平等、生命等则是永恒的，社会公众赖以遵守的法律应该是合乎人类共同理性的，是公民真实意愿的表达，是符合权力配置的体现，这些基准性的价值取向应当为社会个体所知晓。不管一个法律制度属于正义还是非正义，可能不同的人有不同的评说，但是有一点可以肯定的是：如果一个社会根本无视正义观念所具有的实质价值，那么它就不是一个法治的社会。"良法"与"合法之法"既要求符合形式的标准：法是由国家机关制定出来的，法律符合宪法，法规符合法律，规章符合法规，整个法的规范构成统一、协调、有序的系统；同时也要符合实质标准，即法应反映人民的利益需求。法如果违反形式或实质标准，就会导致"恶法""非法之法"的出现，如果利益均衡的调控行为建立在恶法、非法之法之上，社会成员应有相应的抗辩权利。[②]

---

① 胡建淼主编：《论公法原则》，浙江大学出版社 2005 年版，第 181 页。

② 欧阳梦春、杨启敬：《"良法"与"恶法"之思辨》，《湖湘论坛》2004 年第1 期。

# 第三章

# 我国利益均衡法律调控的成效

党的十五大报告中，明确将"依法治国，建设社会主义法治国家"[1] 作为党和国家的治国方略、奋斗目标和根本方针。十几年来，中国一直在努力朝着"法治国家"这个目标奋进，而想成为一个真正的法治国家的最重要的条件就是"依法治国"。而依法治国，就是"广大人民群众在党的领导下，依照宪法和法律规定，通过各种途径和形式管理国家事务，管理经济文化事业，管理社会事务，保证国家各项工作都依法进行，逐步实现社会主义民主的制度化、法律化，使这种制度和法律不因领导人的改变而改变"[2]。利益均衡理念作为一个庞杂的概念，涉及社会生活的方方面面，更是需要与"依法治国"的框架相联结的，配合法律的强制性、权威性，并严格依照宪法和法律规范国家权力的运行，只有这样才能将利益均衡理念实体化并完善下来，保证全体人民更好地行使权利，真正享有广泛的各项权利。当然这种情况的前提是制定的利益均衡方面的法律法规是符合人民的切身利益的，并能实现创设利益均衡法律机制的最终目的。法治是理性的利益均衡机制，它"为不同利益群体之间提供了相互博弈的平台，为不同利益群体之间的相互沟通和交流、竞争与合作提供科学的法律依据，从而使整个社会的利益冲突通过一种理性、民主的方式得到解决，避免了暴力冲突，从而使和

---

① 陈春常：《转型中的中国国家治理研究》，上海三联书店 2014 年版，第 144 页。

② 于怀彬：《中国特色社会主义 渊源与现实建构》，浙江大学出版社 2014 年版，第 200 页。

谐社会的建立成为可能"①。

应当强调的是，我们应当对利益均衡理念相关的"法"有正确的理解：第一，与"利益均衡理念"相关的"法"应是一个广义的概念，也就是除了全国人大及其常委会制定的法律外，还应当包括国务院制定的行政法规、部门规章，党委制定的党内法规等各种规范性文件。笔者认为，只要是按照公开程序事先制定并公布、用于调节利益均衡关系的各种规范性文件都可以纳入这一范畴，应当从最广义上去理解，这是由我国国情特殊、利益均衡涉及关系极其复杂的现实决定的。第二，与利益均衡理念相关的"法"包括多个领域的法律法规，既包括用于调整政治利益关系的立法，也包括用于调整经济利益关系的立法，还包括用于调节社会性利益关系的立法，因为没有任何一个法律可以涵盖全社会的利益均衡。第三，与利益均衡理念相关的"法"既包括实体法，也包括大量的程序法，因为随着权利意识的觉醒，人们不仅要求维护既有的实体利益，也更多地要求保障自身的程序利益。

"法律制度的内容应当调和彼此利益的对立。"② 利益均衡理念就是要求在法治体系中树立起引导利益格局处于相对和平、相对均势状态的理性思想观念。③ 法治是利益均衡的伴生物，利益均衡理念既是一项立法思想，同时也是执法思想和司法思想，其中最为显著的是对立法理念进步的推动。立法的过程实质是相关利益分配的过程，换言之，立法伴随着纷繁复杂的利益纠缠、碰撞、交融。就立法理念而言，总的来说，"利益均衡理念"要求走出一条由经济利益至上到兼顾政治、经济和社会性利益的道路。中国共产党十一届三中全会的召开，使国家战略重心由"以阶级斗争为纲"向"以经济建设为中心"转移，为了在更大程度上服务于经济建设，人大和政府出台的法律法规都相对忽视对人民政治、文化、社会权益的

---

① 何奇松：《法治是和谐社会的基石》，载《深化社会主义法治理念与实践》，上海社会科学院出版社 2007 年版，第 216 页。

② ［美］昂格尔：《现代社会中的法律》，译林出版社 2001 年版，第 65 页。

③ 蒋俊明、魏志祥：《利益关系协调视域下社会主义民主政治建设研究》，《社会主义研究》2013 年第 2 期。

保障，这在相当长的时期内服务于经济建设这一主要目标，促进了经济发展。改革开放的 30 多年是经济高速发展的 30 多年，也是经济利益逐步分化的 30 多年。在不断层出的矛盾面前，党和政府意识到，假如出现由社会强势阶层意识形态"绑架"法律的价值取向，最终可能会导致暴力革命、社会解体的严重后果。于是，社会弱势阶层的政治经济社会利益得到普遍重视，国家修改、出台一系列法律、规章，来保护弱势阶层基本的权益，并辅之以全面的社会建设措施，来实现对于利益的均衡配置。① 由此可见，只有将利益均衡理念注入法治建设的进程中，法治建设才能拥有正确而又具体细化的发展方向：利益均衡理念指导下的法治，促进了利益由强势阶层向弱势阶层的流动，在一定程度上满足了社会弱势阶层民众的利益需求，也缓解了由于利益分配不均而在社会上造成的恐慌局面，客观上形成了一种"双赢"的社会局面：一方面是社会政治经济文化持续进步，各个阶层的利益得到扩大和发展；另一方面则是社会公众的各种利益需求逐步得到满足，使之基本生活得到保障，乃至生活品质有了稳步提升。

## 第一节　公平性原则在利益均衡
## 法律调控中的表现

发展经济在相当长时期内是解决中国所有问题的关键。东欧剧变、苏联解体留给我们最为重要的教训恐怕就是"先政治后经济"的改革模式，我国在选择利益均衡调控时，选择了一条截然相反的路径，即"先经济后政治"。笔者认为，只有在满足人民群众的利益需求尤其是经济利益需求后，更多涉及政治利益分配调控的政治改革才会有强大的民意支持，进而推动整个社会利益的正确流向。改革开放以来，党和政府始终坚持以经济建设为中

---

① 吴宁：《社会弱势群体保护的权利视角及其理论基础——以平等理论透视》，《法制与社会发展》2004 年第 3 期。

心，在积极推进经济建设的同时，稳步推进相应的政治改革和社会改革。也就是，在坚持效率优先、发展经济以增加和积累社会财富总量的同时也注重社会公平与正义。2012年9月胡锦涛在第20届亚太经合组织领导人非正式会议上指出，"逐步建立社会公平保障体系"，习近平主席表示，"努力让人民群众在每一个司法案件中都感受到公平正义"，① 都充分表明了发展经济奠定利益均衡物质基础的前提下引导政治、社会性利益的协调同步发展的总体思路。我国利益均衡法律调控正是在这样的大背景下探索前进的，在一定程度上体现出利益均衡的公平原则、协商民主原则、合法性原则。

公平与利益均衡有着必然的关系。公平的基本内涵是"'权利平等'、'机会平等'、'得其所得'，使每个人获得其应获得的东西，并对弱者进行社会救助等"②。历史证明，中国只能走社会主义道路，中国所要实现的利益均衡也是社会主义性质的，这种性质既不同于资本主义社会正在践行且遭遇困境、主要依靠个体竞争提高经济效率的利益均衡论，也不同于立足于社会福利分配的利益均衡论。社会主义利益均衡强调实现公平在整个社会制度中具有至上地位，"公平是社会主义国家制度的首要价值。公平就是要尊重每个人，维护每一个人的合法权益，在自由平等的条件下，为每一个人创造全面发展的机会"③。近年来，党和政府在利益均衡调控中无处不体现出公平原则。

## 一　引导利益实现的有序化

利益实现的有序化，并不等于要形成共时等量的平均主义利益均衡格局，而应当满足最重要的和需要优先考虑的利益要求，然后使其他利益具有实现的基础与可能，即侧重于着力解决社会成员要

---

① 《改革再出发》编写组编：《改革再出发 十八届三中全会学习读本》，新华出版社2013年版，第129页。

② ［美］E.博登海默：《法理学——法哲学及其方法》，邓正来等译，华夏出版社1987年版，第253页。

③ 《温家宝总理回答中外记者提问》，《人民日报》2008年3月19日。

求最为迫切的利益问题。① 在 2000 年以前，党和政府很大精力花在解决社会成员经济利益均衡问题上，即解决相当大的一部分人的脱贫问题和占社会人口大多数的中间阶层的富裕问题。在 2000 年以后，党和政府在利益分配上注重向弱势阶层倾斜，遏制社会财富"金字塔"顶端阶层的经济利益的快速扩张。

事实上，党和政府一直注重在全社会范围内实现利益均衡。比如，党和政府为了解决城乡发展不平衡问题，连续 13 年下发"一号文件"（见表 3—1），采取一系列重大措施促进农业农村发展，提高农民收入，加快农业现代化。这些措施包括：建设社会主义新农村、全面取消农业税、免除农村义务教育阶段学杂费、建立新型农村合作医疗、建立农村最低生活保障制度和新型农村社会养老保险制度等。② 2016 年"两会"上，习近平同志多次强调，要把脱贫攻坚作为"十三五"时期的头等大事来抓；3 月 8 日，习近平在湖南代表团表示："坚决守住民生底线，坚决打赢脱贫攻坚战"；3 月 10 日，习近平在青海代表团强调："齐心协力打赢脱贫攻坚战，确保到 2020 年现行标准下农村牧区贫困人口全部脱贫。"③ 实践证明，我国的政策、措施发挥了应有作用，社会弱势阶层的利益需求在较大程度上得到了改善。特别是近几年来，根据不同情况，每年都有不同的侧重，如 2012 年财税制度进一步向教育、医疗、社保等民生项目倾斜，2011 年深化文化体制改革，2010 年统筹城乡发展夯实农业农村发展基础，2009 年聚焦农业发展和农村改革等，试图通过具体执政行为来影响政治、经济、社会性利益的流向，这些举措都深刻表明党和政府通过引导利益实现的有序化，有所侧重、主次分明地稳步推进整个社会利益的均衡分配，这也是公平性原则的一个重要写照。

---

① 刘伟忠：《论公共政策之公共利益实现的困境》，《中国行政管理》2007 年第 8 期。

② 中共中央宣传部理论局：《七个怎么看》，学习时报出版社、人民出版社 2010 年版，第 10—11 页。

③ 《习近平：精准扶贫要扶到点上、根上》，2016 年 9 月 25 日，文汇网（http://www. whb. cn/2016qglhwzxw/52354. htm）。

表 3—1　　　　　　　　　十三个中央"一号文件"

1. 2004 年 1 月，《中共中央国务院关于促进农民增加收入若干政策的意见》。

2. 2005 年 1 月 30 日，《中共中央、国务院关于进一步加强农村工作提高农业综合生产能力若干政策的意见》。

3. 2006 年 2 月，《中共中央、国务院关于推进社会主义新农村建设的若干意见》。

4. 2007 年 1 月 29 日，《中共中央、国务院关于积极发展现代农业扎实推进社会主义新农村建设的若干意见》。

5. 2008 年 1 月 30 日，《中共中央、国务院关于切实加强农业基础建设进一步促进农业发展农民增收的若干意见》。

6. 2009 年 2 月 1 日，《中共中央、国务院关于 2009 年促进农业稳定发展农民持续增收的若干意见》。

7. 2010 年 1 月 31 日，《中共中央、国务院关于加大统筹城乡发展力度进一步夯实农业农村发展基础的若干意见》。

8. 2011 年 1 月 29 日，《中共中央、国务院关于加快水利改革发展的决定》。

9. 2012 年 2 月 1 日，《关于加快推进农业科技创新持续增强农产品供给保障能力的若干意见》。

10. 2013 年 1 月 31 日，《中共中央、国务院关于加快发展现代农业，进一步增强农村发展活力的若干意见》。

11. 2014 年 1 月 19 日，《关于全面深化农村改革加快推进农业现代化的若干意见》。

12. 2015 年 2 月 1 日，《关于加大改革创新力度加快农业现代化建设的若干意见》。

13. 2016 年 1 月 27 日，《关于落实发展理念加快农业现代化实现全面小康目标的若干意见》。

## 二　建立社会保障制度体现公平

虽然改革开放以来，我国经济总量、进出口总额增长迅速，但城乡居民收入的增长落后于经济总体发展速度，收入分配差距拉大已经成为严重影响我国利益均衡的问题之一（见表 3—2）。从世界各国发展的经验看，经济高速发展过程中的早期收入分配差距的拉大是不可避免的现象，远的例子如 20 世纪二三十年代美国"柯林芝繁荣"时期收入差距的迅速分化，近的例子则是 20 世纪八九十年代阿根廷社会令人咂舌的基尼指数。

表3—2　　　　　　　中国改革开放35年发展成果对比

（十一届三中全会至十八届三中全会）

| 35 年改革成果 | 1978 年 | 2012 年 | 增长倍数 |
|---|---|---|---|
| 国内生产总值 | 3645 亿元 | 52 万亿元 | 141.7 |
| 进出口总额 | 206 亿美元 | 38668 亿美元 | 186.7 |
| 全国城镇居民人均可支配收入 | 343 元 | 24565 元 | 70.6 |
| 农民人均纯收入 | 134 元 | 7917 元 | 58 |

从目前的实践情况来看，《中华人民共和国个人所得税法》相继调高个人所得税的免征额，通过这种方式增加了高收入者的税负，减轻了个体工商户和承包承租经营者的税收负担，有效地均衡了高收入者与低收入者之间的经济利益。[1] 在第一次分配不尽合理的前提下，我国通过政府的有形之手进行国民财富的第二次分配，努力地朝着"通过二次分配改革将经济利益有序地向中低收入群体输送"的方向前进。通过社会主义新农村建设以及城镇化，破除"城乡二元制"的坚冰，推进城乡一体化进度，加快劳动力的合理流动。近几年北京、上海、深圳等城市纷纷实行了更为宽松的户籍政策，有助于改变城乡收入差距扩大的局面。建立和完善职业培训教育制度，加大对城市居民、农民工等的职业培训，提升其自身能力和增加其就业机会，不断提高其收入水平，使之逐步进入中产水平。在社会公共交通、公共卫生、社区服务等方面，政府以社会中低收入阶层的利益需要为本，注重满足这一群体的各种利益需求。对事关民生的商品物价加强价格的监管，近两年大中城市 CPI 大幅上涨，政府适时建立了城市居民低收入群体补助和临时价格补贴与物价上涨联动机制，切实保证了收入差距不被进一步拉大。在深圳等大城市还率先实现了流动平价菜市的构想，缓解城市居民对于平价蔬菜的需求。[2] 同时，还实施调节性措施，确保中低收入阶层收入稳步增长。国家通过预算倾斜的方式，加大了对农村和中西部贫

---

[1]　施正文：《分配正义与个人所得税法改革》，《中国法学》2011 年第 5 期。

[2]　这一举措也有不少争议，最终实施效果如何还有待观察。

困落后地区的财政转移支付，1995—2002 年，全国社会保障支出由 2465 亿元增至 7318 亿元，在 GDP 中的比重由 4.19% 增加到 7.15%。[1] 2005 年，中央财政对地方的转移支付已占中央财政总预算支出的 57.1%，其中大部分投向了人均收入低的中西部地区。[2] 国家应对金融危机影响的"四万亿财政拨款"有相当一部分转移到农村进行科技帮扶、文化帮扶、资金帮扶等。通过消费税、增值税等调节过高收入，打击非法收入，积极引导理性的消费观，抑制不合理的消费。此外，还积极消除和遏制收入分配中的垄断因素。[3] 通过工资公示制度、工资外收入核报监测机制等制度，加强制度监管和社会监督制约，逐步改善高收入群体的收入分配格局，拉近与其他阶层的收入差距。

此外，为弥补一次、二次分配的不足，国家也开始动员社会力量，建立起社会救助、民间捐赠、慈善事业、志愿者行动等多种形式的制度和机制，将个人财富的相当一部分捐献出来帮助低收入阶层改善生活、教育和医疗的条件。[4] 虽然这种"三次分配"不可能完全解决经济利益失衡问题，但是已较好缓解了经济失衡。通过"三次分配"，可以让富人和穷人有一个相互认识，从这个角度看，资金量未必能解决所有问题，但是从行为的本身，充分体现出利益均衡的公平理念，对社会矛盾的缓解、均衡社会利益起到十分重要的作用。

透过多元的分配结构、分配格局，我们不难发现，分配结构不仅体现为一种经济结构，还体现为一种法律结构，尤其是一种权利结构。无论是初次分配还是再分配，无论是市场主体之间的分配还是国家与国民之间的分配，都对应着一系列的经济权利，直接体现为相关经济权利的配置问题。因此，党和政府在公平原则作为指导

---

① 蔡社文：《中国社会保障支出水平分析》，《预算管理会计月刊》2004 年第 7 期。

② 顾严、杨宜勇：《2005—2006 年：中国收入分配问题与展望》，中国社会学网（www. sociology. cass. cn）。

③ 向玉乔：《社会制度实现分配正义的基本原则及价值维度》，《中国社会科学》2013 年第 3 期。

④ 赵兴罗：《论实现社会公平分配的主体、机制及对策》，《经济纵横》2007 年第 2 期。

思想的调整和优化分配结构，有助于把经济利益、涉及经济利益的相关权益从高收入人群向中低收入人群有序输送。

### 三　建立社会保障制度体现公平

"社会保障来源于社会公平理念下的社会成员共同享有社会财富，即和谐社会赖以存在的个人生活的稳定与社会制度的和谐。国家通过建立社会保障制度的方式，防止社会成员因不可预测因素导致其生活水平的降低，以保障公民在生活发生困难时仍能获得维持其生存所必需的最低生活保障。"[1] 随着科学发展观的提出与建设和谐社会任务的确立，在公平理念的引导下，我国的社会保障体系取得了较大的成效：

（一）形成社会救助体系的基本框架

社会救助是指通过一定的管理体制、运行机制和保障体制的实施，为保障弱势群体的基本生活以及解决他们生活中遇到的特殊困难而建立的各种救助制度的统称。[2] 其对象是社会的低收入人群和困难人群，目标是扶危济贫，救助社会脆弱群体。因此，可以说，社会救助是国家保障公民基本生存权利，关注社会不同利益群体，在公平与效率之间寻求适度平衡的举措。新中国成立以后，政府重视履行其社会正义权能、制度正义权能，以社会公共利益为本位，实现国家对低收入人群和困难群众的保护。[3] 这在客观上基本建立了社会救助体系框架，保障了城乡绝大多数困难群众基本生活。具体而言，主要表现为以下几个方面：第一，完善了相关法律法规，建立了惠及农村的最低生活保障制度。1999 年国务院《城市居民最低生活保障条例》的颁布，2007 年国务院《关于在全国建立农村最低生活保障制度的通知》的下发，使城市居民和农村人口均拥有最低生活保障。第二，实现了覆盖城市和农村的医疗救助，尤其是《关于实施农村医疗救助的意见》的施行，对农村困难群体的医疗

---

① 周伟：《宪法基本权利——原理·规范·应用》，法律出版社 2006 年版，第 278 页。
② 林闽钢：《中国社会救助体系的整合》，《学海》2010 年第 4 期。
③ 周沛、陈静：《新型社会救助体系研究》，《南京大学学报》（哲学·人文科学·社会科学版）2010 年第 4 期。

救助更是效果显著。第三，从法律层面保障灾害救助的施行。2005年以来，国家相继颁布了《国家自然灾害救助应急预案》和《中华人民共和国突发事件应对法》等法律法规，使我国对灾害的救助有了法律保障，给予了灾害频发地区群众安居乐业的信心。第四，落实就业援助。一方面政府简化行政许可程序、降低创业门槛，鼓励积极创业；另一方面，政府重视对农民工、下岗职工等的职业培训，使其具备就业和再就业的素质与水平。深圳市宝安区组建了全国唯一专门从事职业能力开发的公共部门——职业能力开发局，其主要职能是提高社会公众的职业技能，面向社会公众开放，对改变现行收入分配格局起到了积极的促进作用。① 第五，建立健全教育救助、住房救助、司法救助以及心理救助等一系列专项救助制度。其中值得一提的是，为维护社会公平，保障各社会阶层平等的诉讼权利，自 2007 年司法部法律援助中心运行以来，各地的法律援助机构如雨后春笋般纷纷成立，相关的业务范围也在不断地扩大，有力地维护了社会各阶层的法律权益。

随着时代的变迁，社会救助体系日趋完善，在原有体系框架下增加了社会慈善这种利益均衡形式。② 慈善一般指为社会公众以捐赠款物、无偿服务等形式关爱他人、奉献社会的自愿行为。③ 慈善作为富有阶层回馈社会、向社会公众分享利益的最佳途径之一，有利于均衡社会不同阶层的利益。新中国重视慈善的发展，使慈善事业发展迅速（具体表现见表 3—3）。此外，中国残疾人福利基金会、中国青少年发展基金会组织的"希望工程"，以非公有制人士为参与主体的帮助贫困地区的"光彩事业"，全国妇联组织的中国儿童少年基金会、全国总工会组织的"互助工程"，以及中国老龄协会等发起的"助老工程"等各种社会性救助活动已经持续十数年，在社会慈善领域取得了巨大的成绩。2010 年全年我国社会捐赠

---

① 姚文胜：《利益均衡——推进社会公平的路径建议》，法律出版社 2012 年版，第134 页。

② 林卡、吴昊：《官办慈善与民间慈善：中国慈善事业发展的关键问题》，《浙江大学学报》（人文社会科学版）2012 年第 4 期。

③ 许麟：《中国慈善事业发展研究》，中国社会出版社 2005 年版，第 28 页。

总额突破 700 亿元，截至 2010 年底，在民政部门登记注册的各类社会组织数量已达 44 万个，与 2005 年相比增加了 13 万个。其中，基金会数量为 2168 个，比 2005 年增加近 1200 个。并且，越来越多的社会组织将公益慈善作为其服务宗旨。全国已拥有 3.1 万个经常性慈善超市和社会捐助工作站（点），初步形成了类型丰富、分工协作的社会捐赠网络。①

表 3—3    1981—2008 年中国慈善大事记

| 年份 | 主要事项或成绩 |
| --- | --- |
| 1981 | 设立首家慈善公益组织——中国儿童少年基金会 |
| 1987 | 中央政府首次对于与国外非政府组织进行合作做出批示 |
| 1988 | 颁发实施首部慈善公益法规《基金会管理法》 |
| 1988 | 开展全国首次区域性慈善公开募捐行动中山市慈善万人行 |
| 1990 | 由慈善公益组织首次举办全国性民间基金会交流会 |
| 1995 | 中国基金会代表团代表我国慈善公益界首次正式组团出访 |
| 1997 | 全国首家非营利机构评估天津鹤童老人院评估成立 |
| 1998 | 成立首家非营利组织研究机构清华大学 NGO 研究所 |
| 1998 | 抗洪赈灾中华慈善总会、中国红十字会与中央电视台首次联办大型电视义募捐晚会 |
| 1999 | 正式施行《公益事业捐赠法》 |
| 2000 | 民政部颁发了《救灾捐赠管理暂行办法》 |
| 2004 | 公益时报与胡润联合推出首届中国慈善家排行榜 |
| 2004 | 十六届四中全会公报将慈善事业首次写入中共中央文件 |
| 2005 | 民政部和中华慈善总会联合主办了首届中华慈善大会 |
| 2008 | 慈善公益组织在抗震救灾中首次联合行动，中国红十字基金会首次对"5·12 灾后重建项目"实施公开招投标 |

---

① 《中国慈善事业发展指导纲要（2011—2015 年）》，2013 年 10 月 16 日（http://www. gov. cn/gzdt/2011-07/15/content_ 1907330. htm）。

（二）社会保险覆盖范围持续扩大

社会保险是一种为丧失劳动能力、暂时失去劳动岗位或因健康原因造成损失的人口提供收入或给予补偿的一种社会保障制度。[①]换言之，社会保险是降低民众遭受意外事故打击风险的一种保障性机制，其目标是保证物质及劳动力的再生产和社会的稳定。社会保险作为社会保障体系的重要组成部分，一直为党和政府所重视，目前我国的社会保险已涵盖基本养老保险、基本医疗保险、失业保险、工伤保险和生育保险五部分。[②]

在党和政府的领导下，社会保险的覆盖范围随着我国经济的发展而持续扩大。截至 2010 年 9 月底，基本养老、基本医疗、失业、工伤、生育保险的参保人数，分别为 25025 万人、42072 万人、13147 万人、15871 万人、11973 万人，分别比 2009 年底增加 1475 万人、1925 万人、431 万人、975 万人和 1097 万人。[③]而截至 2011 年 9 月底，2011 年较 2010 年底分别增加 1790 万人、3074 万人、667 万人、1044 万人、1136 万人。[④]由此可见，我国社会保险的人数逐年增多，且增量有递增趋势，社会保险的覆盖范围持续扩大势头明显。这现象说明党和政府不仅注重提高社会保险的质量，而且更侧重于协调社会的不同利益均衡，使社会各阶层都能享受到社会保险的实惠。

（三）社会福利事业进一步完善

社会福利是指由国家出资或给予税收优惠而兴办的、以低收费或免费形式向一部分需要特殊照顾的社会成员提供物质帮助或服务的制度，通常包括老人、妇女、儿童等特殊群体的福利津贴或福利设施。[⑤]由此概念可知，社会福利是一种服务政策和服务措施，旨

---

[①]　郑尚元、扈春海：《中国社会保险立法进路之分析——中国社会保险立法体例再分析》，《现代法学》2010 年第 3 期。

[②]　郑尚元：《我国社会保险制度历史回眸与法制形成之展望》，《当代法学》2013 年第 2 期。

[③]　汝信、陆学艺、李培林主编：《2011 年中国社会形势分析与预测》，社会科学文献出版社 2011 年版，第 8—9 页。

[④]　同上书，第 6 页。

[⑤]　赵映诚、王春霞：《社会福利与社会救助》，东北财经大学出版社 2010 年版，第 2 页。

在提高广大社会成员的物质和精神生活水平。社会福利作为一种国民收入再分配的方式，通过为全社会或部分社会公众提供福利设施和服务，使其能够共享社会的发展成果，从而满足社会公众的不同利益需求，有利于均衡社会的不同利益群体。诚如德国学者洛伦茨·冯·施泰因在国家的《社会改良政策》中所说，社会福利通过社会管理来满足弱势阶层的主要要求，以此防止他们颠覆合法的财产制度。

毋庸置疑，新中国几代领导人都意识到社会福利事业在调控不同社会利益中的重要作用，也因此随着经济的不断发展，政府在这方面的财政支出也不断地增加。[①] 近年来，我国的社会福利事业取得了巨大的发展，较为直观地体现在诸多法律法规的颁布实施与民政部门的统计数据两方面。一方面，我国先后出台了《残疾人保障法》《收养法》《未成年人保护法》《老年人权益保障法》《关于加快实现社会福利社会化的意见》《关于支持社会力量兴办社会福利机构的意见》以及《残疾人就业条例》等法律法规及政策性文件，从法律层面上保障并推动我国社会福利事业的发展。另一方面，据民政部统计，各类社会福利机构已经发展到 4.3 万个，被收养人达到 128 万人，社会福利企业中残疾职工达到 63.7 万人。[②] 这一系列数据说明我国的社会福利事业正在不断地发展、完善，其受益范围日益扩大。毫无疑问，社会福利事业越完善，享受社会福利的人便会越多，从而受到关注的不同利益群体也会越来越多，党和政府均衡社会性利益的力度便越来越大。

## 第二节　合法性原则在利益均衡法律调控中的体现

法治作为一种社会治理工具在现代社会治理体系中具有至高无

---

① 郑功成：《中国社会福利的现状与发展取向》，《中国人民大学学报》2013 年第 2 期。

② 洪大用：《中国社会建设三十年：成就与问题》，载陆学艺主编《中国社会建设与社会管理：探索·发现》，社会科学文献出版社 2011 年版，第 108 页。

上的地位，利益均衡法律调控作为一种系统化、理性化的社会治理模式，同样需要依赖于法治的作用。在利益均衡法律调控中首要原则便是合法性原则。通过合法性原则指导行政法律体系的完善，推进行政审批制度改革，完善政务公开，深化政府机构改革，对于构建利益均衡法律体系是"题中之义"。①

## 一　通过法律体系均衡公众与政府的利益

法治的价值和功能在于控权，即规范政府的行为，打造有限政府和法治政府，这种通过建设有限政府不断向公众输送政治利益，实现政治层面的资源共享，成为我国利益均衡构架中的重要部分。有限政府就是"有所为，有所不为"的政府。有限政府意味着政府本身和其他行为主体，如企业、事业单位、市场中介组织、社会组织等之间必须明确各自享有的利益边界。政府占有的利益必须在界定的边界之内，超出这个边界便不是有限政府。确立这些边界有利于政府和其他行为主体之间的良性互动。其他行为主体在其边界内的活动就有自治权，这有利于专业性行为模式的产生，最终可以形成一种自然的秩序。②

（一）法治思维下改革行政审批制度的改革

行政审批是指国家行政机关根据相对人（公民、法人和其他社会组织）的申请，准许相对人行使某种权利，获得从事某种活动资格的一种具体行政行为。③作为现代国家管理的重要手段，行政审批已被世界各国广泛地运用于经济、文化等各个领域。一般认为，建立这一制度既是国家对社会经济和其他事务宏观管理的需要，也是维护社会公共利益和保障公共安全、保护相对方的合法权益的需要。1951年中央人民政府制定的《无线电器材管理暂行条例》《城市旅栈业暂行管理规则》《印铸刻字业暂行管理规则》中规定，凡经营上述行业的，都必须持有公安机关颁发的特种行业营业审批

---

① 吴家庆、高小艳：《论传统公共行政的合法性危机及消解》，《湖南社会科学》2009年第1期。

② 郑永年：《未竟的变革》，浙江人民出版社2011年版，第102—103页。

③ 王克稳：《我国行政审批制度的改革及其法律规制》，《法学研究》2014年第2期。

证。这可以视为我国建立行政审批制度的标志。

在行政审批制度下，社会成员或团体从事某种活动必须首先得到有关行政机关的批准。① 从政治利益配置来说，这是一种单向性的独占利益，也就是由行政机关专属行使。2001 年 9 月，国务院成立行政审批制度改革工作领导小组，2001 年 10 月，国务院全面启动行政审批制度改革工作。"中共十七大以来，成立由监察部牵头、中编办和发展改革委等 12 个部门组成的行政审批制度改革工作部际联席会议，负责推进行政审批制度改革。十七大以来，国家层面先后制定《关于行政审批制度改革工作的实施意见》《关于贯彻行政审批制度改革的五项原则需要把握的几个问题》《关于进一步深化行政审批制度改革的意见》等 40 多个政策规定和相关文件。"②

目前，以 2004 年 7 月全国人大常委会审议通过的《行政许可法》为核心，有关法律法规规章相配套的行政审批法规制度体系已基本建立。"十年来，对国务院各部门的审批项目先后进行五轮全面清理，国务院各部门共取消调整审批项目 2183 项，占原有审批项目总数的 60.6%。据统计，各省（区、市）本级共取消调整审批项目 3.6 万余项，占原有审批项目总数的 68.2%。通过行政审批制度改革，把政府不该管的交给企业、社会和市场，逐步理顺政府与社会、市场的关系，市场配置资源的基础性作用进一步增强，政治利益过分集中的现象有所改变。在取消、调整行政审批项目的同时，对国务院部门拟新设的行政审批项目进行了严格把关。十七大以来，对 40 多部法律、行政法规起草修订过程中涉及的 60 多项拟新设或调整的行政审批项目进行审核。一些地方也加强了对拟新设行政审批项目的审核把关。目前已初步建立了比较完善的新设行政审批项目审查论证机制。"③ 相关法律和政策要求需要审批的项目，坚持实行"阳光审批"，也就是行政审批的所有环节，凡不涉及国

---

① 魏琼：《简政放权背景下的行政审批改革》，《政治与法律》2013 年第 9 期。

② 重庆市永川区纪委监察局：《党的十七大以来我国行政审批制度改革综述》，重庆市监察局网（http://jjc.cq.gov.cn/lzfl/5752.htm）。

③ 《我国十年行政审批制度改革成效明显》，2013 年 11 月 17 日，新华网（http://news.xinhuanet.com/politics/2012-01/06/c_111387108.htm）。

家秘密、商业秘密和个人隐私的，一律向社会公开。

（二）法治思维下施行政务公开法律制度

信息不对称是影响利益均衡的重要因素之一。信息的重要性不仅在于获取资讯，更在于通过信息内容的取得来实现利益。[①] 根据党和政府的根本宗旨，从体现政党的先进性和巩固党的执政基础出发，中国共产党和政府把坚持和推进政务公开作为新形势下坚持和发展人民民主，建设社会主义政治文明的基础性工作来抓。通过政务公开，建立党和政府与群众双向互动机制，把社会的利益诉求纳入管理过程中，从而实现利益共享。党和政府推行政务公开的做法一般是将行政机关的施政行为，包括把各类行政管理和公共服务事项，除涉及国家秘密和依法受到保护的商业秘密、个人隐私外，按照规定的程序、范围和时限，向社会公开。公开的方式主要包括通过社会听证、公示和专家咨询、论证制度以及热线电话、网上互动、意见箱、留言板等。我国政府在2008年5月1日正式实施了《政府信息公开条例》，规定把政务公开作为政府施政的基本准则，要求所有政府工作都要以公开为原则、不公开为例外，除涉及国家秘密、商业秘密和个人隐私的事项外，一律向社会公开。[②]

各级党政机关还以门户网站为依托建立覆盖全社会的政务公开载体。据初步统计，31个省（区、市）、国务院70多个部门和单位建立了新闻发布和新闻发言人制度。全国政府域名（gov. cn）下的网站已经发展到30000多个，100%的省级政府和国务院组成部门、98.5%以上的地市级政府和85%以上的县区级政府已经建立了政府网站。网上办事、服务热线发展迅速：商务部实现了22项行政许可事项和44项上报事项的在线办理，83位商务参赞和40位地方商务厅（局）长与网友进行了在线交流。各地绝大多数行政审批项目和公共服务事项纳入政务（行政）服务中心或便民服务中心集中办理，实行办事公开、电子监察和"一站式"服务。目前全国已设立政务（行政）服务中心2842个，2009年共受理行政审批、公

---

① 王敬波：《政府信息公开中的公共利益衡量》，《中国社会科学》2014年第9期。

② 郑春燕：《政府信息公开与国家秘密保护》，《中国法学》2014年第1期

共服务事项 1.66 亿余件，按时办结率达 95.2%。[①]

综上可知，党和政府通过推进政务公开，主动运用信息技术等多种方式更好地实现了合理分配政治利益的目的。[②] 今时今日，不管是国务院，还是地方各级政府均开通了自己的网站。不少网站增加了互动功能，网友可以通过留言、邮件等方式对政府行为进行点评，也可以将自己的问题交由有关部门处理，还可以在网站上申请行政许可等；而近两年官方博客、官方微博、微信公众账号也被大量运用，政府通过及时发布各种消息，满足社会公众的知情权；而在博客、微博上回答不同网友的提问，虚心接受网民的监督，减少政府机关与社会公众的距离感。通过微博、微信上的私信功能，可以方便接受社会公众对公务人员违法乱纪行为的举报，对廉洁、高效干部队伍的建设具有重要的推动作用。现在越来越多的政府官员加入到微博、微信大军，前一段时间由网友评选出"中国十大政务微博"，笔者认为，这是一个相当好的创意，政府通过评选的方式积极鼓励公务人员与社会公众增加交流，同时也让政府的决策处于全民的监管之下，防止政府及相关部门乱作为、不作为。

（三）法治思维下深入推进机构改革

中国的政府设置是从计划经济时代遗留下来的产物，虽然经过多次改革，但是总的结构框架并没有发生较大的改变。改革开放后，根据形势发展的需要，我国先后在 1982、1988、1993、1998、2003、2008 年和 2013 年里进行了 7 次大规模的政府机构改革。[③]

每次机构改革过程都涉及政治利益调整。1993 年和 1998 年机构改革按照社会主义市场经济要求，将原来由政府承担的部分经济职能和社会职能推向市场和社会。1998 年机构改革将 200 多项职能移交给企业、地方、社会中介组织和行业自律组织。2003 年机构改

---

① 《全国 31 个省（区、市）、国务院 70 多个部门建立新闻发言人制度》，2016 年 9 月 24 日，光明网（http://www.gmw.cn/01gmrb/2010-01/12/content_1036032.htm）。

② 王益民：《2014 中国城市电子政务发展水平调查报告》，《电子政务》2014 年第 12 期。

③ 李军鹏：《中国政府机构改革的回顾与展望》，《领导之友》2009 年第 5 期。

革，首次界定政府在经济和社会管理方面承担经济调节、市场监管、社会管理和公共服务四项基本职能，为进一步改革指明了方向。① 2008 年机构改革，共取消、下放、转移出微观管理、行政审批、评比表彰等政府不该管的事项 70 多项，加强经济调节、市场监管、社会管理和公共服务方面的 140 多项职能，集中解决宏观调控、环境资源、行业管理等领域共 80 余项部门职责交叉和关系不顺的问题，明确、强化了政府部门应当承担的 260 多项职责。

对于前五次改革的成效，学者认为，这五次政府机构改革，最后汇集起来的中心就是建立适应、管理并服务市场经济体制的政府机构，这对于促进中国市场经济的发展起到了积极的作用，但也存在一些教训，其中最大的教训在于：忽视了政府的公共服务职能，忽视了国家机器所需要的自主性，比如，那些有资源可瓜分、私人利益容易得到实现的领域往往不容易被撤并，那些没多少"油水"，但对于公共利益来说又是重要的领域则常常被忽视，滥权和腐败在一些地方几乎成了常态，实质意义上的规则化在行政管理领域并没有很好地确立。② 但从中我们也应看到党和政府在均衡政治利益方面所表现出的不懈努力。

经过 30 多年改革开放，中国的经济发展到一定程度，国家发展可能面临"中等收入国家陷阱"，经济总量在快速增加的同时，社会矛盾的总量也不断膨胀。可以说，中国的发展，不能简单延续一直以来坚持的效率优先、以经济建设为中心的路子，而是要更加注重社会公平，重视社会建设。③ 国家提出了加强社会建设的战略目标，为的就是在发展过程中解决公平问题。利益均衡法律调控，政治利益的合理配置是关键。对于第六次改革，即发生在 2008 年的大部制改革是中国走向现代化的又一次尝试，是政治体制改革的又一次试水。大部制改革通过整合政府部门的各种资源，通过机构的

---

① 周志忍、徐艳晴：《基于变革管理视角对三十年来机构改革的审视》，《中国社会科学》2014 年第 7 期。

② 李军鹏：《中国政府机构改革的回顾与展望》，《领导之友》2009 年第 5 期。

③ 沈尤佳：《中国经济体制改革的"效率与公平"悖论——〈21 世纪资本论〉的镜鉴》，《山东社会科学》2015 年第 6 期。

重新设定，有利于行政权力边界的清晰化，有利于政治利益的良性释放。当然，大部制改革也面临挑战，一方面就是郑永年所说的大部制改革是物理反应还是化学反应的问题。物理反应是人工堆积，假改革；化学反应才是真正的职能整合，是良性改革。另一方面是大部制改革中部门利益释放与本位利益关系的问题，也就是中央部门与各地、各个集团利益争夺的问题，导致部门利益或集团利益凌驾于公共利益之上的情况出现。就长远而言，机构改革并不是治本之策，诚如中国社科院法学所周汉华研究员指出的，"只有将周期性的机构改革转换为对法制建设的定期强力推动，才可以从根本上解决机构改革希望解决却未必能够解决的诸种深层次矛盾与问题"①。

### 二　推进党内民主、均衡党内政治利益

中国共产党执政 60 年来，虽然经历过不少曲折，实际上一直在努力将法治思维贯彻到党内治理中，为防止政治利益配置失衡做了大量努力。② 笔者认为，中国共产党配置党内政治利益的主要举措主要包括以下几方面：一是在分配党内政治利益方面，注重加强党的作风建设，夯实利益合理分配的思想基础。在 2011 年和 2012 年党的全会上，党内民主的问题始终摆在重要议事日程，强调发展党内民主的重要性。二是完善组织建设，依托纵向和横向两套组织架构，逐步实现党内有序分权，这里既包括中央与地方，也包括同一级党组织内部的分权。三是完善决策程序，在决策过程中实现政治利益共享。党的十五大以来，决策始终在遵循这样一套程序：在事先调查、确立若干重大课题的基础上→成立起草小组→围绕课题从事调研→听取不同部门和基层的建议→在调研的基础上确立报告主题→高层通气→正式起草→进一步调研→报告稿审议→下发征求、听取党内外意见→党代会审议→通过发布。经由这一决策程序，中国共产党的政策、措施可以凝聚众人的政治智慧，尽最大可能综合

---

①　周汉华：《机构改革与法制建设》，《经济观察报》2003 年 3 月 3 日。
②　肖金明：《论通过党内法治推进党内治理——兼论党内法治与国家治理现代化的逻辑关联》，《山东大学学报》（哲学社会科学版）2014 年第 5 期。

不同的利益，大大降低政策的随意性，使得政策、措施更加符合实际。① 四是重视推进干部人事制度改革，通过改革不断扩大用人方面的民主。五是引入法治理念，重视党规党法建设，实现党内有效制约和监督。② 包括推行议事规则、票决制以及党风廉政建设责任制等。

尤其是从 1981 年以来，中国共产党重视总结开展党内民主的经验教训，提出"切实加强党的制度建设"③，要"进行党的领导制度改革，完善党规党法，实现党内生活民主化制度化"④，明确提出"党内民主是党的生命"⑤，试行党代表任期制等，一步一个脚印地推动党内民主向前发展。许耀桐教授将其概括为"16 次具有重大意义的进展"⑥（参见表 3—4）。

表 3—4　　　　　　　　　党内民主的 16 次重大意义的进展

| 时间 | 事件 | 内容 |
|---|---|---|
| 1978 年 | 当代中国改革开放和民主化、现代化进程的启动 | 启动当代中国改革开放和民主化、现代化进程以及中国共产党自身的民主化、现代化的进程 |
| 1981 年 | 党的十一届六中全会通过了《关于建国以来党的若干历史问题的决议》 | 系统总结了 30 多年来开展党内民主的经验教训，指出必须根据民主集中制的原则加强各级国家机关的建设，使各级人民代表大会及其常设机构成为有权威的人民权力机关，在基层政权和基层社会生活中逐步实现人民的直接民主，特别要着重努力发展各城乡企业中劳动群众对于企业事务的民主管理 |

---

① 景跃进：《建构利益协调机制以降低维稳压力》，《社会科学报》2011 年 3 月 31 日。

② 肖金明：《关于党内法治概念的一般认识》，《山东社会科学》2016 年第 6 期。

③ 王炳臣主编：《中国社会主义建设》，天津大学出版社 1988 年版，第 467 页。

④ 《中共中央关于加强党的建设几个重大重问题的决定》，2016 年 9 月 24 日（http：// gov. eastday. com/node2/node354/node358/node368/userobject1ai34641. html）。

⑤ 鲁宏飞编著：《"三个代表"重要思想学习与研究》，万卷出版公司 2004 年版，第 127 页。

⑥ 王学东等：《中国共产党和欧洲左翼政党的发展》，中央编译出版社 2011 年版，第 40 页。

续表

| 时间 | 事件 | 内容 |
|---|---|---|
| 1987 年 | 党的十三大报告首次提出的内容 | 要"切实加强党的制度建设" |
| 1992 年 | 党的十四大报告指出的内容 | "要进一步发扬党内民主，加强制度建设"，党内民主制度主要涉及民主生活、干部管理和权力制约监督这三大方面 |
| 1994 年 | 党的十四届四中全会做出《关于加强党的建设几个重大问题的决定》 | 提出了在新的历史时期，党的建设是"新的伟大的工程"，要"进行党的领导制度改革，完善党规党法，实现党内生活民主化制度化" |
| 2001 年 | 十五届六中全会做出《中共中央关于加强和改进党的作风建设的决定》 | 指出要发展党内民主，充分发挥广大党员和各级党组织的积极性、主动性、创造性 |
| 2002 年 | 党的十六大报告 | 第一次明确提出"党内民主是党的生命"，确立了党内民主至高无上的战略地位 |
| 2002 年 | 制定《党政领导干部选拔任用工作条例》 | 强调党政干部选拔任用的民主性 |
| 2004 年 | 党的十六届四中全会通过了《关于加强党的执政能力建设的决定》 | 指出党的执政能力有五个方面，在党的五个执政能力中，包含"发展社会主义民主政治的能力"，逐步扩大基层党组织领导班子的直接选举 |
| 2004 年 | 颁发《中国共产党党内监督条例（试行）》 | 进一步明确地规范了党的民主监督 |
| 2006 年 | 颁发《中国共产党党员权利保障条例》 | 完整地赋予党员的党内生活民主权利 |

续表

| 时间 | 事件 | 内容 |
|---|---|---|
| 2006 年 | 下发《党政领导干部职务任期暂行规定》《党政领导干部交流工作规定》《党政领导干部任职回避暂行规定》等文件 | 健全了对干部的民主管理 |
| 2007 年 | 党的十七大报告 | 提出了尊重党员的主体地位的理念和实行决策权、执行权、监督权相互制约的权力监督体制 |
| 2008 年 | 制定《中国共产党全国代表大会和地方各级代表大会代表任期制暂行条例》 | 充分发挥各级党代表大会代表的作用 |
| 2009 年 6 月 29 日 | 中共中央政治局第十四次集体学习，专题是党内民主 | 在新的历史条件下必须高度重视和积极推进党内民主建设，最大限度凝聚全党智慧和力量，最大限度激发全党创造活力，最大限度巩固党的团结统一，更好地坚持科学执政、民主执政、依法执政，进一步形成全党、全国各族人民齐心协力，推进中国特色社会主义伟大事业的合力 |
| 2009 年 7 月 | 印发《关于实行党政领导干部问责的暂行规定》 | 规定党政领导干部受到问责七项主要内容 |
| 2009 年 9 月 | 十七届四中全会通过了《中共中央关于加强和改进新形势下党的建设若干重大问题的决定》 | 提出"以改革创新的精神推进党的建设新的伟大工程"，并就对怎样推进党内民主，提出要"以保障党员民主权利为根本，以加强党内基层民主建设为基础，切实推进党内民主"，要"完善党代表大会制度和党内选举制度，完善党内民主决策机制" |

　　其中，引入法治理念是基础，党风建设、组织建设、决策程序建设、人事制度建设等都要在法治理念的指导下制度化、稳定化，

一项制度一旦以合法程序通过便拥有高于个人的权威，并且只能通过合法程序才能予以修订和更改，只有在法治思维的指导下，党内民主建设才能得到实质性的推进。

党的十八大将"党内民主"作为重要的议题进行讨论，认为"党内民主是党的生命"。提出要坚持民主集中制，健全党内民主制度体系，以党内民主带动人民民主的新思路。① 要保障党员主体地位，健全党员民主权利保障制度，开展批评和自我批评，营造党内民主平等的同志关系、民主讨论的政治氛围、民主监督的制度环境，落实党员知情权、参与权、选举权、监督权。要完善党的代表大会制度，提高工人、农民代表比例，落实和完善党的代表大会代表任期制，试行乡镇党代会年会制，深化县（市、区）党代会常任制试点，实行党代会代表提案制。要完善党内选举制度，规范差额提名、差额选举，形成充分体现选举人意志的程序和环境。② 强化全委会决策和监督作用，完善常委会议事规则和决策程序，完善地方党委讨论决定重大问题和任用重要干部票决制。要扩大党内基层民主，完善党员定期评议基层党组织领导班子等制度，推行党员旁听基层党委会议、党代会代表列席同级党委有关会议等做法，增强党内生活原则性和透明度。③

### 三 在宪法框架内均衡党内外政治利益

我国采用多党合作和政治协商制度，虽然政治利益由作为执政党的中国共产党进行主导运作，在执政党与人民、执政党与参政党、执政党与国家间同样存在着政治利益的分配，只要存在政治利益分配就存在着分配是否均衡的问题。用法治思维均衡党内政治利益是为了维护加强中国共产党自身的领导力和凝聚力，帮

---

① 何益忠：《近年来党内民主研究中的几个争论问题述评》，《马克思主义与现实》2011年第1期。

② 颜杰峰：《改革开放以来党内选举制度建设的主要成就及其经验》，《马克思主义研究》2015年第6期。

③ 李禄俊：《党内基层民主的现状及其发展趋势》，《科学社会主义》2010年第2期。

助中国共产党更好地领导国家的进步。但这种党内与党外政治利益的平衡必须在宪法框架下完成。通常来说，宪法是一国的根本大法，它规定一国基本的政治、经济、社会等方面的制度。① 在均衡党内外的政治利益方面，我国宪法主要致力于以下几个方面的建设。

（一）加强基本民主制度建设

民主就是在一定的阶级范围内，按照平等和少数服从多数原则来共同管理国家事务的一种制度。民主体制多种多样，反映着每个国家各自的政治、社会和文化生活特点。新中国成立之后，根据我国的实际创设了我国的基本民主制度，一般称为"四大政治制度"，也就是"一个根本、三个基本"：人民代表大会制度是根本政治制度，政治协商、民族区域自治和基层群众自治则是基本政治制度。通过四大政治制度，执政党将政治利益在全社会范围内进行良性配置。改革开放以来，中国民主化进程不断往前推进，政权向社会开放的步伐加快。② 比如面向全社会公开选拔党政领导干部，允许民营企业家入党，政治领域的"两代表一委员"（党代表、人大代表、政协委员）拿出一部分名额配置给民营企业家、基层群众代表，国家专门面向农民工、村官招考公务员等。这些措施的制定和执行，正是党和国家努力均衡的政治利益。

（二）均衡政党和人民的政治利益

如何在宪法框架下均衡政党和人民的政治利益是我国利益均衡法律调控实践必须解决的一个问题。所谓"政党和人民的政治利益关系即为党群关系，党群关系的目标模式是政党的政策最大限度地代表、维护和实现广大人民的利益，从而在人民的认可和支持下，取得政权或巩固其执政地位；广大民众则自愿、主动、积极地在政党的引领下，为自己的利益和党的目标而努力奋斗。在政党政治条件下，政党不能没有民众的支持，民众也不能没有政党作为其政治代表。因此，政党和人民的合作是激励相容的。一方面，民众通过

① 韩大元：《论宪法权威》，《法学》2013 年第 5 期。
② 王桂芬：《从社会转型看中国民主化进程》，《甘肃社会科学》2002 年第 1 期。

自己选择和认可的政治代表，表达自己的愿望，实现自己的利益；另一方面，政党通过民众的拥护和支持达到获取政权或维护执政地位的目的"①。现阶段，在执政党和群众关系维系方面，有一个现象应当引起我们的重视和警惕，那就是广大人民群众的社会支持体系中执政党排序的问题。

中国共产党自建立之初，就十分重视与社会及民众的融合，提出党群一家亲、党群关系血浓于水等理念，在执政中也坚持和秉承为人民群众服务、与人民群众紧密联系的理念，通过政党制度、国家制度和其他相关制度建设，力图巩固这种关系。② 这个努力的过程，可以说就是党权开放的过程。社会支持体系直观反映社会成员在遇到困难需要帮助时会找谁的问题。根据中国社会科学院 2006 年的专题调研报告，居民在遇到困难时把向党组织的求助排到了第七位。③ 为了测量现阶段我国现状，调研组列举了 14 种人们碰到生活困难时可能去寻求并获得帮助的渠道。调查结果显示，支持度排在前三位的依次是"家庭""家族、宗族""私人关系网"，排在第四至第七位的分别是"社区组织""工作单位""地方政府"和"党组织"。（见表 3—5）作为执政党的中国共产党对此情况应引起重视。新加坡一些领导人指出，新加坡执政党之所以与人民群众的关系十分融洽友好，是因为该党学习了中国共产党在这方面的不少成果做法。这说明，中国共产党在开放党权、密切党群关系方面还是有不少成功经验的，应当重拾并发扬光大。④

对此，各地参照新加坡的做法进行多种探索，其中值得一提的就是"党代表工作室"。2009 年 4 月 23 日，深圳市宝安区新安街道驻文汇社区党代表工作室正式挂牌成立，这是广东省乃至全国第

---

① 景跃进：《建构利益协调机制以降低维稳压力》，《社会科学报》2011 年 3 月 31 日。

② 左宪民：《从根本上密切党与人民群众的关系》，《中国特色社会主义研究》2013 年第 4 期。

③ 李培林：《2007 年：中国社会形势分析与预测》，中国社会科学院社会学所、社科文献出版社，2007 年版。

④ 王贵秀：《民主建设的大视野：党权、政权、民权的消长与互动问题》，《科学社会主义》2010 年第 1 期。

一个驻社区党代表工作室。① 成立驻社区党代表工作室，在执政党和人民群众间搭起了一座密切联系的"连心桥"，营造了一种"有话向党说、有事找党帮"的良好氛围，这是笔者在新安街道挂职期间和区、街道和社区有关人士，借鉴新加坡人民行动党习惯做法而推动的一项创新。② 截至 2011 年 8 月，广东省已建成的 3000 多个党代表工作室正式全面启用，实现了在乡镇（街道）和机关、企事业单位等领域的全覆盖。党代表工作室在均衡政治利益关系方面可以发挥重要作用，成立"党代表工作室"有利于在基层向有需要的群体输送各种利益，包括政治、经济和社会等，这种输送是通过为人民群众办实事来体现的，这也是新加坡人民行动党的出发点。

表 3—5　　　　居民遇到生活困难时各种帮助渠道的支持度　　　单位:%

| 帮助渠道 | 没有帮助 | 帮助较少 | 帮助较多 | 帮助很大 | 不大确定 | 支持度 |
|---|---|---|---|---|---|---|
| 家庭 | 4.1 | 8.1 | 34.9 | 52.4 | 0.5 | 87.3 |
| 家族、宗族 | 15.8 | 19.3 | 38.0 | 25.8 | 1.1 | 63.8 |
| 私人关系网 | 14.9 | 26.8 | 39.5 | 16.0 | 2.7 | 55.5 |
| 社区组织 | 53.0 | 26.3 | 14.1 | 3.7 | 2.9 | 17.8 |
| 工作单位 | 59.1 | 15.9 | 11.6 | 3.4 | 10.1 | 15.0 |
| 地方政府 | 61.7 | 20.6 | 10.2 | 3.1 | 4.3 | 13.3 |
| 党组织 | 64.4 | 18.1 | 9.9 | 2.7 | 5.0 | 12.6 |
| 工青妇组织 | 69.8 | 16.1 | 6.5 | 1.9 | 5.7 | 8.4 |
| 司法/执法机构 | 76.0 | 9.9 | 5.0 | 2.0 | 7.0 | 7.0 |
| 行业/专业协会 | 68.9 | 12.6 | 5.1 | 1.5 | 11.9 | 6.6 |
| 新闻媒体 | 79.0 | 8.3 | 4.1 | 1.7 | 6.9 | 5.8 |
| 慈善机构 | 80.1 | 7.7 | 3.0 | 1.3 | 7.8 | 4.3 |
| 宗教组织 | 80.7 | 6.4 | 2.8 | 1.4 | 8.7 | 4.2 |
| 信访部门 | 78.8 | 8.4 | 2.9 | 1.3 | 8.7 | 4.2 |

① 《为"驻社区党代表工作室"喝彩》，2009 年 9 月 24 日，中国共产党新闻网（http：//cpc. people. com. cn/GB/64093/64103/9207941. html）。

② 新加坡人民行动党议员必须每周有一个晚上接待选民，一般每次接待大约有 40—50 个选民。参见吕元礼《新加坡为什么能？》上，江西人民出版社 2007 年版，第 45—57 页。

# 第三节　协商民主原则在利益均衡
## 法律调控中的体现

　　"协商力求实现公众在平等基础上，通过对话、协商、辩论等形式，充分尊重每个人表达观点的权利，尊重不同的声音，即重视更好观点的力量。"[①] 一项决策在大众共同参与下，通过集体协商形成能充分体现集体智慧，使决策更加科学化、民主化、理性化，从而最大限度上实现民主的内在价值要求。在中国的民主政治实践中，从基层治理领域到国家层面，存在并培育了多种协商民主实践形式，通过这些形式进行利益均衡的调控充分体现了协商性原则。

### 一　完善人民政治协商制度

　　中国人民政治协商会议（简称政协）是中国人民爱国统一战线的组织，是中国共产党领导的多党合作和政治协商的重要机构，是我国政治生活中发扬社会主义民主的重要形式。[②] 政治协商会议作为我国一项重要的政治制度，是中华人民共和国宪法确认的，是中国特色协商民主的主要载体和实践形式。中国特色协商民主的本质，就是要实现和推进公民有序的政治参与，引导公民以理性合法的形式表达利益诉求，解决利益矛盾，促进利益均衡。鉴于政协委员均是各个领域内的贤达，通过日常工作和调研活动，能够集中反映广大人民群众的意愿和心声，使他们的意见和建议得到系统、综合的反映，从而使公共决策最大限度地均衡各方利益，维护社会和谐、稳定地发展。

---

　　① ［美］詹姆斯·博曼：《公共协商：多元主义、复杂性与民主》，陈家刚译，中央编译出版社 2006 年版，第 103 页。
　　② 王邦佐、罗峰：《人民政协民主监督的理论支撑、现实意义和制度设计》，《政治与法律》2007 年第 5 期。

## 二　推动公民协商

人民群众直接以公民的身份参与基层民主生活，对基层治理进行民主参与和民主监督，这是一种协调公民与公民、公民与政府之间关系的重要政治程序和途径。[①] 目前，基层民主已在基层群众自治组织中得到长足发展，居委会的居民会议，村委会的村民会议、村代表会议，企事业单位的职工代表大会已普遍开展，效果良好。协商民主对于培养社会公众的权利意识和参与意识，提升基层政府和自治组织的民主与法律观念起到了重要作用。在民主协商大旗的指引下，基层民众充分发挥积极性和创造性，发展出基层民主的新形式。而其中最具代表性的就是浙江省温岭市的"民主恳谈"模式。民主恳谈过程的参与者能够通过倾听、对话和沟通，在充分讨论的基础上形成基本共识，从而赋予决策以合法性，并最大限度实现利益均衡。[②] 在城市基层政治实践中，社区自治作为一种平台，为协商提供了新的制度构架，从而促使政治利益在居民与政府之间有序分配。

## 三　推进立法听证

作为民主协商的一种重要形式，立法听证通过利益相关者参与决策过程，并在过程中进行对话、沟通和交流的基础上，形成最终的共识，对立法工作产生积极的促进作用。[③] 立法听证的价值理念，就是力图通过程序正义进而实现实质正义。它是锻炼民众民主能力、实践民主制度的重要渠道，具有控制公权力并使其公正行使、保护权利不受侵犯的宪政功能。需要强调的是，立法听证最重要的是通过立法结果来彰显价值。

立法听证制度是由地方先行实践的，早在 1999 年 7 月 16 日，

① 林尚立：《公民协商与中国基层民主发展》，《学术月刊》2007 年第 9 期。

② 钟晓渝：《发展协商民主的关键是制度化、规范化和程序化》，《团结》2012 年第 6 期。

③ 陈家刚：《程序民主的实践——中国地方立法听证规则的比较研究》，《南京社会科学》2004 年第 3 期。

深圳市法制局就曾召开立法听证。1999 年 9 月 9 日，广东省人大对
《广东省建设工程招标投标管理条例（修订草案）》进行的立法听
证是我国首次由人大组织的立法听证，开创了全国立法听证的先
河。① 2000 年 3 月，九届全国人大三次会议通过的《立法法》规
定："列入常务委员会会议议程的法律案，法律委员会、有关的专
门委员和常务委员会工作机构应当听取各方面的意见。听取意见可
以采取座谈会、论证会、听证会等多种形式。"标志着我国的立法
听证制度真正意义上的诞生。随着《立法法》的施行，浙江、安
徽、上海、江西等省市在 2000 年以后制定了地方立法听证规则，
以进一步规范听证工作的进行，保障协商民主的效果。迄今为止，
我国 31 个省市（不含台港澳），绝大多数省市的人大或政府进行过
立法听证或制定了专门的立法听证规则。② 这标志着我国在立法领
域的活动已告别了过去的隐蔽集权状态，正在向公开、公正、公平
和民主的价值目标迈进。

## 四 扩宽公民表达利益渠道

以互联网为代表的第三次科技革命的兴起，扩大了社会公众参
与政治的途径，为协商民主提供了新的发展途径。当代中国，公共
论坛包括：网站讨论区、微博、微信及其他一切可以借助互联网实
现的交流途径和方式。公共论坛是一种松散的、非正式的协商形
式，但它打破了空间、时间的限制，缩短了公民与政府之间的距
离，使得公民之间以及公民与政府之间的沟通更加频繁、便捷，推
动了公民与政府的直接对话与信息的双向互动。③ 它承载着公民的
协商理想，体现着协商的价值和精神，为一直困扰人们的大规模政
治体系中如何实现协商的问题找到了解决之道，有助于进一步均衡

---

① 孙力：《制度选择中的交融：比较视野下的中国人大》，《理论与改革》2016 年
第 3 期。

② 魏月霞：《完善我国立法听证制度的思考》，《辽宁行政学院学报》2011 年第
4 期。

③ 陈剩勇、杜洁：《互联网公共论坛：政治参与和协商民主的兴起》，《浙江大学学
报》（人文社会科学版）2005 年第 3 期。

公民与政府间的政治利益。

近年来，我国在互联网法制建设方面取得重大进展，互联网在协商民主中的作用得到逐步加强。1996 年 2 月 1 日，国务院发布了《中华人民共和国计算机信息网络国际互联网管理暂行规定》；1997 年 3 月 14 日，八届人大五次会议上讨论并通过的新刑法中又明确规定，利用计算机进行犯罪的行为将会以"扰乱公共秩序罪"被追究刑事责任；2000 年 10 月 8 日，国家信息产业部第四次部务会议上通过了《互联网电子公告服务管理规定》；这些规章条例为网上开展的包括公共论坛政治参与在内的各种活动明确了界限范围，奠定了法律基础。

## 第四节　利益均衡纠偏机制初步建立

现代社会，由于政治、经济、社会生活的日益复杂，公权力主导下的利益均衡调整范围也不断扩大，如果公权力的调控行为不当或者违法，公民平等获得利益的权利就很容易遭受侵犯。[①] 为此，笔者认为有必要提供一种针对利益均衡法律调控过程中对不当或不法行为的法律监督救济机制，确保"利益被剥夺者"用权利救济对抗权利被侵害的事实，从而维护双方利益的平衡状态，这一法律机制即利益均衡纠偏机制。它是一项强化事后跟踪、保障利益均衡决策执行的制度。

### 一　利益均衡纠偏机制的主体和客体

利益均衡纠偏机制的主体，包括政府组织和非政府组织两大类，其中政府组织又是主体中的主体，因为其在利益均衡法律调控活动中是发挥主导作用的；而非政府组织虽然是民间自发组成的集体，却也能够在一定程度上起到很好的辅助作用。利益均衡纠偏机

---

① 龚向和、刘耀辉：《论国家对基本权利的保护义务》，《政治与法律》2009 年第 5 期。

制主体分工、作用有所不同，这种不同体现在以下两方面：第一，不同层次的利益均衡决策由不同层次的机关及其组成人员或团体负责制定、执行及调整，利益均衡纠偏机制的主体也因此随之变化，也表现出一定的层次性。第二，利益均衡纠偏机制在实施过程的不同环节中由不同的机关及其人员负责实施，因此其主体呈现出多样性的特点。

利益均衡纠偏机制的作用客体，即利益均衡决策的制定、执行、调整以及承担这些功能的个人、团体和组织。利益均衡纠偏机制的主体与客体的区别具有相对性，它们并不是简单的纠偏或被纠偏的关系，而是复杂的网状结构，相互交叉和重叠。例如"立法机关主要负责制定均衡利益的各项规定、政策，它同时又负责对下级立法机关（及人员）及相应的执行机关（及其人员）的监督与控制。但是，由于立法机关的权力并不是至高无上的，立法权来自大众对政府的支持与认同，所以，即使是最高的国家权力机关，也受到一定的机构和社会力量的监督与控制"①。所以，在利益均衡纠偏机制中，利益均衡纠偏的主体同时也是客体，它们处于复杂的相互联系和作用之中。

## 二　利益均衡纠偏机制的基本制度

### （一）反腐败制度

腐败实质是公权力私益化，即腐败分子将公共利益变为个人利益的最大化。"实际上，从社会公正的视角出发，腐败是一种最不能容忍的社会不公，它不仅导致经济竞争和社会分配的严重不合理，而且严重损害了政府的功能，危害政府的合法性，同时也是破坏利益平衡最致命的隐患。"②腐败行为通过权钱交易、权色交易等非法手段（主要体现在政府采购、重大工程投招标等工作中）获取社会财富，造成国家财富的流失，破坏了经济领域的利益平衡；腐败行为也破坏了政治领域规范的人事制度、严重削弱了政府的管理

---

① 陈振明：《政策科学》，中国人民大学出版社1998年版，第370页。
② 董建萍：《社会主义与公平正义》，国家行政学院出版社2007年版，第303页。

职能，导致的结果是腐败分子获取大量政治利益，同时，腐败影响了合理的财富分配与收入，拥有权力的人对物质财富起着支配作用，他们利用手中的权力攫取社会财富，形成社会中的特殊利益阶层，严重打击人们的劳动积极性，导致社会秩序的失控。按照胡鞍钢的估计，腐败给中国造成的经济损失，平均每年在9875亿元到12570亿元之间，相当于GDP的13.2%到16.8%。[①] 针对腐败这一阻碍经济、政治、社会利益均衡的突出问题，党和政府重拳出击，除了采取警示教育、宣传反腐倡廉等事前预防措施，还加大了事后打击力度，纪检监察机关和检察院加大查案力度，法院提高审结效率，对腐败分子采取"高压"态势。习近平总书记在讲话中指出，强化党内监督，必须确保党内监督落到实处、见到实效。[②] 中共中央于2004年颁布了党内监督条例、纪律处分条例、党员权利保障条例等党内法规，着力改变监督无力的局面。[③] "中共中央决定中央纪委监察部当年全面实行对派驻机构的统一管理，将派驻机构由中央纪委监察部和驻在部门双重领导，改为由中央纪委监察部直接领导。这是党中央为改革和完善纪律检查体制做出的重大决策，是加强党内监督的一项重大举措，对于充分发挥派驻机构的职能作用，加强对驻在部门领导班子及其成员的监督，深入推进党风廉政建设和反腐败工作，具有十分重要的意义。"[④] 纪委对其派驻机构进行统一管理、加强垂直管理领导，有利于保障其相对独立性和权威性，对权力进行相应的制约。这些通过反腐这一利益均衡纠偏机制产生的"间接经济利益"经国家宏观调控投放到民生、医疗、社保等领域，有效地促进了社会各利益的均衡。

当然，也应当看到，国家对公权力机构的监督依然没有完全到

---

① 胡鞍钢：《中国：挑战腐败》（第1版），浙江大学出版社2000年版，第44页。

② 人民日报：《探索强化党内监督的有效途径——学习贯彻习近平同志在十八届中央纪委六次全会上的重要讲话精神》，2016年9月25日，人民网（http://opinion.people.com.cn/n1/2016/0205/c1003-28112374.html）。

③ 金晓钟、唐晓清、吕华：《建立以党内民主为基础的反腐倡廉制度体系》，《理论探讨》2010年第2期。

④ 人民日报评论员：《加强党内监督的一项重大举措》（http://www.peaple.cn/GB/shizheng/2435834.html）。

位，特别是对官员个体的法律监督，虚置情况在一定范围内比较严重。据相关数据显示，2010 年期间，我国涉嫌犯罪的县处级以上国家工作人员人数为 2723 人，其中厅局级干部 188 人，省部级干部 6人；2011 年，我国涉嫌犯罪的县处级以上国家工作人员 2524 人，其中厅局级干部 198 人，省部级干部 7 人；2012 年，我国查处贪污贿赂大案共 18464 件，其中涉嫌犯罪的县处级以上国家工作人员人数为 13173 人，含厅局级干部 950 人，省部级以上干部 30 人。① 由以上庞大的数据可见，在我国，公权力机关中官员腐败的问题依然相当严重，同时也映照出我国法律监督机制，尤其是事前、事中监督机制被虚置而无法发挥实际效用的问题。事后监督机制虽然能对公权力机关或官员在工作中所发生的腐败行为进行追责，起到一定的威慑作用，但事后监督毕竟具有一定的概率性，并非所有的腐败问题均能在事后监督中得到清算，且事后监督机制也无法有效地调控和矫正已经生效的法律、政策所造成的利益失衡问题。事前、事中法律监督机制的不健全，容易导致一些领导人物在"逃脱概率"等投机主义思想的怂恿下分配国家利益，而受制于制定者主观因素的法律和政策也将难以对社会利益分配进行公平合理的分配。②

（二）巡视监督制度

"党内监督的本质是一种以权力制约为核心的执政党自我的民主政治控制行为。"③ 巡视监督制度是执政党自上而下的一种党内监督方式，是长期执政的共产党加强党内监督的重要方略。④ 巡视监督制度在党的十七大修改的党章中得到确认，表明其已经固定化、常态化。《巡视工作条例》对巡视制度做出了安排和规范，标志着巡视工作进入了制度化、科学化发展的新阶段。具体来讲，巡视监督制度就是上级党组织派出专门的监督机构和人员采取巡察的方

---

① 具体数据来源于：《最高检察院报告 2011—2013》。

② 王希鹏、胡扬：《中国特色腐败治理体系现代化：内在逻辑与实践探索》，《经济社会体制比较》2014 年第 4 期。

③ 《国新办就中国共产党巡视工作的有关情况举行发布会》，2007 年 8 月 3 日，中国共产党新闻网（www. cpc. peaple. com. cn/GB/66888/66889/6070256. html）。

④ 钟龙彪：《十八大以来党内巡视监督的改进及其启示》，《中共天津市委党校学报》2014 年第 6 期。

式，对下级领导班子及其成员有关情况进行监督检查，并将了解的情况向派出的党组织报告的一项重要的党内监督制度。从工作目的来看，巡视的核心是监督检查，发现的情况可以作为纪检机关和组织部门的参考依据，而纪检机关和组织部门考察干部主要是了解干部是否可以使用和胜任拟任职务，是否存在廉洁自律方面的问题；从工作方式来看，巡视不同于纪委办案，巡视组没有立案、取证等职权和手段，也不同于组织部的干部考察，干部考察有比较强的针对性和目的性，而巡视的范围更广，方式更多样，内容更全面。

近几年来，查处的陈良宇、侯武杰、徐国健、李宝金、杜世成、何闽旭等案件的部分线索，就是中央纪委、中央组织部巡视组在巡视中发现的。① 这种通过巡视监督制度对相关情况的监督检查，可以发现一些地方和单位教育医疗、土地征用、房屋拆迁、企业重组改制、社会治安和司法领域存在的损害群体切身利益的突出问题，从完善管理、化解矛盾等方面提出妥善处置的意见建议，督促有关地区认真纠正，切实维护群众权益和社会和谐稳定。2013 年 2 月，中央巡视组根据群众举报，获取了衡阳市部分人大代表在市人大会期间收受省人大代表候选人财物的证据，就此震惊全国的"湖南衡阳破坏选举案"得以水落石出，共有 56 名省人大的代表存在送钱拉票的行为，涉案金额接近一亿元，为新中国成立以来最大的贿选案。整个案件中，中央巡视组功不可没。

（三）信访制度

一个完善的利益调控体系，不仅应当包括占据主体地位的法律调控手段，同时还应该发展和创造其他非法律调控手段。在我国目前民主法治水平不断进步的国情下，国家的法律法规应当是维护和实现利益均衡的必要保障，也应当是均衡利益的主要手段，非法律手段主要起补充和辅助作用。利益调控的非法律手段主要指政治手段，即通过谈判、协商、斡旋、调停、和解、调查等方式辅助性地实现政治、经济、社会性利益的调控与均衡。在利益均衡领域，不

---

① 《巡视中发现陈良宇、侯伍杰、徐国健等案件部分线索》，2016 年 9 月 24 日，人民网（http：//politics. people. com. cn/GB/1027/6064183. html）。

仅要注重作为主要手段的法律调控的作用，还必须重视政治等非法律调控手段作用的发挥，只有将二者结合起来，才能更好地实现利益均衡。从实践层面来看，主要依靠党委力量的非法律调控手段在我国的利益调控中也确实发挥过重要作用，信访制度作为各级党委政府密切联系群众、倾听群众呼声、解决群众困难的重要渠道，对于国家利益的平衡发挥了重要作用。[①]

信访制度是公民、法人或其他组织在其合法权利受到各类权力损害时，选择以书信、电话、走访等形式向各级党政机关反映事实、表达意愿、寻求救济，接受来电来信的机关通过直接或间接的方式予以协调、督促和帮助，促成信访人获得及时、有效回复的法律制度，是我国政府在社会主义民主政治建设过程中接待群众来信来访，为群众排忧解难的制度。[②] 信访制度承载着民主参与和权利救济两项重要功能，兼具政治性、民主性、社会性，其作为一种行政性的补充救济制度，对于调和消除社会矛盾、实现利益均衡具有不可或缺的重要意义。

信访制度由于具有成本低、没有受案范围限制、制度上易于满足人们情感需要、程序简单易懂等特点，受到弱势群体的关注。[③] 弱势群体作为一个缺乏话语权的群体，相对于强势群体而言，经济收入少、社会地位低、权益维护能力差、竞争能力弱，使得他们处于"位卑人微"的境地进而出现"人微言轻"的局面，这也导致了弱势群体与强势群体在利益分配方面严重失衡的结局。这不但与弱势群体自身的特点有关，也和其处境有关。在诸多的制度性因素中，他们考虑最多的是花钱、办事程序、案件受理范围和处理结果这几项指标，这都与他们的实际生活状况和解决问题的迫切心情息息相关。在现行的制度框架内，信访制度成为弱势群体利益表达过程中的偏好选择。以深圳市为例，2011 年全年，市人大常委会信访

---

①　范愉：《申诉机制的救济功能与信访制度改革》，《中国法学》2014 年第 4 期。

②　冯仕政：《国家政权建设与新中国信访制度的形成及演变》，《社会学研究》2012 年第 4 期。

③　唐皇凤：《回归政治缓冲：当代中国信访制度功能变迁的理性审视》，《武汉大学学报》（哲学社会科学版）2008 年第 4 期。

室共接待处理群众来信来访 11993 件，被列为重点信访案件的 281 件，结案率达 98%。因此，处理好信访这一利益均衡事后纠偏制度也将有效地均衡弱势群体与强势群体之间的利益。

然而，步入新千年之后，在国家过度强调"维稳"等政策的指导下，在信访等政治手段显示出强大生命力的同时，国家利益均衡的调控手段出现了主要手段与次要手段错置的问题。例如在与利益平衡密切相关的纠纷解决领域，为了维护社会秩序的稳定，信访制度功能不断异化，出现了"花钱买平安""人民内部矛盾用人民币解决""领导批示解决问题""大闹大解决"等非正常现象。①② 忽视法律调控的作用，重视政治方式调控利益，错置利益调控的内外部关系导致了一系列问题。其一，随着社会转型，矛盾纠纷频发，信访越来越多，以最高检察院的统计报告为准，2008 年全国共办理群众信访 418633 件，2009 年的数据为 421306 件，但 2011 年期间群众信访案件迅猛增长，达至 804873 件，增长将近一倍。在此情况下，行政资源不堪重负，很多信访问题长期得不到解决，严重损害了党和政府的公信力。其二，地方政府出于维稳压力，压制上访群众甚至打击报复，以致出现"信访—截访—再信访—再截访"的恶性循环，社会稳定问题雪上加霜。其三，信访制度的存在便意味着纠纷可能永远没有确定的结局，从而导致司法公信力不断下降。③ 在信访制度的压力下，司法机关的最终裁判屡屡被推翻。司法程序的正当性和稳定性，生效判决的强制性和最终性，在信访面前发生了动摇，法律尊严和权威遭受挑战，司法判决公信力缺失。上述情况的产生均与国家在利益调控的过程中错置内外部关系、错置主要手段与次要手段的关系紧密相关。

---

① 杨小军：《信访法治化改革与完善研究》，《中国法学》2013 年第 5 期。

② 吴超：《新中国六十年信访制度的历史考察》，《中共党史研究》2009 年第 11 期。

③ 刘旭：《信访法治化进路研究——以信访的司法分流为视角》，《政治与法律》2013 年第 3 期。

下编

完善利益均衡法律调控的对策

推进我国的利益均衡法律调控，需要立足于利益均衡法律调控的相关理论，结合我国实际，以法律为调控手段，推动公平性、协商性、合法性原则的落实，同时要加强利益均衡法律调控纠偏机制建设，强化舆论监督，开展微观反腐，设立利益均衡指数与开展利益均衡巡察；尤其是必须加强利益均衡法律调控主体建设，建立"治权实体"的理论，构建有机联结、科学分工、有效制衡的新型党政关系，明确中国共产党领导各方作为利益均衡调控的核心主体地位。

# 第四章

# 增强利益均衡法律调控的公平性

利益均衡的法律调控，最终目的还是要使生活中各项政治利益、经济利益、社会利益能够达致公平的状态，对于政治利益调控而言，要以适度分权为行为导向；对于经济利益调控而言，要以良性输送为目标方向；对于社会利益而言，要以成果共享为价值追求。

## 第一节　政治利益在全社会范围内良性配置

绝对的权力导致绝对的腐败，这是政治学和法学的一个通识。政治利益作为一种特殊的国家权力，同样来源于社会成员的授权，必须在全社会范围内得到良性配置。政治利益的均衡离不开法律调控下的"适度分权"，应当循序渐进地、有节制地确定分权制衡，以对公权力的监督与制衡为核心，以协商民主为价值主导，依托现有政法制度的框架基础，打造一条具有中国鲜明公平特色的政治利益均衡道路。

### 一　权力共享与制衡

政治利益的活动有五大特征：[1] 一是利益的表现形式是法律、政策、议题等公共物品，均衡的媒介是投票、利益集团、代议制、政党和政府等；二是主体主要是集团或组织、政党；三是活动具有

---

① 包万超：《行政法与社会科学》，商务印书馆 2011 年版，第 118—119 页。

非自愿性、不平等性、强制性；四是信息不对称、隐蔽，激励因素多样化；五是均衡状态不易达致。所以，政治利益的法律调控，以权力的制衡与共享为核心，"首先，国家权力随社会分工的加剧。各阶级集团及政治力量对比的变化，及社会管理组织结构的日益复杂而分解成层层相叠、彼此具有内在的有机联系的诸多权力，它们依一定的制度及规则构成有其内在运行规律的权力系统或权力大厦。其次，国家权力随着社会物质财富的丰富及社会进步而趋向于以权利的形式表达国家的意志，协调国家与社会团体、组织及公民之间在资源分配方面的利益冲突。最后，国家权力所借助的社会控制手段在内容和表现形式上也越来越细化，其中法律扮演着越来越重要的角色，它的规范性、程序性和稳定性提高了国家权力分流的合理性和秩序性，同时法律体系在内容、形式、功能方面日益丰富，法律部门随调整对象的变化而越分越细"①。法治下的"适度分权"之所以能够成为改善政治利益分配不均的主要趋势，是因为其有助于推进民主化进程：一方面由于中央政府没有足够能力去满足地方的所有需求，中央政府必须以制度化的形式将部分公共管理权力释放给地方政府，便于地方政府更好地为公民提供适合地方特征的公共产品。即"适度分权"能够增强政府满足公民真实需要的能力。另一方面"适度分权"有助于加强人民群众对政府官员和决策者的监督，从制度上缓解政治矛盾。② 远离公民监督的政府，会导致官员干部走向权力寻租的深渊，官员们在寻租过程中形成的利益网络，会逐渐腐蚀政府的执政基础，降低政府公信力。相反，在"适度分权"的情况下，民众则可以依托制度根基，具备较强的动机和能力参与决策过程，并监督公共政策的实施，从而能够有效避免寻租行为，改善因为政治利益分配不均所带来的社会矛盾。

十一届三中全会以后，党政领域大规模地进行了有关政治利益均衡的"适度分权"工作，1980 年十一届五中全会通过的《关于

---

① 林苗：《权力、资源与分配——平等分配问题的法哲学思考》，载《法治论衡：上海社会科学院法学研究所论文精选》，上海社会科学院出版社 2008 年版，第 97 页。

② 魏家奇：《试论我国政治体制改革中的适度分权》，《理论与改革》1989 年第 2 期。

党内政治生活的若干准则》明确指出："坚持集体领导，反对个人专断"；1982 年中共十二大取消了中央委员会主席和地方第一书记职务，健全和完善了书记处集体领导制度、常委会集体议事和决策制度；1994 年十四届四中全会强调了发展党内民主，完善党内监督和选举制度；2007 年中共十七大明确提出了对决策、执行、监督进行分工；十八大将党内民主更进一步，认为"党内民主是党的生命"。新时期我国现阶段政治利益均衡的法律调控，应继续坚持以公权力主体间适度分权为方向，以"以责定权，以责定利，坚持适度集权和适度分权的有机结合"为基调，在法律的规制和约束下实施公权力主体间责任权力的科学配置，明确相互责权。法律调控要在中央与地方之间合理划分权限，在维护中央权威的前提下进一步体现地方政府的权力；在公域与私域之间明确权力与权利的界限，从而实现政治利益的良性输送；提升党内利益分享的民主程度，增强党员和群众的知情权、监督权、参与权和选举权；将立法权益社会化，在立法过程中超然地体现各方政治利益的博弈与互动。[①]

## 二　政治利益的良性输送

面对国家权力的不断膨胀，与其应有的协调利益职能渐显冲突，对其调控的具体法制形态，应是国家政治权力要在法律的调控下达致"适度分权"的理想状态。综观世界各国针对政治利益分配不均的改革，实际上无论是联邦制国家、单一制国家，还是发达国家、发展中国家，其宪政体制改革的大体趋势都是在打造法律框架的同时朝着"适度分权"方向发展的，"对宪政的理解，是结构主义的，1789 年法国人权宣言对宪政的理解就是一种结构主义的理解——凡分权未确立和权利未获保障的社会，便没有宪法"[②]。我国的权力结构可以分为以政党关系为主要内容的横向权力结构，以及以中央—地方关系为主要内容的纵向权力结构，"政权不下乡"是

---

① 王永钦、张晏、章元、陈钊、陆铭：《中国的大国发展道路——论分权式改革的得失》，《经济研究》2007 年第 1 期。

② 高全喜、张伟、田飞龙：《现代中国的法治之路》，社会科学文献出版社 2012 年版，第 229 页。

我国传统权力运作的一大特色，新中国成立后，中国纵向权力结构的设置仿照了苏联的模式，建立了高度集中的计划经济体制，主要权力都高度集中于中央及其各部门，地方的自主性较少。我国宪法也规定了我国是单一制的国家，中央享有高度集中的国家权力，地方的一切权力都来自中央的授权，国家机关实行民主集中制原则。①例如，中央和地方的国家机构职权划分，遵循中央的统一领导；中央政府统一领导全国地方各级国家行政机关的工作，规定中央和省、自治区、直辖市的国家行政机关的职权的具体划分等。

中国共产党党章规定了"下级服从上级，全党服从中央"的民主集中制度，直接表明中央所掌握的政治权力及利益，是远大于地方的。改革开放前，"地方被动地依附于中央，国家利益取代了地方利益，国家意志代替了地方意志，党的意志代替了国家意志"②；改革开放后，中央逐步、渐进地采取了向地方分权的改革，1984年中央改革干部管理制度，下放干部管理权限，只管理下一级主要领导干部；1993年国家开始实行分税制改革，理顺了中央与地方的分配关系，政治和经济管理权的下放使地方获得了较大的自主权，这可以说是一种政治利益的良性输送。但在这一过程中，中央和地方的矛盾也有了新的发展。③可以看出，无论是集权还是分权，中央与地方始终都存在着利益矛盾，"集权与分权本身也并无好坏之分，关键要看它们是否有利于国家的统一和社会的发展"，④权力的集中与分化，并不直接决定中央与地方关系，其实质在于如何在权力制衡与共享的主体下处理好中央与地方的利益关系，如何保证利益实现的平衡性与完备性。对中央和地方利益关系的法律调控，应当有效化解这种局面，在确保中央权威的前提下，进一步规范好权力与利益。

---

① 孙波：《论单一制国家结构形式与立法分权》，《河北法学》2011年第8期。
② 刘小兵：《中央与地方关系的法律思考》，《中国法学》1995年第2期。
③ 胡乃武：《社会主义和谐社会利益关系研究》，中国人民大学出版社2010年版，第21页。
④ 〔美〕白霖：《评杨光斌〈中国的分权化改革〉》，载俞可平等《中国的政治发展：中美学者的视角》，社会科学文献出版社2013年版，第268—279页。

（一）建立维护中央权威的调控体制

中央下放权力具有其积极的一面，但是，如果处理不当也会产生消极影响，使中央宏观调控能力下降，特别在少数地方可能出现"上有政策，下有对策，有令不行，有禁不止"的情况，使中央的政令难以畅通，中央的权威受到挑战。另外，既得利益集团、地方保护主义也常常对中央权威产生冲击，为了恰当把握好中央政权与地方政权之间政治利益良性输送的限度，必须建立起行之有效的法律调控体系。2011年1月26日，国务院办公厅发出了《关于进一步做好房地产市场调控工作有关问题的通知》，但是地方政府在实施的过程中产生的效果却不尽如人意。究其本质原因，还是行政权僭越了立法权的领域，难以具备利益均衡的超越性和公正性，其对地方进行行政控制手段缺乏依据和实效。[①] 所以，维护中央的法律权威还需立法与司法相结合，建立起协调同步的法律调控体制。只有从立法上做到利益的合理分配，才能保证中央的超然权威地位，只有从司法上做到以权利意识对抗地方权力滥用，才能保证中央规制地方。因此，中央政权对于一些事关全局的权力应当牢牢抓住，其中就有司法权，郑永年先生及国内外多位著名学者都建议改变目前格局，由中央集中掌握，建立垂直、独立的国家司法体制。

（二）建立健全适度分权法律保障制度

中国共产党十一届三中全会曾提出，对于过于集中的权力应该大胆下放。但是过去一个时期，在向地方放权的过程中，忽视了事先立法这样一个最基本的先决条件，致使如何分权、分什么、分到什么程度，或者说哪些权力必须由中央行使、哪些权力应当由地方来行使，以及行使这些权力的责任等诸多重大问题，都缺乏明确、严格的法律依据。国外通常是在宪法中明确规定中央与地方的基本权力关系。[②] 但我国通常是以决定、命令、通知等政策性文件来联通中央与地方关系、进行权力关系的运作，这与依法治国的要求是不符的。

---

① 姜峰：《央地关系视角下的司法改革：动力与挑战》，《中国法学》2016年第4期。

② 凯思：《论简政放权与加强中央权威》，《政治学研究》1996年第2期。

　　为了更好地规范中央与地方的权力关系，在今后的宪法修改中，应将中央与地方基本权力关系作为一个重要内容补充进去。建议总的思路是，首先应以地方性自治为基础，中央集中与地方分散相结合，确立一种明确的相对集中与适度分权的国家行政管理体制。其次，还要寻求中央与地方间协商与合作法律制度的建立，注重统一性与灵活性相结合，注重地方利益的表达与均衡，在维护中央权威的基础上，调动地方的积极性，达到中央与地方的良性互动，例如全国人民代表大会的小组会议以地方行政区域为单位开展，这有利于地方性利益的表达，但是全国人民代表大会的代表往往是临时的，这就需要建立常规性的、持续性的地方利益表达途径，可以在全国性立法机构设置专门的地方利益代表，不断地实时反映地方利益需求等。

　　（三）落实"适时分权，因地制宜"制度

　　在国家法律没有对中央与地方行使权力的范围、职责等做出明确规定前，对地方的放权不能过快，但可以针对不同地区、不同事项区别对待。① 比如在公共事业、文化事业以及社会治安方面的权力可以适当给地方较多的自主权。比如，将政府的某些职能通过审批制度改革或是政府采购，转移给行业协会、中介机构、社会团体及社会咨询机构，可以实现分权，减轻政府的负担，提高政府效率，优化社会资源配置。② 但在财政、金融以及经济决策权等影响国家经济命脉的权力就要谨慎为之。这方面的权力行使，要随着我国财政、税收、金融、外贸、计划等管理体制改革的深入以及社会主义市场经济体制的建立，逐步纳入规范化和法制化的轨道。

　　三　优化党内权力配置

　　在中国改革的进程中，不可回避的是"实现公平正义"的问题，也就是如何让更多社会成员更加公平地分享改革成果的问题。

---

　　① 焦洪昌、马骁：《地方立法权扩容与国家治理现代化》，《中共中央党校学报》2014年第5期。

　　② 龚文龙：《服务型政府分权的法律保障探讨》，《四川师范大学学报》（社会科学版）2011年第3期。

周叶中教授曾经说过，"一种法治化的民主政治不把政党活动纳入运行轨道，很难说这种法治是完整意义上的法治"①，这也就是说，民主政治活动离不开法治化的制约机制，过去党的工作偶有脱离公众的倾向，忽视公众的意见建议，容易滋生独断的不良作风。我国的权力监督与制衡工作缺乏系统性，随着社会主义市场经济体制改革的不断深化和广大公民政治需求的日益增强，有学者将"寻找最大公约数"作为推进中国未来改革朝着健康方向发展的必不可少的条件，提出的折中性方案是：只要最后的方案能实现总福利的改进，通过参与协商的个体"让渡部分利益"，还是能够达成"共识"。② 探寻党内权力的最优配置机制，其内涵包括集体领导制、民主集中制、合理的议事规则、妥善的党政分工等，这都是以党内民主为核心的。中共十六大提出："党内民主是党的生命"，十七大提出："人民民主是社会主义的生命"，党内民主有利于制衡权力个人化，构建有效管用、简便易行的选人用人机制，使更多的党员和群众参与到党的事务中来，从而推动人民民主的进一步实现。因此，必须建立党内民主的制度化体系，将民主体现在党内权力运行的各个环节上。党内民主包括党务公开、党委监督、决策民主、授权民主四个方面，"党务公开就是要建立和完善党内情况通报、重大决策征求意见、领导干部重大事项报告和收入申报等制度；党委监督就是要针对各级党委领导机关、领导干部这些重点对象，出台若干规定和条例，同时各级地方党委领导班子向同级党委全委会述职和报告工作，接受全委会监督；决策民主就是要重视发挥各级党委全体会议的作用，推行全委会票决制"③，授权民主就是要扩大党内选

---

① 周叶中、潘洪祥：《论民主政治的法治化》，《郑州大学学报》（哲学社会科学版）1999 年第 5 期。

② 卢周来：《寻找最大公约数》，《读书》2010 年第 06 期。根据经济学原理，只要有总量上的改进，即使是均分，也能实现每个人状况比原来好的"帕累托原则"。具体地说，在总量改进的前提下，为达成最终的"共识"，需要"多得"者让渡部分利益给"少得者"尤其是"不得者"与"利益受损者"。在中国改革的语境下，现阶段要想获得改革的"重叠共识"，自然也就是轮到"先富者"通过承担更多"改革成本"等方式，让利于"后富者"与"未富者"。

③ 王长江：《中国共产党：从革命党向执政党转变》，载俞可平等《中国的政治发展：中美学者的视角》，社会科学文献出版社 2013 年版，第 86 页。

举的民主化。综合而言，党内民主能否充分实现，取决于四个方面能否共同开展、相互促进、相互制约，而无论是公开、监督、决策、选举，都离不开一系列行之有效的党内外规则、制度的建立与制约。

### 四　构建"有效管用、简便易行"的选人用人机制

选举经常被视为善治和人民统治的民主制度中最重要的组成部分，民主选举的发展状况很大程度上决定着民主治理的程度，中国的政治变革是一盘长期博弈的棋局，"棋局的发展是缓慢、沉闷的，并且在棋局中双方要根据对手的行动而行动，这个棋局的改变——选举的类型和发展方向——取决于博弈双方的利益"①。中国共产党十七大报告中明确指出："推广基层党组织领导班子成员由党员和群众公开推荐与上级党组织推荐相结合的办法，逐步扩大基层党组织领导班子直接选举范围，探索扩大党内基层民主多种实现形式。"从党外民主到党内民主，主要体现为村党支部的"两票制"和乡镇党委的"公推直选"。所谓的"两票制"，即村民对党支部委员候选人的民意推荐表和党员的正式选举票。②"公推直选"，又称"两推一选""直推直选"等，指的是乡镇党委候选人先由党外民众推荐，再经上级党组织考察，再由乡镇全体党员大会或党代表大会选举。③ 选举制度是联结国家利益与民间利益、党外利益与党内利益、官员利益与民众利益的纽带，选举制度的推进是各方政治利益长期博弈的过程。这类带有创新性和突破性的选举民主，扩大了提名范围、奠定了民意基础，将体制外民间的政治参与诉求进行内部化来理性释放，防止弱势利益被政治权威边缘化。先进人物、社会贤达的引入提升了民主化程度和合法性基础，有利于巩固中国共产党的

---

① ［美］戴慕珍：《评黄卫平〈中国基层民主制度：发展与评估〉》，载俞可平等《中国的政治发展：中美学者的视角》，社会科学文献出版社 2013 年版，第 306 页。

② 景跃进：《两票制：组织技术与选举模式——"两委关系"与农村基层政权建设》，《中国人民大学学报》2003 年第 3 期。

③ 黄卫平：《中国基层民主制度：发展与评估》，载俞可平等《中国的政治发展：中美学者的视角》，社会科学文献出版社 2013 年版，第 291—294 页。

执政地位。党的十八届三中全会通过的《中共中央关于全面深化改革若干重大问题的决定》便指出，"要坚持党管干部原则，深化干部人事制度改革，构建有效管用、简便易行的选人用人机制，使各方面优秀干部充分涌现"。

（一）建立体制外优秀人才"入仕"制度

亨廷顿曾指出："一个正在进行现代化的制度还必须具有将现代化造就的社会势力吸收进该体制中来的能力"，"实际上，吸收新的团体进入政治体制，意味着该政治体制权力的扩大"。[①] 在这方面，中国共产党进行了持续的努力。公开数据显示，从 2009 年到 2015 年，全国共录用公务员人数分别为 13 万余人、18 万余人、19 万余人、18.8 万人、20.4 万人、20.24 万人、19.4 万人。[②] 7 年平均数为每年新招录 18.4 万人，7 年共新招公务员数为 128.8 万人，同期全国公务员总人数为 716.7 万人。这充分说明中国政权"吐故纳新"的开放性。

在新时期，中国共产党正努力转变为一个更加开放型的政党，在利益多元化的背景下，向各个社会阶层开放，只有如此，才可以支撑利益均衡的持续进行。[③] 因此，执政党要打破传统政治体制的相对封闭性，可以在前期干部人事制度改革成果的基础上，结合形势发展的需要，进一步适度让渡用人权。一方面，通过现有机制及社会协商机制，扩大国家政治体系的开放性，形成执政党和国家与社会各阶层、各社会组织沟通、协商、交换意见的常态民主机制，鼓励和动员社会力量进入政治领域，尽量吸收社会各界的精英到体制中来，另一方面可以学习新加坡人民行动党物色社会精英进入政权并同步发展其入党的做法。体制外一些企业、团体、民间组织中不乏优秀而有志于公共事务管理的优秀人才，应当为他们建立"入

---

① ［美］塞缪尔·P. 亨廷顿：《变化社会中的政治秩序》，生活·读书·新知三联书店 1996 年版，第 5、129 页。

② 《公务员总数首披露　图解中国公务员有多少+历年招录人数》，《中国经济周刊》2016 年 6 月 21 日。

③ 周建勇：《中国共产党转型研究：政党—社会关系视角》，《上海行政学院学报》2011 年第 4 期。

仕"机制，使其可以经过法定公开程序进入体制内，给公共管理系统注入活力。为了有效选拔体制外的优秀人才进入体制内，可以组织专门面向体制外的干部公选，而且将其常态化，也就是对这种公选的周期和人数做出明确的规定，提前向社会公布，这样有助于符合条件的体制外人才早做准备。此外，国家专门面向农民工、村官招考公务员等。这些在推动利益均衡中都应当继续坚持并以法律形式制度化。与此同时，体制内一些优秀人才可以交流到某些相关领域。

（二）建立领导干部公开推荐人才制度

规定不同级别的领导干部都负有向组织公开推荐相应数量不同级别、不同类别人才的义务，将干部和人才推荐公开化和制度化，将公开推荐人才作为各级领导干部的一项政治责任和行政义务。①2004 年颁布的《公开选拔党政领导干部工作暂行规定》明确了组织领导成员公开推荐干部的责任，虽然不是强制性义务，但是这一规定值得肯定。此外，将推荐及推荐人才质量纳入领导干部绩效考核范畴。这样可以改变目前领导干部暗中推荐或不敢推荐的状况，形成一个人人荐才、人才辈出的生动局面。对于推荐的干部履历等方面进行严格的审核，在适度的范围内进行公开，以便公众进行监督；同时要完善和落实领导干部问责制，推荐人才出现严重问题的，应当负相应责任。

（三）建立优秀人才社会举荐制度

十八届三中全会指出：我国要"建立集聚人才体制机制，择天下英才而用之。打破体制壁垒，扫除身份障碍，让人人都有成长成才、脱颖而出的通道，让各类人才都有施展才华的广阔天地"。我国古代孝廉制度是由社会贤达、德高望重者或是享有卓越声誉者公开推荐官员，该制度的存在一定程度上保证了我国古代官员的基本素质。② 这一制度运用到现代中国社会的政治生活中，就是拿出若

---

① 邓献晖：《干部选拔工作中的民主推荐及其改进》，《中共中央党校学报》2012年第 1 期。

② 黄留珠：《两汉孝廉制度考略》，《西北大学学报》（哲学社会科学版）1985 年第 4 期。

干特定的职位，由省部级以上领导干部、院士、知名教授、杰出卓越人士等实名（个人或联名）公开推荐干部，或是由社会组织、民间团体、行业协会等，将相关行业、领域杰出人士举荐为领导干部拟任建议人选。拟任建议人选经过组织程序考察符合任职要求的，可以获得任命。鼓励干部自我推荐，把有关领导干部职位应具备条件予以明确并公开，只要符合条件的体制内外的人士都可以自己报名参加干部的选拔。

（四）建立人才自主流动制度

改革公务员法的规定和现行的领导干部选拔制度，改革公务员"凡进必考制"，打破公务员"终身制"，破除"官本位"观念，推进干部能上能下、能进能出，符合一定条件的企事业单位高级人才可以通过选任制度到机关单位任职，法律和法规可规定其最低任职年限；① 反之亦然，要打破干部部门化，拓宽选人视野和渠道，加强干部跨条块跨领域交流。比如符合相应条件的优秀大学教师、企事业单位的负责人按程序可进入党政机关队伍，党政干部也可以到高校专、兼职教学，政教互兼互促，这也是香港地区及西方发达国家的普遍做法。比如允许一些特殊条件的干部提前辞职，到体制外从事某种专业性的工作等。这样就打开了体制内外人才交流限制的死穴，实现了人才在全社会范围内的自由流动。

"良禽择木而栖。"十八届三中全会指出要"完善党政机关、企事业单位、社会各方面人才顺畅流动的制度体系，健全人才向基层流动、向艰苦地区和岗位流动、在一线创业的激励机制，加快形成具有国际竞争力的人才制度优势，完善人才评价机制，增强人才政策开放度"，各个领域将展开良性的人才资源争夺，社会上重视人才、尊重人才的风气自然形成。当体制内外的高级人才良性流动机制建立起来后，某种意义上可以说已不存在体制内外的明确分野，比西方普选制下的人才制度更有优势，西方是下一批走一批，尽管有文官中立制度，但政务官的选配难以做到面向整个社会。人才自

---

① 陈振明：《转变中的国家公务员制度——中西方公务员制度改革与发展的趋势及其比较》，《厦门大学学报》（哲学社会科学版）2001年第2期。

主流动覆盖的是全社会范围，选人用人视野不应受党派出身影响。因此，建立人才自主流动制度，符合我国由中国共产党长期执政的政治理念，这对于促进党的执政优势和长治久安，具有十分重大的意义。

### 五　实现立法权的社会共享

"立法是科学，是社会资源与财富分配与再分配的重要手段，是推动社会、经济发展的重要杠杆。"[①] 立法权被谁使用和为谁使用，对利益均衡是一个极为重要的影响因素。在美国，针对立法过程存在大量的"院外游说"，就是特定团体为了通过立法机关的社会规则制定权最大限度地获得某种利益。根据我国《立法法》的规定，某些行政机关享有行政立法权、提案权及与提案相关的法律草案起草权。现实中，立法者也是有着人类局限性的个人，他们可能会利用立法假公济私，又或者部分行政机关从自身利益出发，提出立法建议案并制定相关法律草案提交立法机关审议通过，由于专业性及固有立法格局等原因，可能出现有关法律草案顺利"闯关"的情况，"立法领域也是一个类似于经济交易的政治市场，理性的、自利的和追求效用最大化的个人和利益集团将通过选票和金钱交换对自己有利的法案，这种'自由竞争'的结果是使法律完全成为立法者和少数利益集团寻求权力和利益最大化的工具，最终，利益分散和难以组织起集体行动的社会大众沦落为忍气吞声的受害者"[②]，不利于利益格局的均衡。这一情况应当引起警惕，党的十八届三中全会指出：要"完善中国特色社会主义法律体系，健全立法起草、论证、协调、审议机制，提高立法质量，防止地方保护和部门利益法制化"。如果将立法权作为一种政治利益，那么，这种追逐立法者个人私益、地方保护、部门利益法制化的现象可以称为"立法权独占"。英国思想家洛克曾言："如果同一批人同时拥有制定和执行法律的权力，这就会给人们的弱点以极大诱惑，使他们动辄要攫取

---

① 周汉华：《变法模式与中国立法法》，《中国社会科学》2000 年第 1 期。
② 包万超：《行政法与社会科学》，商务印书馆 2011 年版，第 191 页。

权力，借以使他们自己免予服从他们所制定的法律，并且在制定和执行法律时，使法律适合他们自己的私人利益，因而他们就与社会的其余成员有不相同的利益，违反了社会和政府的目的。"① "立法市场供需关系的失衡是官员和特殊利益集团进行种种交易的常态，要改变这种现状，不是要废除交易本身，或者对之视而不见，而是要深刻地反省和认真改进交易规则，这又强调了多元分散的利益集团和公众广泛参与的重要性。"② 因为"要改变这种局面，不是要通过伦理说教去改变人性，而是因势利导，特别是将立法过程理解为一个由公众平衡参与的互惠合作的公共选择过程"③。笔者建议以"立法权社会分享"来改变"立法权独占"的现象，因此，可以采用学者建议的立法回避制度和第三方立法制度，以及公众的广泛参与，以达致立法过程中对相关利益均衡妥善把握的目的，实现法律的正义性。立法回避制度主要包括两方面内容，"其一，行政机关的行政立法必须以宪法和法律为依据，不得逾越宪法与法律的授权范围擅自扩大本部门的职权权限及事项"。"也就是说，行政机关在涉及自身权限的问题上必须'立法回避'，不得为自己创设有关权力。""其二，凡涉及行政机关以及行政事业性单位的权限、利益等问题时，权力机关及其常设机关应该设立专门的法律、法规起草机构，不得委任行政机关起草相关的法律草案。"④ 第三方立法意味着利益相关者不能直接主导立法，防止立法主导权被利益主体控制，使"部门利益法定化""团体利益法定化"。⑤ 李曙光建议，在立法方面，全国人大常委会应根据不同法律成立相应的立法委员会，由与利益无关的常委会委员领衔，配备法律助手，组织专家，吸引各方利益代表，主导立法进程。⑥ 立法权要做好社会共享，必须以立

---

① John Locke, *Two Treatises of Government*, Cambridge University Press, 1960, p. 164.

② 包万超：《行政法与社会科学》，商务印书馆 2011 年版，第 121 页。

③ 同上书，第 160 页。

④ 宋方青、周刚志：《论立法公平之程序构建》，《厦门大学学报》（哲学社会科学版）2007 第 1 期。

⑤ 《法制参考》编辑部编：《法制参考 2007 第 3 辑》，中国民主法制出版社 2007 年版，第 44 页。

⑥ 杨帆：《以法治约束"特殊利益集团"》，《瞭望》2010 年第 15 期。

法程序和过程的改革为基础，对导致立法失衡的部门和利益集团进行实质性制约，推进公众参与、坚持民主立法，加强公民的制衡力量：第一，议案主体的范围应适当地扩大；第二，法律和法规的制定程序和过程要公开；第三，降低立法成本，提高立法效率；第四，要防止部门利益法定化；第五，要强化立法活动的事后监督。当然，立法权的社会共享更应涵盖广义的法律，例如党内立法要加强党内民主，让党内外人士都能深入参与党内立法的过程。

# 第二节　利益在全社会范围内良性配置

在三种利益中，经济利益直接关系到广大公民的生存和生活。在均衡不同阶层经济利益关系时，执政党和政府应该以"良性利益输送"为指导原则、以法律手段为制度保障，探索经济利益关系协调的机制与路径。而良性利益输送是指执政党和政府在坚持发展经济的基础上通过"规范分配措施、缩小收入差距"以及"利益补偿机制"等方式来实现"利益既得体"向"利益贫困体"有序输送各种利益的行为。

## 一　综合运用多种法律手段

经济利益的均衡是以社会主义市场经济体制的建立为根基的，体制建立包括两个方面，一是对所有制进行改革，建立了以公有制为主导，多种所有制经济共同发展的基本经济制度，二是对经济运行机制进行改革，将以前以计划手段为主的经济体制，转变为市场起决定性作用的体制。根据《中国统计年鉴》数据显示，2009 年国有和集体控股企业分别占工业总生产值的 26.7% 和 1.8%，私营和三资企业则已经达到了 29.6% 和 27.8%，国家工商总局公布统计数据，截至 2013 年 3 月底，私营企业有 1096.67 万户，占企业总数的近 80%，个体工商户实有 4062.92 万户，大量的经济利益被均衡给了企业和公民自己。毫无疑问的是，在经济利益的均衡中，市场是起决定性作用的，党的十八届三中全会指出："发挥市场在资源配置中的基础性作用"，我们必须始终围绕着经济民主和社会行动的两大市场主题来正确对待，但经济利益的均衡，仍离不开国家法律制度的宏观调节。国家在市场经济环境下所起的角色功能，是补正市场失灵的现象，平衡利益的分配，从社会财富的产生，到社会财富的分配流转与权属关系的协调，再到对分配成果的确认、保障和修复，国家"决定着所有财富的安排"，[①] 它最重要的功能如李昌麟教授所说，"能使社会财富得以公平分配，解决目前存在的改革发展中利益分配不公的问题，致力于起点公平、机会公平和结果公平的制度构建"[②]。"按照市场经济原则界定政府和企业的边界，建设'法治的市场经济'，不仅顺乎民意，更关系到中国下一个十年的经济发展与社会稳定。"[③] 所以，均衡经济利益需要国家综合运用法律制度、经济政策和计划，影响和调节阶层利益的流向，以及推动慈善行为等。在经济利益由国家向社会、由东部向西部、由富人向穷人的不断分流过程中，向公民和团体权利倾斜的政策、措施应当逐步转化为法律。正如党的十八届三中全会通过的《中共中央关于全面深化改革若干重大问题的决定》中指出："国家保护各种所有制经济产权和合法利益，保证各种所有制经济依法平等使用生产要素、公开公平公正参与市场竞争、同等受到法律保护，依法监管各种所有制经济。"国家不仅要健全保持经济总量平衡的宏观调控体系，还要完成增加对民族、边疆等地区的转移支付，保护合法收入、调节过高收入，赋予农民更多的财产权利等多方面的经济利益调控工作。这样既可以减少行政强制色彩，又对经济利益流向的调整具有间接性的特点，对社会其他方面的影响较行政手段小，因此是一种理想的利益调整方式。当然，我国现有的市场机制并不健全，市场经济自发性、盲目性的缺点在我国表现得较为明显。在这种情况下，一些本来应该运用经济方式进行的利益均衡就不得不依

---

① ［法］弗雷德里克·巴斯夏：《财产、法律与政府——巴斯夏政治经济学文粹》，秋风译，贵州人民出版社 2002 年版，第 98 页。

② 岳彩申、胡元聪、杨丽梅：《"政府责任与社会财富公平分配法律问题"国际研讨会综述》，《西南政法大学学报》2007 年第 4 期。

③ 林夕三：《习李新政的改革共识》，《经济导报》2012 年 12 月 3 日。

赖行政手段。虽然运用行政手段可以取得立竿见影的效果，但不容忽视的是行政手段见效快，反弹也快，甚至还会对现有的一些利益均衡管道产生不利的影响。

推动经济利益的良性输送即要达致分配的平等和正义，从法学的角度看至少涉及三方面的内容："一是分配的对象，包括资源的构成及其彼此间的相互关系等问题。二是分配的结构，主要涉及资源的配性方式及政策和法律的价值取向问题。三是分配的形式，它集中反映为社会成员的劳动收入状况及其彼此之间的距离，其中主要是两极分化问题。"① 我国社会主义市场经济分配制度遵循按劳分配为主体、多种分配方式并存的社会分配秩序，其中通过市场实现的原始收入分配为第一次分配；通过政府调节而进行弥补性的收入分配为第二次分配；个人出于自愿，在习惯与道德的影响下把可支配收入的一部分或大部分捐赠出去的补充性收入分配为第三次分配。从社会分配秩序角度来说，解决收入差距问题，不可能简单地靠"劫富济贫"来实现，而是要发挥法律在分配关系的产生、变更、消亡过程中的重要作用。② 首先处理好分配对象之间的关系，树立理性的分配价值取向，通过政策和法律调节利益的极端分化，注重推进一、二次分配制度改革，"从法律角度看，分配结构就是由各类主体享有的收益分配权构成的权利结构，这些收益分配权基于劳动力产权以及资本等要素产权而产生，体现于宪法和相关的具体分配制度之中。从总体上说，在初次分配中所涉及的各类产权，以及相关的收益分配权，主要由宪法和民商法等传统法加以确立和保护。透过分配结构的多元法律调整，不难发现，分配结构不仅体现为一种经济结构，同时它也是一种法律结构，尤其是一种权利结构。无论是初次分配还是再分配，无论是市场主体之间的分配还是国家与国民之间的分配，都对应着一系列的权利，直接体现为相关权利的配置问题。因此，分配结构的调整和优化，需要通过财税法

---

① 林苗：《权力、资源与分配——平等分配问题的法哲学思考》，载《法治论衡：上海社会科学院法学研究所论文精选》，上海社会科学院出版社 2008 年版，第 97 页。

② 向玉乔：《社会制度实现分配正义的基本原则及价值维度》，《中国社会科学》2013 年第 3 期。

等相关法律的调整和完善来逐步实现，同时也需要财税法理论中的分配理论来指导"①。此外，还要注重社会财富的三次分配，因为社会分配秩序中的三次分配通过政府、社会中"强势群体"的慈善、捐赠行为达到将不平衡的经济利益良性地输送给"弱势群体"的效果，这个领域主要通过慈善法来加以调整和规制，以维护健康的经济分配秩序。

### 二　完善第一次分配制度

第一次分配是基础性的分配，是根据劳动要素直接进行的收入分配。从历史的实践来看，第一次分配比第二次分配的数额要大，涉及面要广。如果第一次分配中存在的公平问题较大，二次分配就算很公平，其效果也是微乎其微的，② 因此，在整个国民收入分配秩序当中，要注重收入的第一次分配。中国实行社会主义市场经济以来，在一定程度和范围存在不平等的竞争条件和不平等的机遇，使得各行业之间的利益差距愈来愈大，从而形成了整体经济利益分配的不均衡，最高收入与最低收入之间相差 5—10 倍。2005 年，石油天然气、烟草、电力、铁路、航空、电信等行业企业的景气指数，高于各行业平均水平 25%—80%，③ 而电力、能源、运力的紧张更加加剧了这一状况，使得部分垄断行业和一般行业的收入差距进一步拉大。

制度化是规范初次分配的必然选择，我国学者徐清飞对初次分配法律制度改革分别做了理性与现实两种顶层设计，启用初次分配法律制度改革对收入分配改革的基础性作用，理性设计是要通过资格正义、持有正义、市场正义和背景正义的指引变革初次分配法律制度和维系分配体制的公平，现实设计则是结合我国现实情况。④

---

① 张守文：《分配结构的财税法调整》，《中国法学》2011 年第 5 期。

② 白志刚：《利益公平与社会和谐》，中国社会出版社 2008 年版，第 134 页。

③ 吴冰、罗新平：《推动第三次分配，缩小贫富差距》，《科学之友》2010 年第 9 期。

④ 徐清飞：《我国初次分配法律制度改革的顶层设计》，《法商研究》2012 年第 5 期。

国家为了缩小行业差距，对某些垄断性行业的薪酬水平实施一定程度的行政管制，并通过税收工具转移过高的垄断收益；对某些因价格变动而受益的高收入行业（如当前的采矿业）运用资源税等工具实施一定程度的调控。[①] 就整体而言，我国应通过提高个人所得税起征点和最低工资标准来均衡经济利益分配，继续修订《个人所得税法》，调高个人所得税的免征额，调整工资薪金所得税率结构和超额累进税率，扩大低档税率和最高档税率的适用范围，继续细化《劳动合同法》，通过对集体合同的协商、议定、劳动主管部门备案等环节更为严格的要求，保障最低工资制度，根据我国不同地区的不同实际情况制定更好的方案。例如 2011 年 4 月，深圳最低工资标准由 2010 年的每月 1100 元上涨到 1320 元，同比涨幅达 20%；深圳 2012 年的最低工资标准提高到 1500 元后，同比涨幅达 13.6%。[②] 上面几方面措施可以进一步完善推进。对于一直备受诟病的国有企业，改革的一种思路是参照国外的做法，将其"彻底国有化"，取消代理层和"内部人"，国有企业只保留最小限度领域和行业，经营管理者比照公务员管理。

### 三　改进第二次分配制度

在处理收入第二次分配的时候，税收调节是一种非常重要的工具。市场机制虽然会不可避免地扩大收入差距，但政府通过宏观调控可以缩小这一差距。例如，在 1994—1995 年，英国全部家庭按收入五等分的最高 20% 家庭与最低 20% 家庭，二者收入差距最初为 19.8 倍（以最低 20% 家庭为 1），但在经过税收和福利政策调节之后，二者最终收入差距缩小到 3.7 倍。[③] 迟福林指出改革路径就是以结构性减税为切入点，注重培养中产阶级的扩大和增长，逐步缩小行业收入差距、城乡收入差距，最终使中国跨入公平可持续的发

---

① 王自力：《论行业管制政策与反垄断法的协调实施》，《江西财经大学学报》2012 年第 5 期。

② 设定企业最低工资标准有利于提高职工收入，但也有其负面作用，那就是增加企业经营成本，可能导致外资撤离或内资游离。

③ 《经济日报》2003 年 5 月 23 日。

展模式。① 从财税法的角度，就是要改变分配结构失衡和分配差距过大、分配秩序不公等问题，适度提高中低阶层的收入。我国可以借鉴西方国家的成功做法，比如：加大个人收入所得税的征收力度，严格实行高额累进税，创造条件开征遗产税、赠予税、房产税、私人交通高附加税，限制资本分红比例避免财产的过度集中。陆学艺指出，我国目前的社会阶层，大致上是一个"金字塔形"的结构，掌握着社会主要经济利益的人毕竟是极少数，他们分布在金字塔的顶端，而绝大部分的社会成员都处于社会的中下层。但是我们理想中的现代社会阶层结构应该是"橄榄形"的结构。这一个漫长的转变过程，需要我们去探索和完善。

　　巴西在缩小阶层差距所实施的"以工资和税收手段调节收入分配""家庭补助金计划"值得我们借鉴和学习。② 巴西在 2003—2011 年间，多次提高本国最低工资标准，到 2011 年，巴西最低工资标准达到 540 雷亚尔。③ 与此同时，巴西严控收入者的工资涨幅。据巴西国家有关部门的统计，2004—2008 年，巴西的平均工资增长17.3%，但同期占总人数 10% 的低收入劳动者的工资上涨了 34%，占总人数 10% 的高收入者的工资仅上涨了 12.4%。巴西的个人所得税的起征点和税率也有所提高，使得低收入者和工薪阶层无须缴纳个税。巴西实施的"家庭补助金计划"中，政府将贫困家庭划分为两类：一是赤贫家庭，一是贫困家庭。政府针对这两种家庭有条件地给予额度不同的现金补助，以保证他们的基本生活。据统计，至2007 年，巴西全国有 1100 万个家庭享受到这种补贴，占巴西人口的近 25%。

### 四　发展第三次分配制度

在推动经济利益均衡中，必须积极发展第三次分配，即慈善公

---

①　迟福林：《"切蛋糕"的艺术》，《21 世纪经济报道》2012 年 10 月 22 日。

②　白维军、王奕君：《巴西缩小贫富差距的做法及启示》，《经济纵横》2012 年第3 期。

③　雷亚尔是巴西货币单位，根据 2012 年 7 月银行数据，1 雷亚尔 = 3.4944 元人民币。

益事业的发展，推动经济利益在富人和穷人之间进行良性有序的输送。由于我国大规模社会公益性的慈善事业开展得比较晚，而且经济还不够发达，所以目前我国捐赠款数额和国外相比较，特别是和发达国家相比较还是很少的。据统计，美国每年的捐赠款折合人民币 2.4 万亿元，而我国只有 60 多亿元，只是美国的四百分之一。①执政党提出"发展慈善事业，完善社会捐赠免税减税政策，增强全社会慈善意识"②。这是中国在第三次分配中应该奋斗和追求的目标，"为促使公益性捐赠制度化和规模化，对于第三次分配这一游离于市场和政府外的第三域的分配机制，法律调整的基本思路是促进个人或企业更积极地从事公益性捐赠"③。当然除了予以激励之外，法律的支撑方式还包括要对个人或企业的相涉权利进行确认、保障，还要设立公正效率的救济途径。

在推动和发展第三次分配方面，西方发达国家和一些地区的做法值得我们借鉴，其中包括"给予捐赠者荣誉、社会地位""恰当减税方式"等。对于构建第三次分配法律调控机制，建议从以下五方面着手：（1）制定《中华人民共和国慈善法》，健全完整的慈善类法律体系。我国现有的慈善类法律主要包括：1993 年通过的《中华人民共和国红十字会法》，1998 年通过的《社会团体登记管理条例》和《民办非企业单位登记管理暂行条例》，1999 年通过的《中华人民共和国公益事业捐赠法》，2004 年通过的《基金会管理条例》等，各地出台的《慈善事业促进条例》也是慈善类法律体系的重要组成部分。慈善类法律体系对慈善的范围、赠受双方的权利义务、慈善组织的组建与活动规则、优惠减税制度等方面都有相关规定，是慈善事业前行不可或缺的指路灯，但《慈善法》迟迟没有出台，这严重地制约了第三次分配的发展，影响了经济利益均衡的效

---

① 《最高最低收入差距达 33 倍？第三次分配被寄予厚望》，《中国经济周刊》2006 年第 24 期。

② 参见《中共中央关于构建社会主义和谐社会若干重大问题的决定》，2006 年 10 月 11 日。

③ 叶姗：《社会财富第三次分配的法律促进——基于公益性捐赠税前扣除限额的分析》，《当代法学》2012 年第 6 期。

果。随着慈善事业的发展和深入，缺乏统领的慈善类法律体系将面对越来越滞后、跟不上前进的步伐等问题，所以亟待以《慈善法》的制定为中心，提高此方面法律的层级规范。（2）效仿香港的做法建立类似于"太平绅士"的制度。"太平绅士"制度在今天已经成为港府表扬、激励为社会公共服务做出贡献的人士授予的一项荣誉。① 党和政府对于慈善等良性输送利益行为的奖励还停留在奖金和荣誉称号的阶段，对富有阶层和致力于为公众利益服务的人士来说，吸引力并不大。可以效仿香港的做法，建立类似于"太平绅士"制度，作为授予为利益均衡做出突出贡献的人士的一项荣誉。对于获得荣誉称号的人士还可以以企业家或者是其他身份兼任诸如红十字会、慈善协会等的领导，参与其日常的管理，并且赋予其某种特殊的政治权利，如适当吸收他们担任人大代表、政协委员等，符合入党的要求而本人自愿的，也可以加入中国共产党。太平绅士制度在某种程度上是我国古代乡村里长制度的延续，仿效该制度还可以在调节阶层矛盾纠纷、处理某些简单治安案件上发挥作用，政府可以赋予他们某些矛盾纠纷的调处权、轻微治安案件的处理权，以妥善解决基层的利益纠纷，避免占用国家的行政和司法资源，同时也有利于阶层利益的良性分布。（3）改革恰当的捐赠者减税方式。我国在1994年定下并沿用至今的3%的免税额度，税法规定相比西方发达国家确实过低，美国1969年的税法沿用至今，对于企业捐赠的免税比例是11%，还有些国家实行的是税前10%、30%—50%减免等。通过这些对比，就可以印证我国现行3%的免税额度过低，不仅不能给企业减免多少税费，还对限额以外的企业捐赠支付征收税费，导致捐款越多，纳税越多。这实际上变相地削弱了企业的捐赠意愿，因此，对我国现行3%的免税额度进行调整势在必行。② （4）降低慈善组织准入门槛，积极组建各种慈善机构和团体。2008年深圳市出台了《关于进一步发展和规范我市社会组织的意

① 姚秀兰：《论行业管制政策与反垄断法的协调实施》，《江西财经大学学报》2012年第5期。

② 陈成文、谭娟：《税收政策与慈善事业：美国经验及其启示》，《湖南师范大学社会科学学报》2007年第6期。

见》，明确指出要"在行业协会商会体制改革的基础上，进一步改革现行社会组织登记管理体制。除法律、行政法规规定须由有关部门在登记前进行前置审批的社会组织外，工商经济类、社会福利类、公益慈善类的社会组织申请人均可直接向社会组织登记管理机关申请登记"。这就降低了慈善组织的准入门槛，具有积极的社会创新意义。（5）各级政府应该保证慈善、捐赠信息的高度透明。这可以借鉴美国的做法，建立起专门的捐助服务机构，对于慈善、捐赠的款项，建立专门的机构实行管理和组织发放，全部程序都要公开透明，并定期向社会公开，接受有关方面和全社会的监督，防止再次出现"郭美美事件"，真正做到将三次分配得到的社会资源有序、良性地向弱势群体输送，从而对收入分配差距有所调节。

### 五　完善利益补偿机制

从总体上来说，我们的改革成果是绝大多数的公民能够享受到的，但是，在改革的进程中，当然存在一部分群体暂时没能直接享受到改革的实惠，这就是利益补偿机制没有发挥作用的结果。由于经济利益补偿没有到位，引发了种种矛盾，从而影响社会和谐稳定。因此，建立合理的利益补偿机制，对社会弱势群体予以保护是十分必要的。在利益补偿机制中，最重要的是完善国家的扶贫体系。国家扶贫战略是国家经济社会发展总体战略的重要组成部分，必须服从和服务于国家总体战略思想。[①] 当前和今后相当一段时期，国家总体战略思想是科学发展、和谐发展。"缩小发展差距，促进社会和谐"作为国家扶贫战略目标，体现了科学发展、和谐发展这一国家总体战略思想，是科学发展观在国家扶贫领域的核心体现。国家扶贫战略目标要与扶贫的内在功能相吻合。扶贫有两大内在功能，一是直接功能：减少贫困人口、缓解贫困程度；二是拓展功能，也是对当今我国发展更具深刻意义的功能，即保持社会稳定，

---

① 张伟宾、汪三贵：《扶贫政策、收入分配与中国农村减贫》，《农业经济问题》2013 年第 2 期。

促进社会和谐，为经济社会发展创造更加良好的社会环境。① 扶贫的内在功能也体现出"富裕经济体"向"贫困经济体"的良性经济利益输送，同时有利于实现"缩小发展差距，促进社会和谐"这一战略目标。从国外扶贫的相关做法来看，主要有以巴西、墨西哥扶贫为代表的"发展极"模式，② 以印度、斯里兰卡扶贫模式为代表的"满足基本需求"模式，以欧美国家为代表的"社会保障方案"模式。新中国成立特别是改革开放以来，我国扶贫工作取得了举世瞩目的成就，贫困率发生了大幅度的下降。但是与此同时我们也要清醒地看到，扶贫工作在我国任重而道远。根据我国国情，借鉴国外三种主要扶贫模式，对我国下一步扶贫政策做适当调整和完善，从而建立合理的利益补偿机制。

当前我国正处在经济利益格局转型期，由于新的利益协调和整合机制尚未完善，因而出现了国民收入分配不均的现象，为了实现各方经济利益的均衡，就要求政府进行宏观视角上的经济调控，这主要是贯彻一种宏观上对"利益贫困体"的利益补偿措施。这种国家层面的利益补偿是一种对"利益贫困体"的输血，通过外部输血让"利益贫困体"获得新的生命力。实现利益补偿的条件之一是国家具有强大的财政实力，只有在经济增长和经济发展的条件下，政府才能拥有足够的经济资源以满足社会的需要。③ 当然，我们也不能一味地强调外部输血功能，同时也要注重"利益贫困体"自身的造血功能。就目前情况而言，东中西部发展不平衡、城乡发展差距大等区域经济利益失衡在某种意义上来说是与该地区经济发达程度息息相关的。增加经济利益总量，发展经济是根本的出路，特别是要注重农村、欠发达地区的经济发展，加速二元经济向现

---

① 张志豪：《完善国家扶贫战略和政策体系的宏观思考》，《中国井冈山干部学院学报》2011 年第 2 期。

② 发展极就是基于不发达地区资源贫乏状况和非均衡经济发展规律，由主导部门和有创新能力的企业在某些地区或大城市聚集发展而形成的经济活动中心，这些中心具有生产、贸易、金融、信息、服务、决策等多种中心功能，好似一个"磁场极"，能够对周围产生吸引和辐射的作用，促进自身并推动其他部门和地区的经济增长。

③ 徐澜波：《规范意义的"宏观调控"概念与内涵辨析》，《政治与法律》2014 年第 2 期。

代经济的转变。只有通过这种方式，才能为协调区域经济利益创造必要的条件。

值得期待的是，习近平同志在 2016 年 7 月 22 日东西部扶贫协作座谈会上进一步提出"精准扶贫、精准脱贫"的理念，实施"携手奔小康"行动，标志着我国扶贫进入一个全新的发展时期：第一，科学扩大扶贫主体范围。要求东部地区根据财力逐步增加对口帮扶财政投入，完善省际结对关系，推动县与县精准对接，探索乡镇、行政村之间结对帮扶；动员东部地区各级党政机关、人民团体、企事业单位、社会组织、各界人士等参与脱贫攻坚工作。第二，进一步明确造血式扶贫的着力点。要求加大产业带动扶贫工作力度，推进东部产业向西部梯度转移，要求东部地区舍得拿出真技术支持西部地区，增强贫困地区自我发展能力。

笔者的一个建议是中国共产党各级党组织，从考虑采用"党费扶贫"、发动党员个体"乐捐扶贫"等多种形式投入到新时期的扶贫大潮中，彰显执政党的决心，从而可将中国共产党这个世界上最大的政党打造为最大的慈善团体，这对于巩固党的执政基础，有着十分特别的现实意义。

## 第三节　公共服务在全社会范围内良性配置

德国著名法学家耶林说过，"法律的目的就是在个人和社会利益之间形成一种平衡"①，虽然耶林所说的"社会利益"并不一定等于此处所要谈的"社会性利益"，但依旧能从耶林的话语中一窥法律对社会利益的调控功能。在利益分配失衡的格局中，与社会成员关系最密切的是受教育权利、劳动权益和社会保障等公共服务领域社会性利益分配的不均衡，由于它们直接关系到民生问题，并且还影响到城乡居民的平等和国家政治的进步，所以也最受社会关注。

---

① ［美］E. 博登海默：《法理学——法律哲学与法律方法》，邓正来译，中国政法大学出版社 1999 年版，第 148 页。

在改革的过程中，党和政府的合法性也依赖于其为社会提供的公共服务，作为这些领域改革的主持人和参与者，党和政府努力地推动着相关领域改革的进行。总体来说，中国的公共服务体系的发展与改革大致经历了四个阶段：第一阶段是 1949—1978 年，在公有制基础上建立起苏联式的公共服务体系；第二阶段是 1978—1994 年，经济体制改革的优先性使政府较为忽略公共服务供给，同时旧的公共服务体系开始瓦解；第三阶段是 1994—2002 年，伴随着国企改革的深化，政府着手在城市建立新型社会保障制度；第四阶段是 2002 年至今，在"以人为本"和"科学发展"的新理念指导下，政府试图建立一个更具普遍性和全面性的公共服务体系。[1] 客观而言，改革的成果是明显的，但针对存在的问题，在接下来的改革中，在继续推动这些领域增量利益产生的同时，最主要的是改变这些领域的利益分布格局，也就是要通过法律调控的手段，逐步减少并最终消除市场竞争行为，实现由"市场行为"向非营利的"公共服务行为"的转变，将这些领域中追求利润的市场行为改变为提供优质公共产品的非营利行为，以法律形式明确相关部门切实担负起提供公共产品与服务的责任。[2] 社会保障性法律是"建立和发展市场经济的必然要求，是社会公平的调节器，是维护社会稳定的安全网"[3]，只有通过法律引导逐步形成惠及全民的基本公共服务体系，才能做到全民共享改革发展成果。

## 一 提供均等化的公共教育服务

我国《宪法》第四十六条规定："中华人民共和国公民有受教育的权利和义务。"教育是一种人力资本投资，是实现社会阶层流动的重要途径，是社会利益流动的一条重要渠道，搞好教育有利于

---

① Tony Saich，"Providing Public Goods in Transitional China"，Palgrave Mac Millan，2008。转引自郁建兴《中国的公共服务体系：发展历程、社会政策与体制机制》，载俞可平《中国的政治发展：中美学者的视角》，社会科学出版社 2013 年版，第 219 页。

② 这一转变需要巨额的公共财政投入，尽管在 2006 年底我国 GDP 超过 20 万亿元，财政收入近 4 万亿元，为均衡社会性利益提供了较好的经济基础支撑，但是，仅仅靠国家投入是不够的，还需要包括公共产品享用者在内的多方面投入，共同分担。

③ 黎建飞：《社会保障法》，中国人民大学出版社 2008 年版，第 12—13 页。

缓和城乡利益冲突、促进城乡和谐发展。

近年来，由于教育利益分配中的市场化取向，教育费用大幅攀升，导致社会成员享受教育权益的机会减少，教育提供社会流动机会的功能渐趋减弱，由教育导致的不平等和阶层固化的现象却日益明显。[①] 政府在保障受教育权取得明显成效的同时也存在一些问题，例如东部经济发展快，公民的受教育权享受情况较好，中西部地区经济相对落后，公民若想享受同东部同等的良好的教育根本就不可能。还有，2002 年全社会各项教育投资的总额为 5800 多亿元，其中的 77% 被投入到占总人口不到 40% 的城市，而占总人口 60% 以上的农村只得到了 23% 的教育投资。[②] 据统计，自 1986 年《中华人民共和国义务教育法》颁布到 2000 年"义务教育基本普及"的 15 年间，中国大约有 1.5 亿左右的农民子女没能完成初中教育，直至 2004 年，仍然有至少 10% 的农村地区尚未普及九年义务教育，[③] 总体来说问题包括：一是基于地域差异而引起的不平等，二是由城乡差异而引起的不平等，三是教育乱收费，这些都与公民的平等受教育权保障存在缺陷有关，国家在保障教育机会平等中负有重要责任，"通过国家的力量来发展教育，形成相对独立的社会控制系统并纳入到国家之中"[④]，国家法律保障是受教育权平等保障的重要途径，宪法关于公民受教育权的规范和原则应真正落实，我国须建立起更具操作性的违宪审查制度，使平等受教育权的可诉性得以实现。

当然，要进行这些改革举措难度很大，结合国际上其他发达国家治理统筹城乡教育的成功经验和有效模式，笔者提出两方面建议：第一，将教育领域整体"事业单位化"或"机关化"，主要由公共财政投入，实行类似"参公管理"或全额事业单位管理。这是

① 孙立平：《重建社会——转型社会的秩序再造》，社会科学文献出版社 2009 年版，第 128 页。

② 范小西：《和谐社会的微观基础研究：传统社区组织结构体系的重建》，河南人民出版社 2009 年版，第 5 页。

③ 胡乃武：《社会主义和谐社会利益关系研究》，中国人民大学出版社 2010 年版，第 36 页。

④ 劳凯声：《教育机会平等：实践反思与价值追求》，《首都师范大学学报》2011 年第 2 期。

国际先进国家的通用做法，尤其是在法国，教师也被列为国家公务员的范畴。第二，实施"阶梯式"的均衡服务。也就是发挥各级地方政府在统筹城乡教育方面的主导性，把统筹不同地区及城乡教育作为各级地方政府的一项执政理念。结合我国各地经济发展、人口结构和教育发展的现状，积极探索在东中西三大地区的统筹模式，而且还应当在省与省、市与市、县与县之间创造出各种不同的城乡教育统筹治理模式。[①]

### 二　提供均等化的公共医疗服务

目前进行的医疗公共服务市场化改革，出现了较为严重的利益分配的失衡。首先，医患双方权利配置失衡。在目前相关的法律规定中，医方的权利多且明确具体，而患者权利少且抽象。其次，医患双方经济利益失衡。医患关系中包含着经济交往，目前由于种种原因，医疗领域拿"回扣"、收"回扣"在一定范围内存在，看不起病已经成为底层民众的普遍担忧。最后，医疗风险分配失衡。医方将医疗风险几乎全部推给患者一方，导致双方承担的风险失衡。鉴于医疗制度中体现出了社会性利益的失衡，我们可以借鉴国外一些国家的成功做法，比如说加拿大的"家庭医师"制度、[②]"医药分家"制度、[③]德国的"建立医生崇高社会地位"制度、日本的"建立医院人文关怀部门"制度。可以在深圳、广州、上海、北京等经济发达地区试行"家庭医师"制度，在患者与医院之间建立起一个"缓冲阀"，有利于缓解患者与医院之间直接的冲突和矛盾，另外，还可以引进"医药分家"政策，保持患者在心理上和

---

① 李涛、邓泽军：《国际统筹城乡教育综合改革：发展脉络、治理模式与决策参考》，《江淮论坛》2012年第01期。

② 加拿大"家庭医师"制度：家庭医师与家庭成员之间建立比较长期的医疗跟信任关系，但如果有问题可以咨询其他医生，一般情况下不太会发生完全没有办法达到意见一致的状况。如果家庭成员与家庭医师之间产生矛盾，可以通过投诉到医生协会，如果对医生协会的答复不满意的话，还可以走法律诉讼。

③ 加拿大"医药分家"制度：在加拿大医跟药是分家的，医生只开处方药，医生跟医院是不卖药的。加拿大实施的是全民健保，基本上所有人看病不用花钱。如果患者有特殊的状况，比如患者需要买药，药的部分可能就要额外付费，这样相关病患在心理上和经济上处于可预期的稳定状态，所以医疗纠纷很少。

经济上有一个相对稳定的状态；同时，还要努力营造医生的崇高社会地位，保证医生的形象在公众心目中的公信力，塑造融洽的医患关系。

### 三　完善住房保障制度

安居乐业素来是中国人的理想生活状态。房子对于国人而言不仅仅是一个居所，而是拥有更多的文化意义，它代表着安定、象征着家，是中国人整个人生理想不可或缺的部分。然而，一个时期以来，中国的房地产市场持续迅速升温，使房价高涨，出现了不少社会成员买不起房的现象。

因此，应该完善住房保障制度，提供均等化的公共住房服务，逐步有计划地实现"居者有所屋"①。第一，完善住房保障方面的政策法规。在新加坡，1960 年颁布《住房与发展法》，1964 年推行"居者有所屋"计划，1968 年修改中央公积金法，将公积金应用领域扩展到住房领域。香港在 20 世纪 50 年代中期开始实施"公营房屋制度"，随后又相继制订"公共房屋计划""十年建房计划""私人参与公屋计划"。我国应该借鉴相关成功的做法，不断完善住房保障方面的政策法规。第二，建造公共住房，保障中低收入阶层的住房权利。② 为保障中低收入阶层的住房权利，许多国外政府都建造了大量的公共住房，再以低于市场的价格形式向低收入阶层出租，或者低价卖给中低收入阶层。据统计，在欧洲一些福利国家中，公共住房的比率较高，大约在 40%—60% 左右。这一制度在我国也已建立，比如深圳的"廉租房"及"经济适用房"制度。2016 年 10 月 9 日，深圳市出资 300 亿元成立市人才安居集团，后续将再追加 700 亿元。该集团定位于专门从事人才安居房投资建设和运营管理。深圳市在"十三五"期间，计划新增筹建人才安居住房和保障性住房 40 万套，其中人才安居房 30 万套，总建筑面积2600 万平方米，相当于特区建立以来政策性住房的总和。第三，建

---

① 钱小利：《住房保障制度演进轨迹与现实响应：解析一个实例》，《改革》2012年第 11 期。

② 李莉、王旭：《美国公共住房政策的演变与启示》，《东南学术》2007 年第 5 期。

立住房基金制度，提供资金支持。比较有代表性的做法是新加坡的住房公积金、德国的住房储蓄和土耳其的大众住房基金。新加坡的公积金制度已经引进我国，取得了一定的效果。德国的住房储蓄制度规定：借贷双方通过合同契约来筹措住房资金，潜在购房者与住房储蓄银行签订住房储蓄合同，按月在该银行存款，每月存入储蓄合同额的0.5%，当存款额达到储蓄合同金额的50%后，住房储蓄银行就把合同额贷给储户，储蓄合同实行"高进低出"，即实际存款利率高于贷款利率，高进和低出之间的差额由国家通过减免利息所得税或者直接贴息等方式解决。这一做法也值得我国借鉴，它有助于扩宽资金的来源渠道，进一步完善住房基金制度。

### 四　完善劳动权的法律保障

劳动权是社会性利益的核心，是公民得以保障其生存的条件和行使其他各项基本权利的重要手段。[①] 劳动权的实现取决于劳动者的工作能力、劳动力市场的需求。国家对公民劳动权的保护并不是指国家保证每个公民都能够获得一份工作，而是要求国家采用适当的措施为公民就业创造条件使其获得就业的机会。然而，我国人口规模大、劳动力人口多，虽然国家先后修改了劳动合同法、职业病防治法，制定了《女职工劳动保护特别规定》和《最高人民法院关于审理劳动争议案件适用法律若干问题的解释（三）》，来保障劳动者各项权利，但保护公民劳动权形势依然严峻。

笔者认为，一套完善精密的劳动权法律调控模式应当被树立起来，拓宽就业门路、保障就业平等、稳定下岗职工、健全司法救济、重视精神健康等都应通过宏观调控立法，统一接受法律的调控，从而纳入法治的轨道。[②] 第一，劳动力供大于求的矛盾将长期存在，这使部分劳动力人口没能就业，导致少数人的生活缺乏相应的保障，不利于社会的稳定。面对这项问题，一要在已有的《中华人民共和国劳动法》《中华人民共和国劳动合同法》《就业

---

① 王德志：《论我国宪法劳动权的理论建构》，《中国法学》2014年第3期。
② 孙国平：《中国劳动权保护的现状与未来》，《河北法学》2010年第8期。

促进法》等法律的基础上制定更加积极的就业促进法律、政策和规划，通过多元化方式、多样化渠道增加就业岗位；二要加大经费的投入，完善社会保障体系，对失业者提供必要的物质帮助，更重要的是开展劳动就业服务，强化失业者对职业技能的掌握，将就业与再就业顺利衔接转换。2011年1月1日起实施的"促进就业税收扶持政策"值得充分肯定。它将低收入人群的范围从原来的下岗失业人员、高校毕业生、农民工、就业困难人员以及零就业家庭、享受城市居民最低生活保障家庭劳动年龄内的登记失业人员等就业重点群体扩大到了纳入就业失业登记管理体系的全部人员，此外，该政策还针对个体经营者，积极扶持个人自主创业，应届高校毕业生也纳入自主创业税收优惠政策适用的范围。这些都体现出了党和政府在方针、政策方面对解决就业这一严峻现实问题的高度重视。第二，个体经济、私营经济等各种类型的非公有制经济对剩余劳动力的吸纳具有不稳定性。这极有可能成为无生活来源的下岗劳动者引发不稳定因素的潜在原因，不利于社会各阶层的和谐稳定。虽然《社会保障征缴暂行条例》首次将非公有制企业职工纳入养老统筹范围，但相关的职业稳定立法还远远不够，必须以《中华人民共和国劳动合同法》为核心，完善实施细节、具体措施，对职业稳定加以规范，防止个体企业、私营企业随意解除劳动合同，无正当理由地辞退员工，切实保障在职人员的正当利益，即使对劳动者予以正当辞退，也有责任稳定好劳动者的基本生活，协调好今后双方的利益关系。第三，对平等就业权，缺乏足够的制度保障。这极易使相关规定形同虚设，不利于确保平等就业，便无法形成公平竞争的就业氛围，不利于均衡各阶层的不同利益需求。① 就业不平等已从显性的地域、性别、毕业院校等歧视走向隐性，2010年广东佛山公务员招录过程中就发生了中国"基因歧视"第一案，三名已经通过选拔考试的大学生因在体检中查出携带地中海贫血基因而被拒绝录取。一般认为，决定就业的仅仅是个人的身体、学识、能力等方面是否胜任工作，这种潜在

① 张卫东：《平等就业权初论》，《政治与法律》2006年第2期。

的基因缺陷能否构成用人单位合法拒绝理由，国家相关部门尚没有明确的表态；对农民工群体的立法歧视相对严重，过去劳动部的行政规章和国务院及其他主管部门的规范性文件和地方性法规、地方政府规章、规范性文件对农民工在城镇就业的限制性规定。① 这些规定从 2004 年起逐步被清理和取消，但根植于户籍制度的其他就业歧视仍然存在。我国虽然已经加入《经济、社会与文化权利国际公约》，也有《宪法》《劳动法》《就业促进法》《残疾人保障法》《妇女权益保障法》等一系列内容有关禁止就业歧视的法律，但是禁止就业歧视的相关法律工作仍存在不足，维护劳动者的就业平等权应从立法、执法、司法三方面加以完善。首先，要放宽就业歧视的界定范围，不能仅仅局限于《劳动法》和《就业促进法》中规定的民族、种族、性别等七种歧视而忽略大量存在的年龄歧视、学历歧视等，也不能仅仅针对直接歧视，而忽视差别对待的隐性歧视、间接歧视；其次，要使得有关就业歧视的法律规定具有可操作性，最好能出台并执行具体细化的《反就业歧视法》，将平等就业的工作真正落实到位；最后，要整合劳动行政部门执法资源，抛弃临时性、被动性、消极性的执法方式，加大监察执法力度，规范监察执法模式，建立监督体系规制平等就业。第四，劳资关系进入相对紧张时期。劳资争议的诉求已由单一的劳动报酬，向社会保险、经济补偿金、赔偿金等多种诉求发展，争议的焦点更加复杂，处理的难度也大大提高。所以对劳资关系的均衡缓和要做好提前预防工作，事后劳动者要有合理的维权制度。宜把现今"先裁后审"的处理模式转变为"预防为主，调解为辅，裁、诉为最后手段"的工作方式，联合劳动部门、企业工会深入调查研究，密切关注劳资动向，重视调解的灵活便捷、缓和关系的优势，同时加强对调裁的衔接、裁诉的衔接。②

---

① 周伟：《外地劳动力就业的地方立法例合法性研究》，《四川大学学报》2006 年第 3 期。

② 秦国荣：《我国劳动争议解决的法律机制选择——对劳动仲裁前置程序的法律批判》，《江海学刊》2010 年第 3 期。

### 五　公平落实社会保障权

"社会保障制度是由国家对于那些缺乏经济和物质保障的社会成员给予有条件帮助的复杂和高度规范网络中的一个主要部分，其目的是满足他们的基本需求。"① 可以看出，社会保障权体现的是国家对公民的责任，它赋予政府一种广泛的社会责任，是公民享有其他基本权利和自由的基础。不同国家社会保障体系的结构也许有很大差别，但它们有一个共同点，即为满足公民的多样化需求，推出多样化的保障项目。一般来说，社会保障体系由社会救助、社会保险和社会福利等组成。②

我国已初步构建了适应社会主义市场经济要求的以人为本的社会保障体系框架，在均衡社会性利益方面取得了不少成就，有效地实现了社会的长期稳定。但客观来说，我国目前的社会保障体系还存在一些薄弱环节，如在保障居民生活安全、防范社会风险等方面，这极大地限制了国家均衡社会性利益的力度与水平。对此建议如下：第一，完善权益保护机制。《宪法》虽然包含了纲领性的社会保障理念，也有《城市居民最低生活保障条例》《中华人民共和国社会保险法》等大量单一的法律法规，但社会保障法律体系依旧存在着空白与漏洞，或尚未形成成熟制度，或规范效力层级比较低，难以具备法律规范应有的强制力和约束力，立法推进速度滞后于社会经济的发展，无法形成固定长效机制。未来要坚持"低水平、广覆盖、多层次、共负担"的基本方针，建立和健全中国特色社会主义社会保障法律体系，统一协调好社会保险与社会福利的法律规范，细化社会保障法律关系的主体、客体、内容，才能在市场经济的环境下，创造出维护社会安定与经济稳步发展的权益保护机制。第二，促进社会保障项目均衡发展。对于弱势群体的保护应当"在法律或其授权制定的统一规范性文件中，规定由民政部对最低

① 胡锦武：《新生代农民工：谁来抚慰他们的心理"伤痕"？》，《秋光》2012 年第 1 期。
② 米红、王丽郦：《从覆盖到衔接：论中国和谐社会保障体系"三步走"战略》，《公共管理学报》2008 年第 1 期。

生活保障的标准进行科学的、客观的合理界定，制定最低生活保障基准，在实施中各地按此基准算出当地的具体标准"①。努力缩小区域、城乡发展差距，逐年提升社会保障项目的支出，改革户籍制度，打破城乡"二元制"发展桎梏，通过技术手段的更新解决社会保险异地接续等困扰农民工群体的困难。② 第三，提升社会保障经办管理水平，强化制度的落实。早在2006年国务院就曾发布《关于解决农民工问题的若干意见》，提出要优先解决农民工工伤保险、大病医疗保险和养老保障的问题，但是受制于社会保障部门经办水平，农民工群体的社会保障账户难以做实，导致该意见实施效果不佳。而服务标准和规范服务设施建设的滞后，造成养老服务业、医疗卫生服务业等行业企业良莠不齐，不利于社会公众社会性利益的保障。法谚有云："徒法不足以自行"，为了使相关制度能够有效落实，还须采取政府引导和公民自愿相结合的方式，加强相关法律法规的强制性和约束力，严格监督行政部门不作为、消极作为的现象，明晰社会保障的主体，合理划分各级、各类行政部门的横纵向职责，对相关行政人员予以责任追究。

---

① 韩君玲：《我国最低生活保障法律问题探讨》，《法学杂志》2006年第2期。
② 高兴民：《论建立城市非户籍劳动者综合社会保险制度》，《学术交流》2006年第2期。

# 第五章

# 增强利益均衡法律调控的协商性

十八届三中全会决定指出，"协商民主是我国社会主义民主政治的特有形式和独特优势，是党的群众路线在政治领域的重要体现。在党的领导下，以经济社会发展重大问题和涉及群众切身利益的实际问题为内容，在全社会开展广泛协商，坚持协商于决策之前和决策实施之中"。习近平指出："要用好政党协商这个民主形式和制度渠道，有事多商量、有事好商量、有事会商量，通过协商凝聚共识、凝聚智慧、凝聚力量。"[1] 利益均衡实际上就是利益重新进行分配的过程，实际上也是利益逐步平衡的过程。在这个过程之中，执政党、政府及其他部门、社会组织和个人之间需要大量的意见交换。没有意见交换，难以推动利益均衡进程。意见交换不充分，无法取得好的利益均衡效果。因此，为了实现公平与正义的目的，在促进利益均衡的进程中，党和政府等公权部门应当有意识地通过政策和措施倾斜，使弱势群体利益享有充足的话语权，以实现社会的实质公平，达致利益分配的相对平衡。对于如何赋予弱势群体以话语权，社会学者提出的方案是构建利益表达制度，并建议通过立法、决策听证、社会保障等具体制度建设加强对弱势群体的制度保障。[2]

中国改革正在向纵深发展。十八大以后，深化改革是全党全社

---

[1] 《习近平谈协商民主：遇事多商量　做事多商量》，2016年9月25日，腾讯新闻（http://news.qq.com/a/20140922/001670.htm）。

[2] 张红峰、徐芳：《试论我国转型期弱势群体的利益表达》，《甘肃行政学院学报》2006年第4期。

会的主题词，而社会分配无疑是最重大的问题之一。[①] 中国目前的收入分配状况不容乐观，社会不同群体的收入差距在迅速拉大，尤其是劳动收入与资本收入之间出现了很大的收入分配差距。[②] 这种收入分配的差距对社会稳定产生了一定的影响。笔者 2009 年在深圳宝安区挂职期间，与区、街道同志在利用利益均衡理论的基础之上，创设了劳资矛盾治本机制——"1+3"劳资恳谈协商机制。该机制也得到国家人力资源和社会保障部在全国的大力推广。下文将以劳资协商机制为例，对如何增强利益均衡法律调控的协商制进行分析，提供建议。

# 第一节　推进社会协商制度

在劳资协商制[③]中，在公权力部门的主导下，赋予流水线工人以充分的话语权，他们可以定期与公司最高层见面，双方在友好、平等的气氛中充分交换意见，成功预防和化解劳资矛盾。恳谈协商机制好处在于：被管理者获得话语权和被尊重感，通过面对面沟通，有的问题迎刃而解，有的问题即使一时无法解决，通过双方充足沟通也可有效避免矛盾的激化。[④] 针对目前基层利益冲突较为尖锐的情况，笔者建议，可以考虑在全社会范围内构建恳谈协商机制，党和政府等公权部门主动搭建对话平台，以制度安排的方式，落实各种对立群体以诚恳、平等、务实的方式就涉及利益的问题进行协商，这样既可以赋予弱势群体话语权，也可以促进政府决策和行政行为更有民意基础，党和政府在这一过程中通过输送政治、经济和社会三种利益，实现利益均衡、化解矛盾和加强社会建设等综

---

① 王长江：《推进分配公平的有益探索》，《深圳特区报》2011 年 11 月 16 日。

② 李晓宁、马启民：《中国劳资收入分配差距与关系失衡研究》，《马克思主义研究》2012 年第 6 期。

③ 参见姚文胜、翟玉娟《劳资协商制：中国劳动关系改善的路径选择》，中国法制出版社 2012 年版。

④ 孙蔚：《论协商民主与民主恳谈》，《中共浙江省委党校学报》2009 年第 9 期。

合目的。在全社会范围内构建恳谈协商机制可能会受到某些学者的批驳，认为人人都来说话，意见太多影响效率。事实上，诚如中国社科院周汉华研究员与笔者谈话时指出的，在过去一个时期，我国对于社会话语权的赋予和保护，一直相对比较少，长期而言牺牲了公平目标。我国社会发展到目前阶段，为了社会和谐和进一步发展的需要，应该更多追求公平目标，社会协商制度一方面通过自身独特的优势发挥作用，有效赋予社会特别是弱势群体话语权；另一方面可以对接现有的利益表达机制，从而落实"效率和公平同样重要"的发展理念，在推动利益均衡过程中发挥积极作用，因此，构建社会协商制十分符合我国目前发展的需要。

　　构建社会协商制的要点是如何在平等的基础上，将公权力作为推动力，同时保障好弱势一方的话语权。这就首先要将协商对话的活动定性为一种法律行为，明确协商对话的主体、原则、权利义务，明确协商对话所产生的法律效果和法律责任；其次要从宏观层面上设计关于社会协商有机统一的法律体系，制定相对一致的标准规范，并完善法律监督和法律救济途径；最后要在程序上对公众参与提供制度上的保障，发挥公众的积极主动性，这就要求完善相应的公开、参与、谈判、决定等具体措施。

### 一　公权力对平等协商的推动

　　任何一项新制度都不会天然降生。新制度从诞生、实施到完善，都离不开源源不断的推动力量。从劳资协商制诞生的过程及其发生效果外部原因看，公权力的推动是首要的。就中国企业的实际情况而言，像瑞德公司一样自发进行劳资协商的企业客观存在，但不会很多。更多的企业需要政府公权力的推动。推动劳资协商制建立和实施的主要公权力政府部门是各级人社部门和工会组织，在现有的一些实践中，一些地方的党组织也成为推动此项制度的主体。公权力推动的内容主要包括协助初期制度构建、日常协商情况检查、法律法规制定以及提供相关服务等。在构建社会协商制中，执政党、政府和其他公权部门也应当是推动主体。

　　我国社会协商制度的构建要依据国情，根据迈克尔·曼的社会权力理论，我国是专制权力和基础权力都十分强势的威权主义型国家，加强利益均衡的法律调控应当以公权力为主导。赵紫阳在党的十三大报告中第一次提出了"社会协商"这一概念，此后的党的十六届四中全会《决定》、十六届五中全会通过的《建议》、十六届六中全会《决定》、党的十七大报告和十八大报告，都从各个角度表明了对构建社会协商机制的重视。社会重心的多元化意味着政府与市场职能的分化，党和政府在现代社会的重要职责就是化解社会矛盾，均衡各方利益。社会协商制是一种治理和决策机制，政府在坚持以经济建设为中心的同时，要将社会公平作为政府的一种基本职能。[①] 社会公平无法自发实现，党委、政府、人大、政协、法院、检察机关等须密切关注社会利益格局的失衡状况，积极充当监督者、裁判者、协调者，要充分运用政治智慧与治理技术，发挥自上而下的推动作用，成为制定策略方案的主导力量，敢于打破既有利益结盟关系，制定社会协商的方针、政策，在宏观规划的指导下，分步骤、分阶段、有条不紊地推进。党和政府要营造良好的社会氛围，热心于代表弱势利益群体，必须具有超越性和公正性，"在利益博弈的时代，政府的超越性是使得利益博弈能够健康公正进行的前提条件"[②]。

　　"一些经济欠发达地区的地方官员，尝试使用基层民主来化解治理困境，如将基层干部交由老百姓选举产生，尽管这未必能使地方经济困局迅速改观，但是群众对于干部的认同和信任程度相对提升进而有助于缓解紧张的干群矛盾。当地方官员通过发展经济创造政绩的空间狭窄，而又缺乏经济发达地区'花钱买太平'的财政能力时，为应对各种利益冲突，通过发展基层民主来协调利益矛盾"[③]，强势利益群体的形成是社会利益分化的必然结果，而强势利益群体的活动，也是多元社会的常态组成部分，如何构建新的组合关系，使发育程度高、拥有主导性话语的利益群体承担更多的社会

---

　　① 王春娣：《论社会协商机制——以行业协会为视角》，《法学家》2005年第4期。

　　② 孙立平：《博弈：断裂社会的利益冲突与和谐》，社会科学文献出版社2006年版，第20页。

　　③ 黄卫平：《中国基层民主制度：发展与评估》，载俞可平《中国的政治发展：中美学者的视角》，社会科学出版社2013年版，第297页。

责任，凝聚共识，发挥社会的正能量，是构建社会协商制度的应有之义。在劳资协商制中，在公权力部门协助企业完成初期制度构建后，制度也就移交给了企业，企业中的资方具体承担组织开展协商行动。① 尽管担负着预防和消除劳资双方纠纷的特定功能，但劳资协商从某种意义上可以内化到企业的日常经营管理中，因为我们从实践中看到，实行劳资协商并取得良好效果的企业都是企业资方在充分认识到劳资协商的价值自发组织进行的，日常协商的议题十分广泛。公权力显然不可能深入每一个企业中去组织开展劳资协商。以资方为组织主体且协商时机不以纠纷发生为限，这是劳资协商制区别于新加坡劳资政三方协商机制最明显的特点。在构建社会协商制中，占有利益较多的一方，应当本着履行社会责任和义务的角度出发，积极承担起组织协商行为、搭建协商平台的责任。在组织实施过程中，要表现出诚意，积极解决问题。（参见表5—1）

表5—1　深圳倍特力公司2011年8月19日劳资协商会实录

| 序号 | 提问内容 | 答复人 | 答复内容 |
| --- | --- | --- | --- |
| 1 | 员工与QC（管理拉长）工作协调问题 | 生产副总 | 品管有权纠正员工操作中存在的品质问题，但不能直接处罚员工，品管须文明执法 |
| 2 | 生产部组长口头说放假，但实际没有安排放假 | 生产副总 | 组长因为生产任务的压力无法安排员工放假，请员工予以谅解。但确实因为生病等紧要情况需要请假的，应当批准的应予以批准 |
| 3 | 三工段转序工位工价问题 | 生产副总 | 三工段转序工作内容变化，搬移地点比以前近，所以会比以前低一些，但在正常工价范围 |
| 4 | 四工段上班工资低 | 生产副总 | 公司人员调动按调动制度进行，并且临时调动有相关计算方法，工资计算有依据，我们尽可能做到合理公平；如有疑问可向组长反映；人员调动是公司工作需要，请大家以公司大局为重予以配合 |

① 陈永福、沈星：《我国劳资集体协商制度的社会法反思》，《南昌大学学报》（人文社会科学版）2015年第4期。

续表

| 序号 | 提问内容 | 答复人 | 答复内容 |
|---|---|---|---|
| 5 | 饭卡补助金额偏低，外住无补助 | 行政副总 | 公司对外吃补助金额将会考虑适当调整，对于外住人员，原则上公司可以提供住宿，只扣水电费；在公司能提供住宿情况下仍外住人员无补助 |
| 6 | 三工段上下架工资偏低 | 生产副总 | 生产部工资目前一直呈上涨趋势，三工段7月份总工资比3月份已上涨20%，7月份人均工资1520元；公司近期进行减员增效工作，缩减工序及人员，缩减组长及非生产人员，以提高员工工资水平。对个别工序的具体情况需要调查而定 |
| 7 | 员工工资发放数额差异问题 | 钟总 | 工资条由财务部统一发放，如大家发现工资不对的，可找物料员询问，对扣款有疑问的，由物料员统一报行政部进行查询并回复 |
| 8 | 上夜班（可否四点钟出去买夜宵，吃完再进），面包吃不饱，希望多发面包或自带食品到车间吃 | 生产副总 | 四点钟外出安全得不到保障，原则上大家不要出门，大家可考虑自带食品，可放在保安室特定的位置，并可在一楼大院内食用，但不能带入车间 |
| 9 | 卷绕夜班后三个小时没有事做，一定要到点下班 | 行政副总 | 公司要求提高工作效率，让员工在收入稳定的情况下，并保证休息时间，本周内给予答复 |

## 二　利益矛盾对立方参与协商

在劳资协商之中，借助三个平台，辅以其他手段和载体，企业所有员工都参与对话，实现公司高层与基层的双向互动，高层意图可以传递到基层员工，基层员工的意愿能够直接反映给高层，公司的决策由单方决策改为互动的共同决策，由此形成了闭合的恳谈协商链条，大量的矛盾、摩擦也就消灭在这个闭合的链条中。受传统等级观念的束缚和制度不完善的影响，社会中的利益归纳和利益表达充斥着参与危机，社会民主化程度不高，主要不是由自发性表达和社会自治性整合来实现的，"而是由政府内部权力精英通过深入群众生活加以代表性选择来确认的"①，社会话语容易被操纵，尤其部分学者、专家与既得利益集团的不当结盟更具危害性，公民和团体都在政治架构中缺少利益代表，在不同程度上具有参与恐惧感。但是基于利益冲突剧烈化的态势，社会公民和群体不再满足于一味地听从和被代表，维护自身利益的意识不断高涨，对政策的参与制定和矛盾的协商化解拥有很高的热情。社会协商制能够培养公民参与协商的能力，为公民提供权利和机会，公民参与争辩、讨论，有机会影响决策的过程，实现把交往权力转化为国家权力的目标。②交往权力是行政权力合法性来源的根基，我国是人民民主专政的国家，构建社会协商制的公共参与途径，应当具备包容性，由涉及利益矛盾冲突的双方都参与协商，"通过持续的合作和讨论、交流，以预防非理性，并坚持程序的可修正性和决策的可逆性，认真考虑每个参与者的观点，以使决策结果容纳每个人的观点"③，避免利益强势方单方自决行为。单方自决似乎提高了效率，但由于双方意见交换不充分，解决问题方案中缺乏双方共识，往往会导致更大问题的出现，导致矛盾升级。

### 三 柔性平等沟通手段的落实

在劳资协商之中，一些劳动争议和纠纷虽然涉及人数较多，但争议标的金额并不大，但可能这类问题影响劳动者的人格尊严，也涉及用人单位的管理权威和制度安排，双方往往相持不下，互不相让，容易造成群体性纠纷。劳资协商制度充分吸收了"员工参与""劳资共决""集体协商"等做法，更加注重双方的人文关怀、情感沟通、理性交流，培育双方信赖与合作的意识。构建社会协商制时也要突出"柔性协商"的要求。劳资协商制的前身是"劳资恳谈

---

① 吴群芳：《利益表达与分配：转型期中国的收入差距与政府控制》，中国社会出版社 2011 年版，第 35 页。

② 阎孟伟：《协商民主中的社会协商》，《社会科学》2014 年第 10 期。

③ 韩冬梅：《西方协商民主理论研究》，中国社会科学出版社 2008 年版，第 44 页。

协商机制"，强调的两个字眼一个是"恳"，一个是"商"，前者要求双方诚恳交换意见，后者要求双方充分交换意见。这两个字的实质就是"柔性协商"，只有体现柔性协商的要求，协商才能导致既定的效果。

但仅仅是方式的柔性还是不足的，更重要的是地位要平等，"严重的不平等使得公共协商比较难以开展，部分公民就免不了被排除在公共协商之外，他们的理性也免不了被他人忽视"①，社会协商制度只有基于良性互动、理性讨论的对话，提高交涉的平等性和理性化程度，才能对既有社会破裂的利益格局进行环节修复。平等协商，"最终的均衡是利益相关方平等参与和自由协商的结果，在此，平衡是一个类似于民法上的自由、平等和互惠的合约过程"②，社会协商的平等沟通要以下述几个要点为发展方向："第一个环节是抽样，抽样意味着概率上是平等的，实现了政治参与机会和权利平等的一种方式。第二个是解决信息不对称的情况，给老百姓提供说明材料。信息的公开化，这也是朝民主方向发展。第三个是保证发言的平等机会……为此，用大、小组穿插的形式，把两百多人分成十几个小组，每个人有充分的时间把自己的看法表达出来，小组会后又集中到大会讨论和交流。第四就是主持人的制度，让无直接切身利益的人主持，以保证公正性。"③

## 四　协商制度的常态运行

自由市场的经济社会体制不能缺少利益表达机制，实现社会公平的基本准则也不能中断利益博弈，社会协商必须以制度化的形式常态进行，并且将非政治化、非意识形态化（目标有限、方式理性、协商解决）正当利益追求加以正确定位，改变彻底决胜负的基调，让谈判协商、妥协让步成为常态，以常规化的形式和机制空间

---

① ［美］詹姆斯·博曼：《公共协商：多元主义、复杂性与民主》，黄相怀译，中央编译出版社 2006 年版，第 126 页。

② 包万超：《行政法与社会科学》，商务印书馆 2011 年版，第 168 页。

③ ［澳］何包钢：《协商民主：理论、方法和实践》，中国社会科学出版社 2008 年版，第 40—41 页。

来容纳和规范利益的长期表达，通过常态化、规则化来促进和谐的利益关系和利益格局的扭转。

在劳资协商之中，劳资双方的恳谈协商固定进行，有的是一周一次，有的是半个月一次，有的是一个月一次，具体周期由企业根据实际情况确定，但必须常态化进行。构建社会协商制，也应当强调常态化的面对面沟通，如果沟通周期太长，双方对彼此立场的一知半解，对于及时发现矛盾、处理矛盾是十分不利的。

### 五　确立利益良性输送目标

在劳资协商之中，资方通过解决各种问题，将本来由资方掌握的管理资源和经济利益等良性输送给员工，从而在资方和劳方的利益格局分布上取得相对平衡。[①] 在构建社会协商制中，同样离不开利益的良性输送，也就是推动利益诉求的解决。有效实现利益良性输送需要协商双方的共同努力，利益输出方要根据合法合理的原则把握输送利益的范围和数量，利益接收方也要提出切合实际的利益诉求，避免"漫天要价"。在这一过程中，可以构建必要的第三方评估机制，对有关利益纷争进行独立评估或裁定。[②] 上层的利益表达必须建立在利益良性输送的基础之上，社会协商首先应当维护既有的合法利益，使利益的让渡与共享并存达成共识；其次要扭转利益格局的严重扭曲和不对称，注重利益的良性输送，其最终要达致的目标就是促使利益良性流动、推动各种利益从高度集聚处朝利益较少处良性流动，使利益合理配置，缩小利益之间的差别，这样才不至于丧失社会发展的动力，才能缓和社会矛盾，增进共同富裕。

# 第二节　社会协商制度构建的具体路径

古话说：徒善不足以为政，徒法不足以自行。再好的法律制度

---

① 林嘉：《劳动法视野下社会协商制度的构建》，《法学家》2016 年第 3 期。
② 乔健：《中国特色的三方协调机制：走向三方协商与社会对话的第一步》，《广东社会科学》2010 年第 2 期。

安排也需要落实的平台。没有方便操作的制度承载体，再高瞻远瞩的制度设计也将沦为空谈。中国在构建利益表达制度方面做了大量努力。比如，强化人大和政协的利益表达功能，反映人民群众的意见和要求；加强社会团体、行业协会和社会中介组织的利益表达能力，从而使政府的决策能够体现大多数人的利益；发挥大众传媒的利益表达窗口作用，使群众利益诉求通过制度化途径传送到政治体系中，以及加强信访工作、建立听证制度等。"然而，在中国政治体制中'官方可接受的'政治参与、利益表达和利益综合的形式，继续反映了在党和社会之间的护卫关系……把政治参与建构为分等级的从上到下的过程，把利益表达限制于与官员的个别接触，且很少为共产党之外的利益综合留下空间"①，"目前的社会矛盾和冲突，绝大多数是因为弱势群体缺乏有效的利益表达而造成的"②。赋予弱势群体话语权的制度承载体应立足于利益分配均衡的真实目的以及弱势群体的真正参与。③ 构建社会协商制有助于建立完善的利益表达机制，这就要求从多方面着手，努力寻找新的利益表达渠道，完善相关法律制度。

**一　通过法制手段推动社会组织建设**

在利益均衡过程中，社会组织承担着十分重要的功能，一方面，它接受公权力部门良性输出的各种利益；另一方面，它是社会成员享有利益的载体，与此同时，社会组织自身也会产生利益。只有在社会底部建立起各种社会组织，才能成为协商的平台。西方民主发展的历程也是这样。也就是先有公民社会，实现广泛结社后才能有序、有效进行协商。推动利益均衡，应当大力发展各种社会组织，这已成为执政党和广大社会成员的共识。对于社会组织在国家

---

① ［美］加布里埃尔·A. 阿尔蒙德等：《当代比较政治学：世界视野》，上海人民出版社 2010 年版，第 487 页。

② 孙立平、沈原、郭于华、晋军、应星、毕向阳：《清华课题组：以利益表达制度化实现长治久安》，2013 年 3 月 3 日，人民论坛网（http://www.rmlt.com.cn/News/201104/201104151036395853_9.html）。

③ 叶笑云：《农民民意表达机制创新的浙江经验研究》，《江汉论坛》2013 年第1 期。

政治和社会生活中所发挥的作用，俞可平在阐述其"善治"观点时做了比较精辟的论述，他认为，"'善治'实际上是国家的权力向社会的回归，善治的过程就是一个还政于民的过程"①。公民社会组织（简称 CSOs）具有非官方性、非营利性、独立性、自愿性四个显著特点。"CSOs 发展壮大后，它们在社会管理中的作用也日益重要，它们或是独立承担起社会的某些管理职能，或是与政府机构合作，共同行使某些社会管理职能，由 CSOs 独自行使或与政府一道行使的社会管理过程便不再是统治，而是治理。"② 可见，推动社会组织建设涉及权力让渡和公权力部门管理模式的转变，意义重大。

但是，一直以来，我国民间社会组织不发达，不少组织不但规模太小、结构松散，而且其中大部分是从政府管理部门分化出来，行政化色彩比较浓厚，对社会组织采取的管理体制是双重管理，由登记管理机关和业务主管单位同时对民间组织行使监督管理职能，严格限制社会组织的登记注册合法化。"事实上，中国非政府组织所存在的问题最主要的就是制度化、规范化、法制化程度低，所以规范非政府组织，就应注意对非政府组织运作以及发展中的法律问题分别进行探讨分析。"③ 在当前法治化不断推进的大环境下，只有以完善立法方式推动社会组织建设，才能使社会组织以更加优越的姿态参与到利益均衡中来，应采取转型阶段自上而下的规模立法和制度建设，不能再适用改革初期摸着石头过河的改革策略。国家对社会组织的建设应在中国社会主义法治理念的指导下，修正立法思想，树立立法权威，紧跟立法现实，提高立法层级，经过充分的讨论与系统立法，推动社会组织建设，最终使社会组织协助国家完成造福于民的利益均衡工程。

（一）坚持积极引导与依法管理并举的原则

首先是要制定与社会组织相关的法律法规，并寻求组织自由与组织规制之间的平衡，我国已经出台了一系列调整规范社会组织的

---

① 俞可平：《治理和善治引论》，《马克思主义与现实》1999 年第 05 期。

② 闫健编：《民主是个好东西》，社会科学文献出版社 2006 年版，第 50—51 页。

③ 文正邦、陆伟明：《非政府组织视角下的社会中介组织法律问题研究》，法律出版社 2008 年版，第 34 页。

法律法规,如《基金会管理办法》《社会团体登记管理条例》《民办非企业单位登记管理暂行条例》等,但"中国社会组织立法的症结在于缺乏理性和信心,当前的社会组织立法着重围绕于特定时期的社会稳定"[1],长久的和平与稳定有赖于制度化的法律框架,最终目标应当是形成以社会组织权利保障为核心的有机统一、覆盖全面、层次多样的社会组织法律体系,培育社会组织积极参与利益均衡活动,不断完善以章程为核心的法人治理结构,健全内部规章和自律机制,努力提升社会组织参与社会管理和公共服务的能力,围绕深化社会组织登记管理体制改革、推进政府职能转移委托、加大对社会组织的扶持力度、搭建社会组织发挥作用的平台做出系统的制度安排。基于国家与社会的互动关系要对社会组织进行准确定位,既要明确国家的掌控限度,确立社会组织的自治范围,又要建立起对国家侵犯社会组织自治权益行为的法律救济途径。[2] 一面以法律法规的形式进一步明确降低准入门槛,简化登记办法,探索公益慈善类、社会服务类、工商经济类等社会组织直接申请登记制,充分调动民间力量和资源参与社会建设;一面又要对社会组织加强法律规制,明确各类社会组织法定建立方式和重要活动原则、章程所不可或缺的重要内容、主要成员的对外职责等基本规范。

(二) 培育社会组织成为多元化社会管理的主体

鉴于行政权力对社会组织的发展干预较多的现象,要加快去行政化进程,"多层级的管理不能被发展成为多层次的限制"[3],必须实行政社分开,限制和规范政府的权力和运作方式,严格做到依法行政,还原社会组织的民间性、自治性、群众性,逐步将社会组织业务主管单位调整为业务指导单位,社会组织可以直接向民政部门申请成立,无须业务主管单位的前置审批程序。特别要规范公益慈

---

[1] Liu Peifeng, "Reflections on NGO Legislation in China", *Social Sciences in China*, No. 2, 2007.

[2] 黄晓春:《当代中国社会组织的制度环境与发展》,《中国社会科学》2015 年第 9 期。

[3] Liu Peifeng, "Reflections on NGO Legislation in China", *Social Sciences in China*, No. 2, 2007.

善类社会组织法人治理结构，推动我国慈善总会的去行政化改革，明确独立承担法律责任和违规惩罚措施。

（三）形成社会组织内部管理的制度化

除了对登记环节的重视之外，更不能忽略社会组织成立之后的规范管理，"内部治理的法治化受政治、经济、文化传统和自身特征等多方面因素影响，应兼顾规范性与差异性，既要符合关于内部治理结构的一般要求，也要符合其自身发展规律"①。一方面对外而言，国家出台一系列有关社会组织内部管理和运作的法律法规，尤其是对社会组织资本与财务的规范，对于社会组织实现民主自治化、程序规范化，具有保驾护航的作用；另一方面对内而言，必须完善社会组织负责人管理、资金管理、年度检查、重大活动报告、信息披露、诚信奖励、查处退出等制度，完善其内部治理结构，健全诚信自律机制，防止社会组织被少数利益个人操控。

深圳市的做法值得效仿，其先后制定出台了《深圳市行业协会法人治理指引》《深圳市社会团体换届选举指引（试行）》《深圳市社会组织财务管理指引（试行）》，指导社会组织内部规范管理，提升能力，大力开展社会组织综合评估，制定《深圳市社会组织评估管理办法（试行）》，评估结果作为承接政府转移职能和购买服务的主要依据，引导社会组织加强自身建设。

## 二　扩大民主制度中的"政治参与"

在我国的政治法律体系中，公权力按照现实的政治格局和有关法律法规的规定，由党政机关及其成员行使，一些事业单位也享有部分公权力。② 政治利益与经济利益、社会性利益紧密相联，在中国，由于法律制度构建不够完善等原因，政治利益往往异化为经济利益和社会性利益，所以在 2006 年中国社科院的调查中，干部群体被认为是获得利益最多的群体。如前所述，在政治利益共享问题

① 张清：《非政府组织的法治空间：一种硬法规制的视角》，知识产权出版社 2010 年版，第 242 页。
② 徐靖：《论法律视域下社会公权力的内涵、构成及价值》，《中国法学》2014 年第 1 期。

上，党和政府从法律层面做了大量努力，通过推进党内民主、合理设置基本民主制度建设，建立"四大政治制度"、建立一站式服务、行政问责制、服务承诺制、政策听证制度的服务政府和责任政府等，开放政治权力给社会，下放政治利益给基层民众，在全社会范围内良性输出政治利益，健全基层选举、议事、公开、述职、问责等机制，从而畅通民主渠道，实现政治利益的分享，使基层民主得到发展，吸引民众参与到国家政治生活中。总的来说，效果显著，但是一些关键问题依旧没有得到解决，如党在社会基层自治组织中的领导方式的法制建构。该问题包括两个层面：一是地方基层党委（主要是农村的乡镇党委和城市的街道党委）对基层自治组织实行领导的方式，地方基层党委的领导权在自治组织中的实现范围、运作原则、领导方法、运作机制需要明确；二是自治组织内的党组织对自治组织、自治活动实行领导的方式，即自治组织内的党组织在自治组织、自治活动中行使领导权的范围、原则、程序，特别是党组织领导权与自治组织自治权之间的法律关系，以及处理这些关系的原则和程序需要被确立和遵守。① 笔者认为，若从利益分享层面探讨该问题，应从以下两方面试图加以改善。

（一）完善与保障普通公众的民主参政权

随着社会的发展，新型弱势群体——"权利贫困"群体开始出现并受到广泛关注。所谓"权利贫困"，"是指一国公民由于受到社会体制、制度、政策等影响，在本国不能享有正常公民权利或基本权利得不到体制保障，导致他们处于弱势地位"②。正如学者余少祥论述的那样"在一个民主社会里，政治制度之所以合理，乃是因为这些制度可以起到保护社会成员不受市场羞辱的作用"③。因为市场化必然导致利益分化，利益分化带来的地位、能力等方面差别，导致弱势群体在政治领域的利益往往被忽视，这就需要国家在政治上

① 那述语：《论党在基层自治组织中的领导方式之法制建构》，《政治与法律》2007 年第 2 期。

② 余少祥：《弱者的权利——社会弱势群体保护的法理研究》，社会科学文献出版社 2008 年版，第 9 页。

③ 徐贲：《正派社会和不羞辱》，《读书》2005 年第 1 期。

给他们以政策倾斜，从而真正实现利益均衡和实质平等。包括农民工阶层、失业阶层等传统缺乏政治利益群体，如何调动他们的积极性，引导其参与正常国家政治生活，也是下一步政治利益的法律调控所要解决的问题。

当前阶段，公民民主参政权的完善和保障尤其值得重视：第一，最近一次《选举法》修改，虽然改变了城乡人大代表所代表人口数不平等的局面，但部分人大代表参政议政能力不足仍然难以从根本上得到解决。这在农村代表身上体现得尤为明显。基层选举中，公众参与度不够、投票热情不高，受制于教育程度、知识结构等客观原因，无法完全发挥"人民代表"的职权，所以加强农村的法制教育势在必行。要进行广泛宣传、不断普法、拓展渠道，提高参选民众的民主思维、参政意识和法律水平，可以共同探讨、制定体现相关选举理念的村规民约，调动公众的主动性、积极性，最大程度上保障农民选举权的充分行使。第二，直选范围过窄，局限于乡镇、市一级，在一定范围人大代表构成容易被某些既有利益集团垄断，这就要求在把《村民委员会组织法》落实到位的基础上，健全竞选机制，把竞争机制融入选举过程中，把竞争选举当作选举法律的一项基本原则，从备选到参选，再从当选到任职，通过对竞选方式、规则、程序等加以具体化，使每一个阶段、每一处细节都不离开竞选原则的保障与制约。① 第三，农村选举，选举权的行使往往为宗族观念、朋友情面所"绑架"，甚至出现贿选现象，2011 年广东的"乌坎村"事件就印证了这一点。有必要加强基层法治建设，使基层社会尽快从伦理型社会向法治型的现代社会转变，从而减弱亲情、友情等因素的干涉，使得非民主、非法治等因素排除在正当选举之外；同时，要健全相关法律法规，除了对《治安管理处罚法》和《刑法》中规定的违规行为、破坏选举等行为加以规定、制裁之外，还应当对贿选行为做出明确的界定和禁止，设定负责查处选举中违法现象的执行机关，对违法主体和违法行为严加处罚，

① 陈家喜：《我国乡镇党委公推直选的改革态势与发展路径》，《社会科学研究》2011 年第 2 期。

这项工作建议由选举委员会、县级人大常委会及相关司法机关来予以执行。

（二）借助利益集团催生民主转型

部分学者担心：如果利益集团分享了更多的政治权利的话，那就会产生利益集团政治，进而损害广大个体群众的政治利益。需要指出的是："政治市场不是一个'斗牛场'，而是人们寻求互利合作的场所，公共选择学派对政府行为的实质分析，尤其是'设租—寻租'理论、管理俘获理论、立法中'供给—需求'的交易理论都表明，公共官员与利益集团之间是一种'互惠合作'的交易关系"①，"如果妥善处理，利益集团能够在中国催生一个更加制度化的、有序的、和平的和民主的转型，在民主国家里，利益集团政治既不被视作社会政治稳定的威胁，也不是政府合法性的挑战，而被认为是民主治理中必不可少的环节，但是仅仅从政策的层面来对利益结构进行协调，是远远不够的，应当从政治的层面建立制度化的代理人政治模式"②。虽然党和政府都提出了加强社会建设的法治战略目标，但如何把一部分政治利益通过法律有序交给利益集团，这也是一个拭目以待的问题。

根据当前中国的实际，应当从法律层面进一步提高利益代表的政治参与度以推进政治利益良性输送，即党政的政治决策向不同社会组织的开放、向不同精英群体的开放、向不同利益群体的开放，这样有利于执政党更多地赢得社会的支持，有效主导新时期的政治发展进程，③有力推进政权开放的具体举措。根据我国政治生活的实际，进一步推动政权的制度开放，可以首先从逐步增加"两代表一委员"④中的农村、基层和民营企业的构成着手。党代表、人大代表和政协委员是中国政治生活中个人享有和行使政治权利的身份

---

① 包万超：《行政法与社会科学》，商务印书馆 2011 年版，第 119—120 页。

② ［美］李成：《评景跃进〈演化中的利益协调机制：挑战与前景〉》，载俞可平《中国的政治发展：中美学者的视角》，社会科学出版社 2013 年版，第 339—346 页。

③ 蔡霞：《建设现代政治共同体——中国共产党执政使命的历史维度》，载胡舒立《中国 2012》，江苏文艺出版社 2012 年版，第 195 页。

④ "两代表一委员"指党代表、人大代表和政协委员。

基础。改革开放以后，中国的民主政治一直处于发展完善之中，特别是第三代领导集体提出了"三个代表"思想之后，执政党扩大了其社会基础，允许优秀民营企业家入党，中国共产党的大门由此向全社会打开，各个领域的代表都能在政治利益均衡中发挥更大的作用，在人大代表和政协委员构成上，也不断增加来自社会及民间的比例，最主要的表现是"两代表一委员"提名时明确一部分名额配置给民营企业家、基层群众代表等。但也有学者认为这方面依然存在不足，比如在选举全国人大代表时，城市人口每24万人选举产生一个代表，而农村人口却是每96万人产生一个代表，农民的政治权利仅为城镇居民的1/4。学者盛洪认为，在权利上，在政治上，8亿农民就变成了2亿农民，他们就很难和5亿城镇居民抗衡。五届人大以来，农民代表比重由20.59%下降为8.4%。第五届全国人大代表中，工人代表占26%，在第七届人大中占23%，而在八届人大下降到11.5%，到九届人大下降到仅占10%。与此形成鲜明对比的是，据官方统计，在目前的人大代表中，有70%为各级政府官员兼任。[①] 因此，为了推进和实现政治利益均衡，应当进一步提高农村及民间"两代表一委员"比例，对于人大代表的结构，根据新修订的《代表法》和《选举法》的规定，按相同人口比例选举人大代表。对于政协委员的结构，民主党派成员和无党派人士等党外人士占较大比例，要求非公有制经济代表人士等其他社会阶层代表人士比例适当。

### 三　执政党推动赋权社会组织

在推动和实现利益均衡的过程中，公众参与社会治理的主要渠道是各种类型的社会组织，社会组织是实现公众参与的主要载体；同时，居民委员会、村民委员会等基层群众自治组织也是公众参与的有效组织形式，而民主选举、民主决策、民主管理和民主监督，则是公众参与的实现路径。要扩大公众的参与范围，增加政府决策的透明度，通过建立健全专家咨询和论证制度、社会公示制度和听

---

① 杨帆：《利益集团》，郑州大学出版社2010年版，第287页。

证制度，完善信访制度等，多渠道、多形式地集中民智，反映社情民意，从而解决民生、落实民权、维护民利。①

（一）执政党积极主导社会组织建设

在新时期，中国共产党的执政基础已经比较稳固，中国共产党作为宪法中规定的执政党，是社会各项建设事业的主体和依托，有义务积极参与到社会组织的建设中来，所以确立广泛代表各方面利益的价值取向和执政思维，加强利益整合能力的建设必不可少。中共十二大指出"社会主义民主要扩展到政治生活、经济生活、文化生活和社会生活的各个方面。发展各个企业事业单位的民主管理，发展基层社会生活的群众自治"。中共十七大指出要"发挥社会组织在扩大群众参与、反映群众诉求方面的积极作用，增强社会自治功能"。中共十八届三中全会更是明确指出，要"激发社会组织活力，正确处理政府和社会关系，加快实施政社分开，推进社会组织明确权责、依法自治、发挥作用。适合由社会组织提供的公共服务和解决的事项，交由社会组织承担。支持和发展志愿服务组织。限期实现行业协会商会与行政机关真正脱钩，重点培育和优先发展行业协会商会类、科技类、公益慈善类、城乡社区服务类社会组织，成立时直接依法申请登记"。为此，在社会组织建设方面，执政党要始终发挥好主导作用，不仅要将建设策略通过立法程序实现合理的转换，还要邀请社会组织进行广泛探讨，检讨党的相关政策利弊，提供更加平等的机会，做到一手积极引导发展、一手严格依法管理，建立统一登记、各司其职、协调配合、分级负责、依法监督的管理体制，特别要建立社会组织负责人管理制度、资金管理制度，完善年度检查制度，健全查处、退出机制，逐步形成信息共享、工作协调的管理机制，将社会资源尽可能公平地输送，实现各个利益阶层间的平衡。

笔者的建议是：执政党应当主动作为，以恰当的方式主导、引导或参与社会组织建设，不断加强社会组织党建工作，以党的建设带动社会组织自身能力建设，在党的主导下以社会组织为载体进行

---

① 《构建社会主义和谐社会学习读本》，中共党史出版社2006年版，第147页。

利益均衡：一是各级党组织主动组建各种有特色、有吸引力的社会组织，制订系统全面的社会组织发展计划，稳步实施。可以考虑从党费中支付部分社会组织的启动费用，新组建团体向党内外开放。二是鼓励、动员党员广泛参与各类社会组织，包括协会、社团，以及原来禁止参加的同乡会、同学会及战友会等联谊组织，在其中发挥好作用，对已经成立的社会组织，尝试在其中柔性组建党组织或是鼓励本身已在组织内部的党员发挥好主导作用，在社会组织中通过定期开展党员志愿者活动，逐步建立起党组织与党员志愿者的联动机制，开展社区党员志愿者活动，依托社会组织服务对象，将工作延伸到社会组织各个角落。① 三是积极培育壮大社会组织党员队伍，各级党组织积极开展吸引和服务党员工作，为社会组织组建党组织创造条件。首先可以"帮助转"，对到社会组织就业的大学毕业生和新招调人员中的党员，帮助他们及时转来组织关系；其次可以"主动找"，针对社会组织党员流动性较大的实际，及时采集党员信息，对采集到并确认身份的党员，及时纳入管理，最后可以"重培养"，例如对党员不足 3 名或没有党员的社会组织，通过选派党建组织员、指导员、信息员等形式，发掘和鼓励社会组织中的先进分子积极向党组织靠拢，不断壮大党员队伍，为开展党建工作和建立党组织创造条件。四是进一步放宽领导干部在社团兼职的限制，鼓励党员和领导干部以社会成员的身份，按照社会组织的组织章程规定，参选社会组织的领导人，逐步建立完善领导架构。

（二）社会组织的权力扩展

在市场经济的背景下，公权力容易成为一种特殊资源而被不法交易，例如通过行政审批权直接谋利，尤其是在部门利益的驱动下，容易将公权力部门化，然后再将部门权力利益化，部门利益不断被制定为政策，甚至是法规，严重影响了公权力的规范实施，这便迫使政府向社会不断赋权，也给社会组织参与到利益均衡的

---

① 蒯正明：《新中国 60 年来中国社会变迁与党对社会组织的整合》，《北京社会科学》2009 年第 5 期。

系统工程中来提供了良好的契机。① 具体而言，需要加快下放社会管理权，加大政府职能转移委托力度，将政府承担的部分社会管理和公共服务职能交由社会组织行使，政府的角色由"划桨者"逐步转型为"掌舵人"，通过编制公权力部门向社会组织转移职能目录的方式，明确转移职能和购买服务的部门、职能和项目，由相关部门制定社会组织名录及考核办法，给予资质优良、社会信誉好的社会组织承接公共服务优先权，配套建立第三方咨询和评估机构，确保信息公开，机制透明。又如，围绕社会公众的基本生活服务需要，引导社会组织提供多层次、多样化社会公益服务，转变传统上社会事业"养机构、养人员"的做法，探索运用市场化手段，以政府采购、定向委托等不同方式向社会组织购买服务，支持社会组织为居民提供养老助残、慈善帮困、就业援助、教育培训、科技文体和法律咨询等服务。推动慈善领域内的立法，明确公益慈善组织的社会功能和作用，运用税收、地价、补贴政策鼓励冠名、公益信托和公益创投等捐赠方式聚集社会资本。同时加强对公益慈善组织的年检和评估工作，推动形成法律监督、行政监督、财务和审计监督、舆论监督、公众监督、行业自律相结合的公益慈善组织监督机制。但社会组织的自我管理并不意味着对其放任自由，公权力部门在对涉及公共利益领域进行规制的基础之上，要积极引导其参与公共服务。与此同时，依据宪政原则打破权力垄断，实行权力向社会的分散，积极向社会组织"放权"，赋予其足够发挥作用的空间，使国家权力、市场权力、社会权力各有相应边界。② 正如燕继荣教授指出的："未来中国社会自治发展能走多远，取决于中国政府在开放性和公共性方面能走多远。"③

---

① 纪莺莺：《当代中国的社会组织：理论视角与经验研究》，《社会学研究》2013年第5期。

② 徐靖：《论法律视域下社会公权力的内涵、构成及价值》，《中国法学》2014年第1期。

③ 燕继荣：《中国的社会自治》，载俞可平《中国的政治发展：中美学者的视角》，社会科学出版社2013年版，第14页。

# 第三节　协商法治的构建

"任何一种制度与体制都需要法律上的支持与保障，协商机制的功能能否正常发挥，最终还有赖于法律制度的构建及其实施。"①早在20世纪80年代，沈荣华先生就深刻地做出了总结："过去，我们一直吃了制度、法律不健全的亏，现在，我们应当接受教训，下大力气进行制度建设，使社会协商对话等一系列民主政治制度尽早完备起来，使我们国家尽快走上法治的轨道。"②在协商民主的语境下，为了使社会协商制更具程序性、正当性、权威性，提出构建协商法治也是大势所趋。

## 一　协商法治与政府、社会和公民的良性互动

"公民参与的行动必须是建立在合法性的基础上，并且参与者根据本身所拥有的知识与能力、花费的成本、预期的影响力等，理性地选择最有效的途径与策略"③，所以必须以立法的形式确立合理合适的参与途径。为了使公民对利益均衡的社会参与保持较高的热情，还应当切实保障公民已经通过法律而获得的正当权利和利益，只有这样，公民在利益均衡中的作用才能最大化发挥。利益均衡必须在法治化、规范化、程序化的轨道上进行，现代立法的过程本质上就是对不同利益进行均衡的过程，"是一个利益识别、利益选择、利益整合及利益表达的交涉过程，在这一过程中立法者旨在追求实现利益平衡"④，要同时兼顾政治、经济、社会利益，就公民参与而言，意味着要增加公民参与的渠道并使之制度化，形成一项有效处

---

① "社会协商机制的法律体系建构研究"课题组：《社会协商机制的法律体系建构研究》，《中国司法》2011年第12期。

② 沈荣华：《社会协商对话》，春秋出版社1988年版，第194页。

③ 李国强：《现代公共行政中的公民参与》，经济管理出版社2004年版，第37页。

④ 张斌：《论现代立法中的利益平衡机制》，《清华大学学报》（哲学社会科学版）2005年第2期。

理利益均衡的措施。

改革开放前，由于我国实行的是过度集权的计划经济，奉行公民对党和国家的绝对服从理念。改革开放 30 多年来，随着社会的不断发展，这一局面开始改变。1986 年 4 月 12 日，第六届全国人民代表大会第四次会议通过并颁布了《中华人民共和国民法通则》，它保障了我国公民从事民事活动的最基本的民事权利，即人身权和财产权，这也为国家公权力的行使划定了范围和边界。2007 年 3 月《中华人民共和国物权法》的颁布，进一步明确了我国公民的私有财产权神圣不可侵犯，即国家除了依法保障公民的各项财产和精神权利之外，不得随意侵犯公民的合法权利，为我国公民更好地行使民主参政权进一步奠定了基础。在推动和实现利益均衡的过程中，公众参与社会治理的主要渠道是各种类型的社会组织，社会组织是实现公众参与的主要载体；同时，居民委员会、村民委员会等基层群众自治组织也是公众参与的有效组织形式，而民主选举、民主决策、民主管理和民主监督，则是公众参与的实现路径。要扩大公众的参与范围，增加政府决策的透明度，通过建立健全专家咨询和论证制度、社会公示制度和听证制度，完善信访制度等，多渠道、多形式地集中民智，反映社情民意，从而解决民生、落实民权、维护民利。①

政府在日益重视社会组织的同时也不能忽视基层群众自治组织长期以来发挥的重要作用，未来应构建以基层党组织为核心、村（居）民自治组织为基础、社会组织为补充、村（居）民广泛参与的社会服务管理格局。为此，笔者建议：第一，减少行政管理的层级，合理调整街道办的职权，将街道办的职能向上或向下挪动，向上则是区级政府与街道办职能、机构整合的问题，向下则是街道办与社区职能、机构、职能整合的问题。在区和街道中只保留一端。这样一方面有助于区一级政府的政令尽快传达到基层，另一方面可以赋予基层群众自治组织以更大的职权，以期进一步激发其创造活力。在中国古代，相当长的时间里实行的是中央、省、县、乡四级

---

① 《构建社会主义和谐社会学习读本》，中共党史出版社 2006 年版，第 147 页。

体制，而我国目前是中央、省、地级市、县（区）、街道、社区（居委会）六级体制，链条太长使利益格局变得更为复杂。① 第二，注重基层民主建设，依法选举村委会，推进社区居委会直选，鼓励组织成员积极参选，从而投入到为村（居）民利益服务的事业中来。在具体工作中，推行民主提事、民主决事、民主理事、民主监事，完善以村（居）民会议和村（居）民代表会议为主要形式的民主决策制度。将更多的政治利益、经济利益及社会性利益实质性地输送到基层，使基层成为更多利益的承载体和占有者，使更多的资源直接由基层政权有序配置给社会成员。第三，在全国范围内加快推进村（居）民理事会试点工作，深入开展村（居）务公开民主管理示范创建活动，为村民、居民行使政治权利探索新的路径。规范乡镇（街道）考核村（居）制度，努力实现村民、居民对基层群众自治组织的评议，以此来保障村民、居民的合法权益。②

## 二　协商法治与"公权部门示和"

古语有云："和为贵。"这里的"和"，不能简单地理解为"和气"。在利益均衡的法律调控中，可以用"和"字来表达权力制衡与共享的理想状态，在社会管理和社会建设中，可以用"和"字来表达政府部门对社会进行管理的最高境界和最高目标，"和"就是政治清明廉洁，人民安居乐业，社会秩序井然有序。"和"的背后是各项利益的合理分布和均衡。

因此，"公权部门示和"是影响社会协商制构建的重要因素，建议从以下几方面继续推进：第一，政府部门主动推进"示和文化"建设工程。聘请教育学、社会学、国学等领域的专家拟定整体工作方案，在中小学开展传统相关教育，以中国传统优秀价值观为基础，吸收西方价值观中合理部分形成以"示和"为核心的价值观加以传授。在这个过程中，要特别注意把社会主义核心价值理念与社会共同价值观相融合，增强社会各个阶层的认同感、归属感。结

---

① 宋学文：《中国地方行政层级体制的历史嬗变规律辨析》，《理论与改革》2015年第3期。

② 周仁标：《论完善农村基层自治的路径》，《社会主义研究》2009年第3期。

合社会热点道德伦理事件，适时开展全国性的价值观大谈论——当代的义利之辩，和而不同，在此基础之上，国家最终以法律文件的形式形成共同价值观的宣言或者白皮书，以此作为凝聚社会共识的最为基本的价值观支撑。第二，政府部门在施政和执法过程中贯彻"示和文化"。政府部门要把"示和文化"与均衡各方利益紧密联系起来，在协调现有存量利益及配置新产生的增量利益和行政执法中以"克制"的态度体现"和"的精神，在拆迁、城市管理等过程中尽量去除暴力化。还要重视对弱势阶层的人文关怀，这种关怀不仅体现在物质层面，还要注重心理上的疏导，使之看到希望，看到政府对其利益的关注，在更大的社会层面形成奋发进取、理性平和、开放包容、知足常乐的社会心态。第三，以"示和"的心态大力推进社会建设。政府对公民社会应当采取乐促其成、乐观其成的态度，积极地培育和扶持社会组织，为社会团体的成长创造良好的政治和法律环境，并切实让社会组织在政治参与中发挥积极的作用，使其成为自我管理的主体。在法人人格上，公权部门和私人部门都根据法律面前人人平等的原则，作为平等的法律主体。各级政府部门应乐意于主动与私人部门进行合作与交流，从而充分发挥社会团体在社会政治治理和国家进步中的作用。[1] 诚如学者指出的，在全球化时代，民间组织和私人部门也是全球化进程的主体，政府和公共部门应当创造有利条件让它们更多地参与国际合作与交流。[2]

　　以上相关理论，我们可以结合化解城管与流动摊贩矛盾这个顽疾来进行论述。各地摊贩与城管之间的困争，时不时导致伤亡事件的发生，有时还引发群体事件及大规模上访，在一定程度上影响政民关系。[3] 妥善解决城管与摊贩困争的前提是找准矛盾的实质，城管与摊贩似乎天生就是对立面，深入对立面中考察，可发现困争实质是利益冲突。首先，在公权部门——城管这一方，涉及公共利益，也就是城市管理职责及相应的行政责任，国家通过规定行政责

①　王莉：《社会团体行使公权力中的法律问题初探》，《浙江学刊》2005 年第 6 期。

②　闫健编：《民主是个好东西》，社会科学文献出版社 2006 年版，第 101 页。

③　刘磊：《街头政治的形成：城管执法困境之分析》，《法学家》2015 年第 4 期。

任及强化责任追究等，要求城管及其工作人员采取相应的查处行为，因此，导致公权部门自认为占据了"依法行政"的道德高地，在驱赶、没收过程中几乎肆无忌惮。其次，在摊贩这一方，涉及私益即个体经济利益。① 摊贩大体包括进城打工人员和城市原居民中低收入阶层两个部分，属于城市人口中的"赤贫阶层"，摆摊是为了解决如生计、子女入学或看病等基本生存问题。此外，困争还涉及相关各方的利益，比如周边持证商家，其销售额会受冲击等，在上述多方利益交织下，如果不创新思路，城管与摊贩的问题可能将成为国家发展过程中相当长时期里无法妥善解决的一个顽疾。

不难看出，困争的背后是利益格局的错乱，因此解决城管与摊贩困争的切入点是妥善照顾各方利益，实现理想状态下的利益均衡。首先，从公权部门来说，其利益的连接点是城管秩序的有效维持及相应对其行政追责的免除。② 法律法规设定了其执法义务，看到乱摆摊而不执法就是行政不作为。因此，应调整城管立法思路，改"不允许摆摊"为"可有条件地摆摊"，把摆摊由不法行为改变为符合公共利益的合法行为。公权部门可在修改城管法规后，以"联合办公"这种相对高效的模式，对可利用的摊位进行科学规划，明确摆摊时段，再通过信息公开、公平授予、制定相关扶持政策和税、费减免政策等，将摆摊问题用富有人情味和符合公正要求的方式管理起来。与此同时，政府还应当引导其组建自我管理机构实现自治。其次，对于摊贩来说，利益的连接点是允许其摆摊获利但必须履行相应社会责任。摊贩循合法途径取得经营权后，必须承诺保证货品和劳务质量，按设定地点和时间经营及保持好环境卫生等，使摆摊成为既利于自己又利于社会的行为。最后，对于周边商家和住户来说，商家的利益连接点在于保证其正常收入不会受到损害或是受到损害后可依法获得补助，如通过调整经营范围减少与摊贩的同业竞争、申请政府相关专项资金补贴（如政府再就业基金）扶助

---

① 何兵：《城管追逐与摊贩抵抗：摊贩管理中的利益冲突与法律调整》，《中国法学》2008 年第 5 期。

② 陈柏峰：《城管执法冲突的社会情境——以"城管来了"为文本展开》，《法学家》2013 年第 6 期。

以及申请相关税费减少等；住户的利益连接点在于正常生活不受摆摊影响，只要摆摊规范好，明确了时段，不至于垃圾乱扔、污水横流、噪声不绝，其利益也就得到了照顾。

　　但是必须看到，城管与摊贩困争涉及多方利益，尽管找到了矛盾的根源，找到了解决的方案，但困扰多年的老大难问题无法自发地解决。解决此问题需要按照"公权部门示和"的思路，有关政府部门主动组织充分、足够的社会协商，比如，关于摊位规划，需要公权部门主动召集各方进行协商，涉及城管、人社、税务、工商、规划、建设以及街道和社区、周边商家及居民代表等。① 又如，如果允许摆摊将减少周边商家的利润，如何修改法规条例和有关政策，允许从公共财政中适当拨付款项给受损商家，以及免除摊贩税费、减少受损商家税费等，需要各政府部门协商。再如，如何在摊贩中实现有效的群众自治，如何组织摊贩以合法、民主方式推选自治组织等，都需要政府与摊贩的充分协商。② 只要公权部门愿意示和，善于示和，开展充分、足够的协商，利益格局错乱所导致的各种具体问题就可以得到解决。

### 三　协商法治与"强者示弱"文化

　　公众是社会的细胞，也是社会活力和利益平衡的力量来源，在推动和实现利益均衡中，社会公众有着无可替代的作用。在公民中倡导"强者示弱""弱者示志"的"克制文化"，有利于凝聚"利益均衡共识"。示弱就是表明处于相对下风的态度。中国的传统文化素来重视一种相对平衡的社会理性状态。儒家的中庸思想及道家阴阳变化的辩证法思想均强调这样一种状态。易经有云："亢龙有悔"，意为居高位的人要戒骄，否则会因失败而后悔，③ 警醒强势者应当适可而止。论语有云："克己复礼为仁"，也是告诉人们要自我

---

① 陈那波、卢施羽：《场域转换中的默契互动——中国"城管"的自由裁量行为及其逻辑》，《管理世界》2013 年第 10 期。

② 张晒：《权力生产与社会控制："城管与摊贩"故事背后的逻辑》，《社会学评论》2014 年第 4 期。

③ 朱湘泉校注：《孟姜山志·校注版》，湖南人民出版社 2010 年版，第 311 页。

克制，遵守礼法。"强者示弱"在一些人心目中似乎不可思议，但事实上有益于补救社会公平。在利益总量有限的情况下，获得较多利益的阶层或群体如果还以强势的态度出现，势必加剧社会的分化和阶层间的仇视及敌对情绪。如果"强者示强"，社会公义将呈现一边倒的恶性态势，社会利益调节机制将出现严重系统性失灵，这往往是政权结束的社会征兆和肇因。春秋战国时有一则非常经典的强势者与弱势者的对话，双方对话的结论是"贫贱者骄人"①。在中国传统社会中，社会有识之士通过礼贤下士、体恤下人、乐善好施、扶助孤寡、不与贩夫走卒讲价等具体行动来体现一种"强者示弱"的社会态度。新中国成立后尤其是改革开放以来，社会整体范围内"强者示弱"现象接连不断，比如富有阶层的慈善活动，希望工程中的结对子，重大灾难中对灾区的帮助等。但是，由于价值观的紊乱，当代中国社会"强者示强"的现象不绝于媒体，比如"我爸是李刚""郭美美炫富"事件等。这些都与"强者示弱"的理念背道而驰，是十分危险的社会苗头。其背后是占有利益较多群体的蛮横心态，该心态与利益均衡理念背道而驰。

笔者认为，建立"强者示弱"文化的需要从以下三方面努力：一是开展相应社会讨论，形成"强者示弱"的良好社会氛围；二是公权机关及其工作人员带头示弱，从职业道德建设的层面明确相关纪律要求，对于滥用权力欺凌弱小的规定明确惩戒措施；三是建立"强者逞强"的社会舆论谴责机制，对有关社会现象进行声讨。

在实践层面，建立"强者示弱"文化是一方面；"弱者示志"文化则是另一方面。社会学中，"弱势群体有特定含义，也被称为社会脆弱群体、社会弱者群体，在英文中称 social vulnerable groups，弱势群体是一个虚拟群体，是社会中一些生活困难、能力不足或被

---

① 司马迁《史记·魏世家》：子击（魏文侯太子）出，遭田子方（魏文侯师）于道，下车伏谒。子方不为礼。子击怒，谓子方曰："富贵者骄人乎？且贫贱者骄人乎？"子方曰："亦贫贱者骄人耳，富贵者安敢骄人！国君骄人则失其国，大夫骄人而失其家。失其国者未闻有以国待之者也，失其家者未闻有以家待之者也。夫士贫贱者，言不用，行不合，则纳履而去耳，安往而不得贫贱哉！"子击乃谢之。

边缘化、受到社会排斥的散落的人的概称"[①]。在国内，弱势群体作为一个正式概念最早见于 2003 年朱镕基总理的《政府工作报告》。其具体构成大体包括儿童、老年人、残疾人、精神病患者、失业者、贫困者、下岗职工、灾难中的求助者、农民工、非正规就业者以及在劳动关系中处于弱势地位的人等。比如人们常说的"蚁族"阶层，也属于这一群体。

学术界一般把弱势群体分为两类：一是生理性弱势群体，一是社会性弱势群体。[②] 前者沦为弱势群体主要是由生理原因造成的，如年龄、疾病等；而后者主要是社会原因导致的，如下岗、失业、受排斥等。[③] 由于这个群体的现实特殊性，国家按照"关心、支持、自助、增权"等基本原则，建立一系列制度进行救助。当然，我国在此方面的制度构建还相对滞后，有待于借助社会建设的东风大力加强、迎头赶上。政府有必要在这一群体中倡导一种"弱者示志"的文化。"弱者示志"文化解决的是弱势群体，尤其是社会性弱势群体中可能存在的自暴自弃心理及对社会的敌对行为，避免弱势群体成为社会对立面，鼓励其遵纪守法、奋发图强。诚如学者所指出的，"弱势群体走向自立、自尊、自强，必要的社会支持固然十分重要，但是，最终摆脱弱势地位还是要靠弱者自身的努力，外部支持的重要作用在于增强弱者改变其弱势地位的能力，俗语云，'惟自助者天助之'，完全依赖外部支持，是无法彻底改变一个人、一个群体的弱势地位的"[④]。因此，倡导"弱者示志"文化有利于激发弱势群体的自主潜能，实现"授人以渔"的终极效果。例如，在社会治安防控领域，可以通过志愿性质的治安积极分子、人口兼职协管员等建设，一方面务实开展工作，扩大重大治安信息、情报的来源；另一方面减轻警务人员的压力，从而使有限的警力

---

① 刘叶：《社会弱势群体的定义、类型及产生根源研究》，《法制与经济》（中旬刊）2011 年第 2 期。

② 彭定光、李桂梅主编：《当代中国公民道德建设研究》，湖南师范大学出版社2013 年版，第 147 页。

③ 同上。

④ 刘叶：《社会弱势群体的定义、类型及产生根源研究》，《法制与经济》（中旬刊）2011 年第 2 期。

资源得到最大限度的发挥。在基层人民调解委员会可以尝试改变调解员的遴选方式、扩大行业来源，保证基层利益纠纷可以得到妥善化解。又如，在深圳市每年的公务员招考中，均有一定数量来自社会最底层的人员被录用，这些人员有的原来是小区保安员，有的是仓库保管员等。

随着经济发展，社会公众收入水平提高，加之政府提倡、社会团体劝导等因素，社会公众用于捐赠和慈善的开支也相应增加，社会公众的利益均衡行为越发普遍，这种普遍性表现在：一是范围上，不论是富有阶层还是工薪阶层对于慈善都有参与，对利益均衡的关注度有显著增加。这可以从汶川地震、舟曲泥石流等灾害捐款活动中得到侧面印证。二是数额上，不论是企业善款，还是公民个人善款，近几年都呈大幅上升的趋势，以千万甚至以亿为单位的款项已经屡见不鲜，2011年国家"慈善城市指数"评选，深圳、厦门等入选十大城市的人均慈善捐赠均已超过两百元，显示出社会公众个人力量在利益均衡方面已经发挥出巨大的力量。三是利益均衡形式上，时至今日社会公众的输送利益的方式已经不再局限于捐款捐物的简单层面，结对子帮扶、科技扶贫、心理关怀等新的形式不断涌现，社会公众的创造性得以充分显现，其有助于解决深层次的社会矛盾，也往往比一般的物质捐赠更能解决实际问题。

对于社会公众来说，要通过各种形式的宣传教育，使其树立权利义务相统一的观念及民主、法律意识，引导他们积极、正确行使民主权利，保障有序的政治参与，最终使其认识到建设社会主义和谐社会、实现不同阶层间利益的平衡，最终要靠他们自身认识到只有以主人翁的精神参与到推动和实现利益均衡中来，寻求有建设性地解决问题的途径，减少非理性的利益对抗，才能创造自己美好的幸福生活。国家要推动建立起制度化的利益表达制度，降低社会门槛，加强阶层之间的相互流动，弥补利益主体发育不均所造成的社会极端不公平，使利益的实现能力和实现程度得到均衡，不能把凭借占有的生产资料和所处的社会支配地位作为获取利益的唯一方式，要使得利益的获取过程充满热血与理想，而非冰冷无情，能够以自治意识和基层力量影响社会导向和政府决策。

# 第六章

# 增强利益均衡法律调控的合法性

人类文明的进程发展到今天，法治的力量已被大多数人所承认，法治能实现社会公正，经济、政治、文化等各种权利在社会成员之间合理分配，各种义务合理承担，在具体的领域内确定具体的内涵和具体的标准。[①] 利益法学派的代表人物耶林曾指出，"法律的真正缔造者并不是别的什么，而是利益"[②]。"法律具有重要的利益调控作用，这种作用表现为利益调整、利益选择和利益协调，包括对利益冲突的平衡。"[③] 推动和实现利益均衡，需要依赖法治的力量，通过立法和司法等，综合运用法律法规调节各种利益活动，从而实现总体上的利益均衡。我国推进和实现利益均衡之初，执政党通过政治动员、制定相关政策、推动有关行政行为等来推进利益均衡，在实现一定程度的利益均衡后，应当寻求法律手段来推进和巩固相关成果。法律手段具备的三方面特性使其成为推进利益均衡的重要依托：一是稳定性大，不同于行政和经济政策的多变，以法律确定下来的利益均衡措施在相对固定的一段时间内不会发生较大改变，利于保持政策措施的连贯。二是可预测性强，相对于主动实施良性利益输送的党和政府而言，潜在的利益均衡的受益方毫无疑问是被动的，而法律手段的实施，可以为他们提供一个合理期待自身利益的机会。三是有可靠的救济手段，法律是公民权利的最后的"保护伞"，在公民的利益无法得到充分保障之时，法律的惩罚性条款有助于维护公民的利益。因

---

① 任理轩：《理性看待当前的社会公正问题》，《人民日报》2011 年 2 月 16 日。
② 杨帆：《利益集团》，郑州大学出版社 2010 年版，第 7 页。
③ 冯晓青：《知识产权法前沿问题研究》，中国人民公安大学出版社 2004 年版，第 5 页。

此，在推进利益均衡的过程中，必须通过法律的功用实现对社会的控制。法律的功用是一个包括立法、司法、执法和法学研究等多方面内容的综合工程。① 通过法律来进行利益均衡，既要首先在立法层面上全盘考虑国家、社会、个人利益，做出合理界分，又要在严格依据法律的基础上通过执政行为对利益再度均衡，最后，当有违法行为发生时，要通过司法救济途径第三次对失衡的利益进行均衡，由此三位一体的法律保障模式，"通过权力制衡设置和激励、协调约束机制的协调运作"②，真正意义上达到利益均衡。

宪法是对利益最根本的确定和分配，其他法律是对宪法原则性利益分配的补充、延伸与细化，要通过立法加强利益协调，确立利益均衡的立法制度，鼓励委托第三部门立法或社会立法，立法对利益的分配是依照两条路径进行的："确定利益主体与确定利益内容"③，所以利益均衡的立法，重点是调整利益主体之间的矛盾，协调主体与主体之间的各方利益关系，建立起利益内容的保护与限制制度，通过对利益有规范、有方式、有目标地调控，促进利益的再生与发展。利益均衡离开法治无法推进和实施。立法的过程实际上就是各种利益分配和平衡的过程，立法机关在创制法律过程中要充分考虑各利益主体的需求，并尽可能兼顾各方利益，并在不同领域有所侧重。法的创制机关活动的最终目的，是通过揭示各种不同的利益之间的矛盾，结合社会发展的趋势，做出取舍和协调，并把协调的结果规定在相应的法律文件中，使国家、集体、个人利益之间，整体利益与局部利益之间，多数利益与少数利益之间能协调一致，以避免各种矛盾和冲突。

# 第一节　强化公权力运作的法律规制

法治的核心在于对公权力进行合理而有效的规制，确保公权力

---

① 张晓永：《追寻法律的重心：庞德社会法学思想解读》，中国人口出版社2008年版，第2页。

② 包万超：《行政法与社会科学》，商务印书馆2011年版，第164页。

③ 李琦：《利益的法律分配及其保障——对现当代法律机制的整体性描述》，《厦门大学学报》（哲社版）1998年第4期。

在法律限定的范围内运作。法治是迄今为止最先进的社会治理手段。落实法治，实现法律对于公权力运作的规制，是国家实现科学发展的客观要求，是政治文明进步的重要标志，是以和平理性方式解决社会矛盾的最佳途径，是有效保障国家长治久安和全面建成小康社会的最优选择。

## 一　法治视角下党委行政行为的规制

在现代社会，执政党仍是利益均衡推动最常见的主体，这是由政党所肩负的政治使命和政党自身所具备的组织体系等有利条件所决定的。① 就中国共产党的情况来说，党的各级组织是党推动利益均衡的主渠道，各级党员干部是推动利益均衡的重要主体。

党委推动利益均衡的主要思路包括两方面：一方面要尽量促使政府提高增量利益，扩大利益总量，使社会尽量保有足够的利益；另一方面要按照一定的规则和程序实现公平合理分配。扩大利益、分配利益固然重要，但是如何将利益落实同等重要，这就要求执政党要更为稳妥地处理效率和公平的关系。除了上述思路外，构建党委主导、由党委一把手挂帅的利益均衡工作格局十分关键。具体方式可以是在中央和各地成立一个跨部门利益均衡领导小组，党委一把手分别担任正副组长，各有关部门主要负责人担任成员，笔者曾在拙著中提出过②。十八届三中全会后，我国成立了中央深化改革领导小组，"负责改革的总体设计、统筹协调、整体推进、督促落实"。中央深化改革领导小组主要的职责是研究确定经济、政治、文化、社会体制等方面改革的重大原则、方针政策、总体方案，协调和分配改革进程中的各种利益关系，"新阶段改革最大的特点是，利益因素全面彰显，利益掣肘矛盾也日益突出，某些地方利益、行业利益、特殊利益等，成为改革突破的强大阻力，无论多好的蓝图，无论多宏伟的目标，如果不能建立改革有效的协调机制，不能

---

① 吴家庆：《论执政党公信力：内涵、功能与实现途径》，《政治学研究》2009 年第 5 期。

② 姚文胜：《利益均衡——推进社会公平的路径建议》，法律出版社 2012 年版，第 265 页。

让改革措施落地生根，在现实中必将走形变样。教育改革、医疗改革、垄断行业改革无不如此。建立高层次改革协调机制，是打破利益掣肘不可或缺的途径"①。这为实现利益均衡的总体协调和推进确定了重大核心、奠定了重要基础。第二步是从党的各级政法部门或是社会工作委员会中，选择一家或是将两家职能整合后，具体承担此项任务。在党政主导的利益均衡格局确立起来之后，需要一个常设机构来负责日常工作。利益均衡工作领导小组负责制定总的规划，负责总体战略部属。但是，大量的均衡工作需要强有力的执行机构来落实及推动。根据中国机构设置的情况，笔者曾在拙著中提出过两种建议方案：一是将利益均衡的职能赋予政法委（维稳办），二是将此职能赋予社工委。② 根据实践的情况，不少地方已将社工委的职能整合到政法委中。

　　当前和今后一个时期，各级党委应当逐步实现在法律的框架内活动，依照法律规范进行，首先要经过法律授权，其次要依照法律程序，最后要设置法律救济，以努力扩大利益范围，进一步创造有利于公平分配利益的条件。

　　党委行政行为最需构建的法律规制方式，还是能够参照政府行政行为建立起行政复议制度或行政诉讼制度。在我国的政治生活实际中，党委的行政行为与政府行政行为的现实效果似乎无太多本质上的区别，例如，都以国家机关作为主体而做出，都有特定的行政内容，都产生一定的法律效果，都会影响到行政相对人的切身权利，罗马法谚说："有权利便有救济。"而在我国，针对党委相关部门行政行为侵犯相对人权利的救济途径却十分贫乏，可能产生的侵权事实无法通过法律的正当途径予以解决，比如党委宣传部门对相关专项基金的审批行为以及政法委的相关处置行为等，都应有法律救济程序。因此，相当有必要将党委相关部门的行政行为外部化，参照政府行政行为建立起关于党委行政行为的复议制度和诉讼制

---

　　① 《以系统化"顶层设计"突破改革难局》，2014 年 3 月 13 日，人民网（http://yn. people. com. cn/comment/cool/n/2013/1113/c228512-19906417. html）。

　　② 姚文胜：《利益均衡——推进社会公平的路径建议》，法律出版社 2013 年版，第271—281 页。

度，以救济相应权利。

## 二　加强对政府行政行为的规制

政府是社会管理的主要力量，属于国家政权的有机组成部分，也是利益均衡的重要实施主体，其行政行为很大程度上直接决定了利益均衡的实现效果。在我国，政府由人民代表大会产生，并对人民代表大会负责。政府的行政手段必须不违背法律的规定，与党的路线、方针、政策一致，并在其框架内进一步明确实施的具体内容和措施，但不得逾越其确定的方向。[①] 在利益均衡过程中，行政手段是主要使用的手段之一，其优点是显而易见的，其力量对社会的渗透领域广，机构设置和组织完善，权力的行使方式众多。在推动利益均衡过程中，政府可以运用的行政手段主要包括以下几种。

（一）行政配置手段

大量的社会资源的调度权由各级行政机关拥有。行政机关拥有利益，笔者将其大体分为三类：一是直接占有，比如各级的国有资产管理部门，代表政府管理国有资产。二是通过行使行政审批、行政许可间接拥有，比如发改委，掌握着大量的各类产业发展资金，又如政府的各个部门，都有其职责范围内的各种专项资金。三是部门主要行政行为结果，比如各级国税局和地税局的征纳税管理及税收优惠政策的实施，直接影响特定群体的经济利益占有状况。行政配置手段在优化资源配置中具有直接而重大的意义。

（二）行政问责手段

利益均衡事关民本，其实施效果的情况直接关系到广大公民的切身利益，实施过程中的不同时期有不同的效果要求，为了保证实效，相应各级政府部门的绩效考核机制就必须配套建立起来，便于对主管事务官员进行问责。

同时，建构行政问责机制，该机制应包括如下三方面：第一，要深入推进政府信息公开，建构严密的信息监控网络，让权力在阳

---

① 王智：《中国共产党领导国家与社会的历史与逻辑——以"党—政府—社会"三元关系为中心》，《当代世界与社会主义》2012 年第 2 期。

光下运行，消除制约行政问责的信息不对称；第二，整合问责的力量，实现多元问责主体之间的无缝对接，推动各个问责机构之间的协作与联合，建立立体化的问责体系，并强化对问责者的问责；第三，健全行政问责的制度体系，增强问责机构的独立性，减少被问责者对行政问责的抵制和干扰，坚决惩治对问责者的打击或报复等。

（三）行政监督手段

利益均衡实现过程中有大规模的利益流动，自然也不乏物质利益，如何有效保证利益的流动会如理论所设想的那样实现合理流动，就需要建立行政手段的监督制度，以保证利益均衡实行的流速和流向。

对于政府介入利益均衡格局问题，学者们也提出过担忧。学者们一方面主张政府应当介入利益均衡的推动和实现，另一方面又考虑到不同利益群体发育不均衡、社会利益矛盾日趋激烈而且我国中产阶层弱小等因素，因此担心在这种情况下政府主导公共资源与收入再分配，能否确保做到公平公正，进而提出"政府能否成为公正的第三方"这样的追问，担心政府不恰当地"介入"只会助长"裙带资本主义"。[1]"官员和政治家关注自身权力、地位、声望和利益，追求权力最大化和寻求预算最大化，在约束机制不够严格或仅构成一种不可置信的威胁的时候，他们更倾向于利用手中的职权进行创租，谋求私利"[2]，这些都是我国在均衡利益过程中应当重视和解决的问题。

十八届三中全会指出要"进一步简政放权，深化行政审批制度改革，最大限度减少中央政府对微观事务的管理，市场机制能有效调节的经济活动，一律取消审批，对保留的行政审批事项要规范管理、提高效率；直接面向基层、量大面广、由地方管理更方便有效的经济社会事项，一律下放地方和基层管理"。行政审批实质上是政府权力的具体运行，是"建立在政府和官员是公共利益的代表这

① 卢周来：《寻找最大公约数》，《读书》2010年第06期。
② 包万超：《行政法与社会科学》，商务印书馆2011年版，第113页。

一假设上的"①，行政审批的滥用，实际上是政府权力高度集中和不断膨胀与异化的结果。"无论是公安、工商、税收、城建，还是教育、环保和劳动部门，在立法上均以行政审批为核心展开制度设计，审批制度已逐步沦为限制市场准入和公民自由，追逐行政权力和利益最大化的工具。"② 部分行政审批权背后隐匿着各种各样的利益分配，"用公共选择理论来解释就是，政府只是一个抽象的名词，实际行动的是有生命的、追求权力和利益最大化的个体官员"③，因而改革难度非常之大，但他们"也不是魔鬼，在适当的制度约束下，个人效用的最大化行为也会自觉增进社会公共利益，这就强调了法律和变法的必要性和极端重要性"④。追本溯源，政府行政审批制度的法律改革如果不从权力配置入手改革的话，政府与企业、社会组织等的利益配置将无法得到平衡。

因此，只有在执政党一直努力推进的审批制度改革既有成果的基础上，继续从源头上斩断某些政府部门"增生"的权力触角，通过法律的手段进一步筛选和减少行政审批事项，改进行政审批方式，规范审批程序和时限，才能将一些不必要的"审批制"改为"登记制"或"备案制""核准制"。进而实现政府从"全能政府"向"有限政府"转变、从"微观经济管理者"向"宏观调控者"转变、从"运动员"角色向"裁判员"角色转变。

《中华人民共和国行政许可法》是一部具有里程碑意义的法律，它"体现了许多先进的观念或原则，如权利观念、有限政府观念、有效政府观念、责任政府观念、公开政府观念、服务型政府与程序公正观念、廉洁政府观念和发挥中央与地方两个积极性的观念等"⑤，最重要的是"它的立法理念体现了对社会系统的三分法模式，其逻辑定位是：'先市场、后社会、再政府'……为市场机制和社会自律机制（市民社会）的迅速成长并充分发挥作用提供了制

---

① 包万超：《行政法与社会科学》，商务印书馆 2011 年版，第 116 页。
② 同上书，第 175 页。
③ 同上书，第 183 页。
④ 同上书，第 115 页。
⑤ 周汉华：《行政许可法：观念创新与实践挑战》，《法学研究》2005 年第 2 期。

度保障，从而使市场、社会、政府这三域形成互动"①。

在这种立法理念的指导下，还须把工作进一步细化，首先，应当为行政审批文件制定统一的标准，按照法定程序厘清行政审批的依据，将不符合我国统一法制体系、与上位法抵触、效力等级存在严重问题的加以清除；其次，应当以立法的形式保障清理行政审批规范性文件的成果，而不能以行政命令的单一手段予以推进，以保障改革成果的全局性、长期性、稳定性，防止不当利益的死灰复燃；再次，应当明确规定行政审批的设定事宜，将设定行政审批的依据明确、主体明确、责任明确，将具体事项以规范的形式加以确定；最后，可以建立起行政审批的评估审查制度，事前对行政审批的收费进行立项评估，明确收费的有效期限，对规范性文件进行合法性审查，事后以立法形式建立起对行政审批的社会监督、评价报告等制度。

### 三　公权部门的法治化重整

"只有从政治体制的角度研究法治问题，才使法治问题具有现实意义，而不使法治问题停留于一种空谈或陷入永无休止的争论之中。"② 均衡理念就是要以宪法为指导，以利益均衡的模式秩序化，正确处理政党、国家和法治三者之间的关系。公权力部门的法治化重整，实质就是要在政策和制度层面上使党的领导、人民当家做主和依法治国三者有机统一起来。

在目前情况下，推动获得利益较多的阶层将一部分利益有序、良性地让渡给占有利益较少或没有得到利益的阶层，是利益均衡的最有效的方法和手段。由于各种利益资源事实上相当一部分掌握在党政机关的各个职能部门手中，因此，构建党政主导的利益均衡格局题中应有之义是党委和政府的工作部门都应相应转变自身职能。比如，党委组织部门通过推进干部人事制度改革适量让渡用人权，

---

① 王周户、李大勇：《行政许可：技术支持与归责制度的创新》，《行政法学研究》2010 年第 2 期。

② 严存生：《"法治"三论》，《政法论丛》2005 年第 4 期。

推动组织部门党组织建设和干部选拔两项基本职能一体化、制定干部选拔标准更多地考虑其利益均衡能力，树立领导干部正确政绩观，党费的使用可以考虑覆盖党外群众等，均衡考虑体制内外各种人才的待遇标准等。又如，党委宣传部门负责意识形态的构建和维护，掌握着宣传和文化资源，应当围绕利益均衡适当调整自身职能，努力营造有利于推动和实现利益均衡的社会氛围，完成相应的社会动员。与此同时，政府系统里负责经济社会发展宏观规划与调控的发改委以及经济管理部门和社会事务管理部门等，都应当根据利益均衡的理念，转变自身职能。

中国共产党十七届二中全会通过的《关于深化行政管理体制改革的意见》中指出，要"实现政府组织机构及人员编制向科学化、规范化、法制化的根本转变"，依法治国是社会主义法治的核心内容，公共行政组织必须在法律的框架内设置与活动，政府职能和行政管理必须走向法治化。代表公共选择理论的弗吉尼亚学派研究表明，政府很少处于良性运作的状态，作为经济人的政治代理人丧失了有效的激励和约束，导致了一个在组织、预算和权力上日益膨胀的"利维坦国家"①。大部制改革的目的是合理调整政府机构设置，完善垂直管理体制，进一步理顺和明确权责关系，深化基层政权建设，体现政府组织对法治需求的适应。现在改革已经进入一个深水区，如果改革最后只是物理的腾挪拼接，人还是那些人，官还是那些官，办的事还是那些事，这样的改革意义则荡然无存。大部制改革要的是化学反应，是指在依法治国精神的指导下，限制和规范政府的公权力，将公权力重新有机整合并妥善划分，将政府职能转变到位，避免职能交叉、政出多门，将决策、执行、监督三者实现适当分立与制衡的合理配置，更要防止利益部门化、集团化。大部制改革应当"设计出一种符合'激励相容'原则的合理的法律规则和表现民主的方式，迫使政府官员不论他们自身有没有独立的利益倾向，都将在制度约束下沿着公共利益的方向做出决断"②，大部制改

---

① 包万超：《行政法与社会科学》，商务印书馆 2011 年版，第 104 页。
② 同上书，第 260 页。

革的两大难点，"一是要抓住转变政府职能这个核心，实现组织机构从'硬件压缩整合'到'软件更新升级'"①。二是要建立健全部门间的协调配合机制，理顺上下部门、平行部门间和部门内部的关系。大部制改革的一大关键，就是要完善与政府机构设置管理相配套的行政组织法，大部制改革的推进不仅需要行政组织法，其成果的巩固也离不开行政组织法，对于完善行政组织立法，"建议实行行政权国务院和全国人大常委会双重领导体制，建立合理的中央行政法组织体系，健全原则、职权、衔接制度等行政组织法内容"②。

不过公权力的法治化重整不仅意味着政府部门内部的利益均衡，还包括行政权与司法权的协调与制衡，除了大部制改革之外，法检系统的垂直管理问题和信访办转制的问题也是实现公权力利益均衡、权力部门完成法治化所须直接面临的问题。十八届三中全会通过的《中共中央关于全面深化改革若干重大问题的决定》已经有了比较深刻的认识和策略，首先，要"确保依法独立公正行使审判权检察权。改革司法管理体制，推动省以下地方法院、检察院人、财、物统一管理，探索建立与行政区划适当分离的司法管辖制度，保证国家法律统一正确实施"。其次，要"改革信访工作制度，实行网上受理信访制度，健全及时就地解决群众合理诉求机制。把涉法涉诉信访纳入法治轨道解决，建立涉法涉诉信访依法终结制度"。"司法独立是现代政治制度的基础"③，法院和检察院人、财、物的垂直管理是其行使公平正义的"护航舰"，相对独立的司法系统能有效避免利益的地方化，有利于缓和财富的不平等、地位的不平衡、利益的分配不均；而涉法涉诉信访依法终结制度的建立，清晰地厘清了行政手段与法律手段处理问题的界限，正确地树立了将法律手段作为实现正义的最后一道防线的理念。

---

① 魏礼群：《积极稳妥推进大部门制改革》，《求实》2011年第12期。
② 董茂云、李晓新：《从国外行政机构改革的立法经验看我国中央行政机构改革的法制化》，《政治与法律》2008年第7期。
③ 周汉华：《论建立独立、开放与能动的司法制度》，《法学研究》1999年第5期。

### 四　推进政务公开法治化

"政府信息公开是推进依法行政和改革政府管理方式的必然要求"①，在当今社会，党政机关、政府部门暗箱操作，容易导致各种利益矛盾和冲突产生甚至激化。从某种角度来讲，党政机关、政府部门的信息、政务行为也是一种利益。因此在平衡相关的利益的时候，应从法律层面要求党政机关主动公开相关的党务信息，并在社会中形成良性的示范作用，带动公权力部门机关认真做到政务公开，从而保证社会主体知情权的落实。"行政立法应当为行政机关（官员）和公民平衡地提供充足的激励和有效的约束，否则法律就形同虚设或沦为不择手段地实现特殊利益的工具，在这个意义上，凡是不符合上述机制设计原则的行政法都是失衡的"②，只有政府信息充分公开、透明、真实，社会组织才可能及时了解事关自身利益的公共事务，才能在第一时间采取措施维护自身的权益，对行政机关和官员构成实质性的制约。

政务公开是发挥社会主体在利益均衡中作用的基础，"信息社会政府治理的任务既包含善用信息社会提供的开放、参与的环境，实现政府与公众之间的有效沟通和良性互动，也包括政府着力解决信息社会发展过程中出现的各种不利于社会健康发展的问题"③，因此，有必要将政务公开纳入法治化的进程中，首先，宜把政务公开写入宪法，成为一项重要的宪法原则，使得党政机关、政府部门的政务公开工作高度稳定、高度统一起来；其次，要使得政务公开具备可操作性，这就意味着要强化政务公开的法律义务，明确政务公开的义务主体，明确义务性规范、禁止性规范，任何应当公开的问题、争议、信息都应及时利用网络媒体等公共媒介传达给社会组织、个人，使社会主体能及时、准确

---

① 周汉华：《起草〈政府信息公开条例〉（专家建议稿）的基本考虑》，《法学研究》2002 年第 6 期。

② 包万超：《行政法与社会科学》，商务印书馆 2011 年版，第 170 页。

③ 吕艳滨：《信息法治政府治理新视角》，社会科学文献出版社 2009 年版，第 120 页。

地了解；最后，尤其是要建立起政务公开的法律责任追究机制，在处理好国家责任与个人责任的关系基础上，对责任及处罚确定化设置。

## 第二节　强化利益均衡的司法保障

强化利益均衡的司法保障是我国司法体制改革的重要组成部分，也是建设公正高效权威的社会主义司法制度的重要内容。将利益均衡的司法保障纳入规范化、法制化管理的轨道有助于人民法院扩大司法公开，推进司法改革，实现司法公正，提升司法公信力。强化新形势下利益均衡的司法保障，是确保人民法院依法履行重大职责的必然要求。

### 一　落实宪法监督促进利益均衡

"利益均衡的司法保障，最重要的是真正落实宪法监督，如果宪法只是一种组织法，授权法，而不是监督法的话，那么宪法则是法权结构理论之外的分离状态"①，"宪法是制宪过程中人民共识的产物，是社会各阶层相互妥协的结果，体现了社会各阶层的利益，并为不同社会群体的利益表达提供渠道。宪法思维要求执政党合理疏导社会矛盾，重视各社会阶层的利益要求，充分顾及社会弱势群体的利益诉求，通过制度安排预防和解决社会矛盾"②。人民当家做主的权利要得到宪法、法律的切实保障，但由于某些既得利益集团常常从中作祟，宪法规定的公民权利往往难以得到实现，已有的宪法容易被搁置，成为一纸空文，被束之高阁。公民权利不能仅仅在纸面上加以规定，而要给予现实的物质保障和制度措施，必须完善权利保障程序，通过违宪审查完善公民民主救济制度，重视宪法调

---

① 陈端洪：《论宪法作为国家的根本法与高级法》，《中外法学》2008 年第 4 期。
② 周叶中：《关于中国共产党运用宪法思维执政的思考》，《中共中央党校学报》2007 年第 5 期。

控作用，树立宪法的权威。① 宪法应当成为最基本的标准，无论是强势群体还是弱势群体都能充分运用司法这一最后防线进行利益维护，只有通过宪法的权威来协调各方面的冲突因素，才能使相关各方的利益在共存和相容的基础上达到合理的优化状态。具体到社会生活，司法作为社会正义的最后一道防线，对于定纷止争，实现利益均衡起着不可估量的作用。目前，司法改革正在如火如荼地推进，实现结果公平成为重中之重，正如习近平同志所述："要努力让人民群众在每一个司法案件中都感受到公平正义，所有司法机关都要紧紧围绕这个目标来改进工作，重点解决影响司法公正和制约司法能力的深层次问题。"② 笔者建议进一步明确公民的宪法救济制度，扩大救济渠道，通过申诉、法院诉讼等多种形式惩治危害、侵犯社会公众权利的行为，保障他们的各项正当利益。保障落实宪法规定的公民权利，对于构建宽容平和、积极参与的社会氛围，减少利益冲突，均衡利益差异起着不容忽视的作用。

宪法司法化是改革时代根本法治领域更加令人瞩目的法治现象，③ "在法律法规的实施中，应当进行日常的监督审查，审查其是否与宪法相抵触，这是维护和保证社会主义法律体系的统一和尊严所必需的"④，真正落实宪法监督，除了完善常规的司法审查等制度外，更离不开对宪法监督更为全面的把握。

长期以来我国宪法学界一直把宪法监督权理解为广义上的违宪审查，既包括司法审查，也包括美国式的司法审查，也包括德国式的宪法诉讼。所以在讨论宪法监督的时候，总是难以摆脱由全国人大及其常委会监督宪法与司法机关在私权领域内适用宪法之间的矛盾。而事实上，宪法能否发生适用效力，对利益均衡产生直接密切

---

① 蒋德海：《宪法与公民基本权利的保障》，《华东师范大学学报》（哲学社会科学版）2004 年第 2 期。

② 张云主编：《2014 领导干部理论学习热点面对面 深入学习习近平总书记系列讲话精神辅导》，中共中央党校出版社 2014 年版，第 105 页。

③ 高全喜、张伟、田飞龙：《现代中国的法治之路》，社会科学文献出版社 2012 年版，第 220 页。

④ 许崇德：《充分认识宪法在中国特色社会主义法律体系中的统帅作用》，《求实》2011 年第 7 期。

的影响，所涉及的一部分还是宪法私法化的问题。所谓宪法私法化，就是指通过宪法在私人关系领域的适用，解决公民之间涉及的宪法权利的纠纷，保护公民的基本权利和利益的过程。按照宪法的规定，全国人大及其常委会对宪法的监督权，应该是违宪审查权（也包括合宪审查权），而不应该包括宪法私权诉讼制度，当然也就不能排除法院对宪法的适用。同时，宪法的私法适用，并不等于把私法主体作为违宪的主体来对待，宪法适用于私法与私法主体可以成为违宪的主体不是一回事儿。宪法的私法适用只是由法院决定私法主体的某种基本权利是否受到侵犯、根本利益是否受到损害、是否应得到保护，而不是裁决谁违宪。我国宪法的条文中也没有关于追究私法主体违宪责任的内容。因此，在宪法的私法化中，也就当然不存在司法机关使用属于全国人大及其常委会的违宪审查权的问题了。尽管间接适用是宪法私法化应该坚持的一个原则，但当确实没有具体的法律规定，而公民的宪法基本权利又受到了实际的侵害时，是可以直接适用宪法给予救济的。可以说从总体来看，在我国实行宪法私法化是利大于弊的。蔡定剑教授认为，中国面临的实际情况，不是宪法适用于私权关系可能对其地位和精神造成损害，而在于宪法没有在社会生活中真正得到适用，而在相当程度上使宪法成为一纸空文。① 在我国，一方面由于多种原因所致，宪法在对抗和规制公权力方面还有探索空间。另一方面宪法所保护的公民基本权利和利益又确实受到了来自私权的直接侵犯，宪法上一些公民基本权利没有制定具体法律加以保护，因而，如果宪法能通过私法化为公民受到侵害的基本权利提供一种最终最有效的救济手段，那么无疑是激活我国宪法并切实保障宪法利益的一条进路。宪法适用于私法领域，不但没有对私权和个人利益造成什么损害，相反更好地保障了个人权利和自由。大大有利于公民基本权利和利益的保护，强化了宪法的适用性和权威性，使宪法更有效地得到了实施。而其他一些宪法私法化可能产生的副作用，诸如宪法适用的确定性、解

① 蔡定剑：《中国宪法实施的私法化之路》，《中国社会科学》2004 年第 2 期。

释宪法的水平等问题，都是一些技术上的问题，是容易解决的。[①]

### 二　明确司法保障新要求促进利益均衡

公正是法治的生命线。司法公正对社会公正具有重要引领作用，司法不公对社会公正具有致命破坏作用。必须完善司法管理体制和司法权力运行机制，规范司法行为，加强对司法活动的监督，努力让人民群众在每一个司法案件中感受到公平正义。司法机关必须树立正确执法理念，让正义不迟到；严格把握证据审查，让正义不打折；保障合法诉讼利益，让正义不失衡。

树立正确执法理念，让正义不迟到。一些冤假错案历经数年审理多次开庭，尽管可能被告人被依法宣告无罪，但这种迟来的正义所造成的危害却是深远的。造成冤假错案的原因可能有很多，但其根源在于根深蒂固的执法理念，因为理念带有根本性、长远性和深刻性。客观地说，现在还有一部分司法人员仍然固守着"疑罪从有""疑罪从轻"或者"疑罪从挂"的执法理念，认为只有这样才能平衡诉讼中的各方利益，达到所谓的"案结事了"，维护所谓的"和谐稳定"。对此，司法机关应坚决摒弃上述错误的执法理念，树立理性、平和、文明、规范的执法理念，牢固树立人权意识、程序意识、证据意识、时效意识、监督意识，只有这样，才能真正从源头上做到打击犯罪和保障人权并重、实体公正和程序公正并重、司法公正和司法效率并重。

严格把握证据审查，让正义不打折。证据是诉讼的灵魂。证据的"成色"如何将直接影响到案件的处理结果，影响到人权保障能否落实。司法人员应严格按照新刑事诉讼法的要求，对案件证据严格把关，转变证据审查模式，由过分重视犯罪嫌疑人的口供向重视客观性证据转变，全面、客观、细致地审查证据。在审查卷宗的同时，必须讯问犯罪嫌疑人，必须核实关键证人证言，必须听取辩护人意见，努力形成以客观性、直接性证据为主的证据审查体系。依靠证据来严格把握对限制人身自由司法措施和侦查手段的司法监

---

① 上官丕亮：《当下中国宪法司法化的路径与方法》，《现代法学》2008 年第 2 期。

督。同时，严格落实非法证据排除规则。对于在侦查、审查逮捕、审查起诉、审判等各个诉讼阶段发现有非法取证嫌疑的，应要求侦查人员依法做出解释，并通过调取同步录音录像、查阅体检证明等方式进行核实。对于关键证据有争议的，应当推动侦查人员出庭做证。对以刑讯逼供、暴力、威胁等非法手段取得的言词证据，坚决予以排除。

保障合法诉讼利益，让正义不失衡。一方面，强化诉讼过程中的权利保障。在诉讼过程中，建立当事人和其他诉讼参与人的知情权、陈述权、辩护辩论权、申请权、申诉权的保障性制度，建立诉讼利益的制度性表达渠道，以权利制约权力。另一方面，保障诉讼终结后的权益实现。既要通过加大强制执行的力度，加快建立失信被执行人信用监督、威慑和惩戒法律制度，来依法保障胜诉当事人及时实现权益，又要保障当事人对不服司法机关生效裁判、决定，依法行使申诉的权利，还要重视并发挥律师代理在保障申诉权依法正确行使中的作用，对没有能力聘请律师的申诉人，应纳入法律援助范围，逐步将申诉纳入法治轨道，逐渐扭转"信访不信法"的局面。

## 第三节　健全利益均衡调控的立法

当前，改革发展对立法的要求已经不仅仅是总结以往经验、肯定已有做法，而是需要通过立法做好顶层设计、引领改革进程、推动利益均衡调控的实现。目标是实现立法和改革决策相衔接，做到重大改革于法有据、立法主动适应改革和经济社会发展需要。而推进科学立法、民主立法，是提高立法质量的根本途径。科学立法的核心在于尊重和体现客观规律，民主立法的核心在于为了人民、依靠人民。要完善科学立法、民主立法机制，创新公众参与立法方式，广泛听取各方面意见和建议。

### 一　制定利益均衡立法纲要

利益均衡事关社会公众的整体利益，制定利益均衡立法纲要应当有一种新的立法思维。[①] 传统法律通过个体性的权利与义务配置来维持个体之间的利益以及个体与社会间的利益均衡的利益调整模式。这种模式不能完全适应社会结构的变化和社会利益关系的新发展。

这部立法纲要应当包含如下几方面内容：第一，立法目的。立法的直接目的是进一步充实社会主义法律体系，切实推动利益均衡，优化利益配置状况，改变利益失衡格局；根本目的是探索一种社会建设、社会治理的理念和方法，为党和政府在新的时代条件下的政治统治、经济管理、社会服务提供一种新的管理模式。[②] 第二，适用范围。在传统法学法律理论和法律实践中，利益可以相对明晰地区分为"个体利益＋社会（公共）利益"这种二元结构。但是，随着社会的转型，利益的种类出现新的变化，特别是在大量社会组织出现后，"集团利益"将成为利益大家庭中的"新贵"，从而呈现"个体利益＋集团利益＋社会（公共）利益"的三元结构。这种新型的利益种类的出现将导致一些新情况的出现：一是个体与个体之间的契约关系将被越来越多的集团与集团之间的契约关系取代，二是集团利益很可能侵害个体利益或是社会（公共）利益。只有充分认识到这种新的变化，将上述三种类别的利益同步纳入法律规制的范畴，在各种不同利益之间建立适当的平衡，才能从法哲学层面和实际操作层面入手，构建合乎我国构建利益均衡格局的现实需要。因此，凡是国家机关、社会团体、自然人涉及利益均衡的行为均可纳入纲要涉及相关法律的调整范围。对于执政党是否适用该法调整的问题，根据我国政治生活的实际情况，随着《公务员法》把党群部门的正式在编干部纳入公务员或参照公务员管理的范畴，执政党的相应部门（比如组织部、统战部、纪检会等）是由公务员组

---

① 程一方、毛卉：《地方立法中的利益均衡》，《湖北社会科学》2006 年第 1 期。

② 刘风景：《立法目的条款之法理基础及表述技术》，《法商研究》2013 年第 3 期。

成的。因此，将其纳入本法调整范畴应无法理上的问题。第三，立
法原则。基于我国的国情，人民利益至上原则、法治原则、民主原
则、坚持党的领导的原则以及全民参与的原则都应是该法立法原则
的"题中应有之义"。① 纲要的正文部分则应规定利益均衡的主管部
门及其相关部门的职能分工，以及它们之间的架构和职能关系；社
会团体和自然人在利益均衡方面的权利义务等。利益均衡立法纲要
仅仅规定利益均衡的一般性、基本性的内容，所以其较为抽象，但
却是不可缺少的。利益均衡立法纲要是保证利益均衡机制得以全面
建立和正常运行的基本法律保障。利益均衡立法纲要实施后，其他
部门法与本法规定有冲突，应及时做出修改。第四，引用条款。利
益均衡立法纲要不可能一法包打天下，利益均衡涉及政治、经济、
社会等多个部门法，因此本纲要侧重于做原则性、全局性的规定，
具体的规定可以以导向条款、规定适用相关法律。

## 二　完善或补充利益均衡的相关立法

　　利益均衡立法纲要具有纲领性质，只能在制度上、宏观上指导
利益均衡相关工作格局的建立和运作，还需要与之相应的相关法
律、法规和地方立法，主要包括：宪法及其他法律、国务院制定的
行政法规、各部门制定的部委规章，地方人大制定的地方法规、地
方政府制定的地方规章以及其他规范性文件。

　　需要特别指出的是，国务院作为我国的中央政府，是社会治理
的主导机构，也是推动和实现利益均衡的主导力量，其肩负着进一
步完善利益均衡纲要规定的利益均衡制度的任务，应当根据利益均
衡工作的需要制定有关行政条例和其他行政法规。对部委规章来
说，国务院各部委作为各个阶层利益领域的主管部门，应当为自身
责任范围的利益均衡制定部门规章。② 地方法规、地方规章和规范
性文件。地方人大和地方人民政府要因地制宜，在不违背上位法的
情况下，探索制定推动利益均衡的具体措施。地方各级人民代表大

---

① 周旺生：《论中国立法原则的法律化、制度化》，《法学论坛》2003 年第 3 期。
② 崔卓兰：《论行政规章及其制定程序》，《社会科学战线》1992 年第 4 期。

会及其常务委员会、地方各级人民政府可以针对地方的具体状况，具体情况具体分析，制定符合当地实际的利益均衡地方性法律、法规和规范性文件，从而使有关利益均衡的法律法规形成一个完整的体系，进而有力地推动利益的输送，实现阶层利益均衡的目标。与此同时，大量党内立法通过调节党内权利义务关系影响党外权利义务关系，直接影响利益分配格局，因此，党内立法也要同步考量，相关论述在后文"党政共治"部分阐述。[①]

### 三　完善利益均衡法律调控的程序

我国目前还没有制定统一的行政程序法典，这对推动和实现利益均衡来说不能不说是一个遗憾。[②] 推动和实现利益均衡依赖于各个具体领域内利益的良性配置，而在某一具体领域其又依赖于各种各样微观的具体行政行为，而程序合法性正是行政行为实体合法性的前提条件，因为以宪法为核心的社会主义法律是建筑在人民意志基础上的，是广大人民意志和利益的集中体现，应由广大人民通过法定的程序来制定和确认，同时程序合法性是社会公众看得见、摸得到的，所以推动和实现利益均衡需要程序法的保护，这不仅是利益均衡本身的需要，也是满足社会公众利益的需要。

笔者认为，以单行法的形式颁布一部利益均衡程序法是很难实现的，但是以内部规范或者是行政法规的形式颁布一部利益均衡指导意见是可行的，利益均衡的行为从决策到施行大部分是在政府内部完成的，而程序法的最主要的规制对象是行政行为，最终的目标也是实现利益的良性输送，因此以内部规范的形式或者部门规章的形式规范利益均衡的程序是适中的；而对于社会团体主动施行利益均衡的程序问题，可以由利益均衡主管部门发布操作指引，不需要将其列入政府的内部规范。

---

① 周叶中：《关于中国共产党党内法规建设的思考》，《法学论坛》2011 年第 4 期。
② 杨海坤：《中国行政程序法典化构想》，《法学评论》2003 年第 1 期。

# 第七章

# 加强利益均衡法律调控纠偏机制建设

利益均衡是一项复杂的社会工程。在推动和实现这一复杂系统社会工程中，除了明确主导力量、进行社会思想动员、构建常态性工作机构并明确推进路径之外，还需要构建相关保障机制来推动和辅助这一庞大工程综合目的的实现。这些保障机制既包括舆论监督机制，也包括相关的成效评估机制以及相应的廉政工作机制。构建利益均衡舆论监督机制，有助于保证利益均衡在法治轨道上推进，也有助于巩固利益均衡所取得的工作成果。① 构建利益均衡成效评估机制，可以对利益均衡的阶段性成果进行检验，发现存在问题并及时解决。构建有利于利益均衡的廉政工作机制，有利于消除阻碍利益均衡目标实现的各种不利因素，加快利益均衡工作的推进步伐。

## 第一节　强化舆论监督

舆论监督是政治文明进程中的重要标志，意义重大。其一方面是反映人民的意愿，监督政府的施政活动，提高人民的民主意识，增加政治的透明度；另一方面，舆论监督是依法行政、从严执政的重要保障。在构建社会主义和谐社会中，舆论监督的作用也日益彰显。今天，社会结构的变化、不同利益群体和不同利益诉求的相继出现、人民内部矛盾的内容与表现形式的变化，给舆论监督带来了

---

① 叶战备：《建立和完善舆论监督的有效机制》，《中国特色社会主义研究》2004年第5期。

许多新问题，在这样的背景下，舆论监督在构建和谐社会中的作用，显得更加突出。

## 一　发挥传统媒体的社会评价功能

有效的分权机制和问责机制的缺失，使得权力过分集中于政府、官员，传统的监督包括司法监督、立法监督、人大监督、内部监督及社会监督，体制内的权力制约机制难以获得全部公众的信任，而非官方的舆论监督，为强大的民意制约提供了支持，发展出舆论监督的强大优势，"在一种自上而下的选择机制下，虽然公民不能以投票的方式解决上层问题，而非制度性的诉求一旦凝聚成社会共识便释放出巨大的能量"[1]。传统大众媒体如报纸、电视等在社会信息的获取上具有得天独厚的优势，一些纸质传媒如《南方周末》《环球时报》等均有民意调查中心，开展各种街头随机、在线、电话等形式的民意调查活动，具有相当的权威性。2014年1月13日，《南方都市报》发布了首份《广州年度榜》，榜单的内容涉及行政透明度、财政透明度、区市经济发展能力、区市生态环境、反腐廉政和改革行动力六大块。通过联合一些学术机构、社会组织和互联网企业，榜单发布方广泛搜集和整理过去一年与这座城市公权力部门相关的各类数据，并以优化公共治理为价值导向设计指标体系与评分标准，最终用这份榜单的发布实现了对不同部门、区市公共治理能力的公开评价。

监督政府要有观念上的转变，摒弃之前的"统治"和"管制"思维，将更多的事项、权力下放。国家治理的现代化，首要的还是应注重治理价值的现代化，以民主、法治、文明、科学的价值为先导，以利益均衡为取向，强调政府向公民负责以及公民可以监督和问责政府的合法性是治理现代化的核心理念。[2] 个体与政府的互动应当更加频繁和体系化，一如民间社会作为一个整体，要不断发出全面的、科学的、权威的评价政府治理功过和利益均衡成效的声

---

[1] 包万超：《行政法与社会科学》，商务印书馆2011年版，第201页。

[2] 韩志明：《公民问责：概念建构、机制缺失和治理途径》，《探索》2010年第1期。

音。政府行政能力的优劣、利益均衡的成果不能由政府自己说了算，而需要听到更多民间的评价声音，因为民间对于政府的越来越精细和科学的监督，才能在不断地均衡互动中推进乃至实现国家治理的现代化。① 相比之下广播电视对民意的关注就显得不是那么重视，我国的广播、电视传媒基本上没有民意调查的机构设置，这不能不说是一个遗憾。覆盖范围在全国或者一省的电视、广播媒体在新闻采访、现场报道等活动中可以近距离地接触大量社情民意信息，是舆论监督的理想载体，通过这些途径，公众获取信息的途径得到扩展，并能利用这些途径将个人的利益进行会合，从而对国家政治的运作和领导的决策施加影响。

## 二　对新兴媒体监督进行疏导和规范

微博、视频直播等在新的时代背景下，以快速、开放式的信息获取方式贴近生活，靠近社会公众，更容易获得年轻人的喜爱。② 根据中国官方互联网络信息中心 2012 年初的报告，截至 2011 年底中国网民总数为 5.13 亿，手机网民为 3.56 亿，互联网普及率达到 38.3%，在全国互联网上约有 1/4 的社交媒体的注册用户为中国人。另根据世界著名的管理咨询公司麦肯锡 2011 年底对中国消费者态度的调研报告，2011 年上半年，中国使用过微博的人数增长了 2 倍，达到 1.95 亿人。2013 年 5 月 7 日，在全球移动互联网大会（GMIC）上，腾讯开放平台副总经理侯晓楠披露，腾讯旗下微信月活跃用户已达 1.9 亿，手机 QQ 月活跃用户高达 5 亿。由于微信、微博等新型社交群体具有覆盖率高、应用跨度广泛和使用移动设备三大特点，已开始成为中国民众获取信息的主要途径之一，③ 越来越多的社会公众开始被这种新的信息获取方式吸引，普通公众从传

---

① 《构建民间评价体系，促进国家治理现代化》，《南方都市报》2014 年 1 月 14 日。

② 刘琼莲：《传统媒体与新兴媒体融合的聚焦点与实践路径——基于高效反腐倡廉何以可能的视角》，《探索》2014 年第 5 期。

③ 俞可平：《中国的政治发展：中美学者的视角》，社会科学出版社 2013 年版，第 35 页。

统媒体中扮演的消极旁观者转变为了积极的当事人，公众的权利意识和主人意识，使公众与国家之间的对抗模式向协商的方向发展，通过网络这个新的空间来表达自身的利益需要。新媒体为民意收集提供便利，政府要使新兴传媒的力量发挥出来，成为利益均衡的一个重要的窥视民意的渠道，必须重视政府及社会的推动力、市场的调解力与竞争力和法治的规范力。[①] 西方代议制民主是构建在全部具体民意收集不便利的基础之上的，通过一次性选举实现一次性授权，有点"一锤子买卖"的韵味。在当今社会，社交媒体作为一种新型社会存在，可以催生与西方民主迥然不同的民主方式，为协商民主在中国的运用提供更可靠的土壤。新型媒体的平等、虚拟，正好弥补了传统监督的不足，事态过程中人们就可以对制度的设立提出自己的利益见解，消除了公众许多政治顾虑，敢于表达自己的利益诉求，敢于追求自我个人利益。

新形势下，有必要对新兴媒体进行疏导和规范。现行的舆论管理体制重视事前审查而忽视事后救济，更多地强调媒体的正面宣传和舆论导向功能而非批评监督的功能，更多地依靠政策性文件、行政性干预和人事任免权而非法治化的管理手段，针对新闻媒体的禁止性规范多而保护性规范少，这样舆论监督发挥的效力主要取决于各级领导人是否支持舆论监督和支持的力度有多大，网络监督的效力也主要取决于各级领导干部和专门监督机关是否给予了关注和回应。[②]

### 三　完善舆论监督的相关立法

现阶段，舆论监督意义重大，但相关领域缺乏专门法律规制，这不能不说是一个遗憾。笔者认为，新闻立法需要实现两方面的目标：一是最大限度地保障新闻自由，二是防止新闻自由权力的滥用。

目前，我国没有专门的《新闻法》来实现对于舆论监督的现实监管，有的仅仅是为数不多的有关新闻工作的法律、条例、决定

---

① 周汉华：《中国电子政务发展推动力分析》，《电子政务》2009 年第 4 期。

② 何增科：《建构现代国家廉政制度体系：中国的反腐败与权力监督》，载俞可平《中国的政治发展：中美学者的视角》，社会科学出版社 2013 年版，第 394 页。

等。1984 年，由全国人大科教文卫委员会牵头，新闻立法工作开始
启动；八届人大期间提出的立法规划中就有《新闻法》《出版法》，
这个规划于 1994 年得到中央的批准；而 1998 年九届全国人大会议
上，一份由广东代表提出，32 位代表复议的提案，呼吁尽快制定
《新闻法》；但直到今天，《新闻法》也尚未出台。虽然在中央层
面，新闻立法工作陷于停止，但在地方性法规、部门规章上取得了
一些进展。2005 年，深圳市三届人大常委会第三十五次会议通过的
《深圳市预防职务犯罪条例》第十九条规定，"新闻媒体对国家工作
人员履行职务的行为进行舆论监督，并对其宣传报道负责。有关单
位和国家工作人员应当自觉接受新闻媒体的监督"，第二十三条明
确规定了"责任追究"。2009 年新闻出版总署颁布《新闻记者证管
理办法》，规定全国新闻机构使用统一样式的记者证，由新闻出版
总署统一编号并加盖新闻出版总署印章和新闻记者证核发专用章、
新闻记者证年度审核专用章和本新闻机构钢印。

　　笔者认为，未来新闻立法中，要明确舆论监督的内容，明确新
闻媒体的地位，界定其基本权利和义务，并规范新闻机构的设立和
运作，明确监督方式，明确舆论监督的保护措施，明确舆论监督权
与其他权利或利益冲突的解决原则，建立不当监督处罚制度。

## 第二节　开展微观反腐——利益均衡的廉政保障

　　改革开放以来的 30 多年里，中国的反腐败取得了重大成果，为
改革开放的顺利推进做出了不可磨灭的重大贡献。[1] 但腐败现象在
一定范围内还是比较严重。社会上存在所谓反腐败"越反越腐"的
言论。过去 30 多年里，可以说我们把更多的精力投放到"宏观反
腐"上，"宏观反腐"可能导致的不良后果也是比较明显的：一是
在一些领域和部门存在风气败坏、贪腐情况较重的现象；二是一些

---

　　[1]　白轲、王可任：《依宪治国与从严治党格局下党内反腐惩戒制度的法治考察——
以"双规"制度为切入点》，《中国法律评论》2015 年第 4 期。

领域和部门的权力监控弱化，存在较多滋生腐败土壤；三是基层、体制边缘公职人员贪腐情况频发的趋势令人担忧。当然，对有关现象要客观看待、辩证分析。事实上，任何一个国家的发展都难以避免地伴生着贪腐现象。腐败蔓延正是"中等发展陷阱"的一个构成和特征，因此，在推进利益均衡的过程中，有必要引入一个新的反腐败理念，也就是与"宏观反腐"相对而言的"微观反腐"。

### 一　微观廉政立法

反腐败的深入持久进行需要法律的支撑。综观廉政闻名的其他国家和地区，不难发现，廉政国家或地区均重视微观立法的作用。而我国现有相关法律规定，相对而言较为宽泛，有的立法或党内法规缺乏具体的执行细则，因此，有必要站在推进反腐败、促进利益均衡的角度，从以下两方面加以完善：一是新立法从细。如果进行"设立统一的廉政专门机构"改革，还要完善廉政专门法律。制定《国家廉政法》；规范党政机关及其工作人员公务行为的法律法规，即基本适用各党政机关的统一的行政程序法；制定《公务人员财产申报法》，保证财产申报制度的实施；制定《公民举报保护法》，对公民行使举报权利的范围、方式、程序等做出明确规定。二是修改老法从细。对已有法律及党内法规的修改也需要详细具体，只有这样，才能实现法律规定的一致性，保障"有权必有责，用权受监督，违法受追究"的贯彻落实。三是实施有别于"高薪养廉"的"适薪养廉"制度。

### 二　微观廉政教育

我国实施"微观反腐败"战略应把"微观廉政教育"作为重要的基础工作来抓，侧重于以下四方面的内容：一是教育官员慎微。官员更该重视细节，谨慎从事工作。也只有教育官员慎微，才能在官员心中树立起廉洁与腐败的天然屏障。[①] 二是廉政教育从幼儿园

---

① 李玉华、郭玉亮：《反腐倡廉教育制度建设的路径探析与选择》，《思想教育研究》2011年第1期。

抓起。"文化是制度之母",文化价值观直接影响社会发展与进步。而文化价值观的形成需要靠教育,特别是基础教育。三是不断丰富廉政文化的理论底蕴,将反腐倡廉工作中一些成熟的经验不断上升为法规制度或者国家法律,建立结构完整、配置科学、程序严密、相互制约的权力运行机制和科学的规章制度。四是全力打造"廉洁型"社会。"自觉地把廉政文化建设纳入发展先进文化的大局,综合政治、法治、经济等手段,对抗腐朽文化的侵蚀。应发动广大人民群众参与廉政文化建设,把弘扬和培育反腐倡廉意识纳入国民教育和精神文明建设的全过程,使人们在日常生活中处处受到清正廉洁风气的感染和熏陶。"①

### 三　微观监控权力

只有建立一整套严密的防控措施,才能在客观上让腐败分子无处容身,形成"不能"腐败的外在约束力,为利益均衡奠定制度基础。②具体而言,完善防控措施可以从以下三个方面着手:一是权力分细。防控腐败极有必要细化权力、微观设岗,与此同时,有必要细化办事流程,使权力的行使适岗适量,且符合相关程序规定。二是监控做细。比如说定期向公众、媒体公布工作计划、工作流程,允许公众了解权力运作系统构成、流程和某项具体行政行为的关键审批程序、查阅官员的财产及纳税信息制度以及官员财产申报制度等。三是预算从细。廉洁政府往往注重财政的开支合理、透明,并尽量节俭,③因此,防控腐败就要保证政府各部门的预算尽可能详细具体、有凭有据。

---

①　姚文胜:《廉政文化建设应为提高党的执政能力服务》,《深圳特区报》2004 年 11 月 29 日。

②　狄小华:《社会转型期的制度反腐机制研究》,《南京社会科学》2012 年第 3 期。

③　如新加坡前总理李光耀所言:"从 1959 年 6 月执政第一天起,我们就确保税收的每一块钱怎么花都要有适当的交代,到达基层受益人手上的时候,一块钱旧是一块钱,中途没有被抽调一部分。"又如被称为世界上最廉洁国家之一的芬兰,将公务员工作、生活的细节纳入反腐败的视野,比如公务接待时,一起吃饭的有些什么人,点了什么菜,花了多少钱,都要巨细无遗地在网上列出清单,人人可以看得到,件件能够查得清。参见孙立平《重建社会——转型社会的秩序再造》,社会科学文献出版社 2009 年版,第 213—214 页。

## 四　微观办案

反腐败是一项庞大、需要坚持不懈完成的系统工程。因此，在这过程中，不仅需要持之以恒的动力查办大要案，而且还需要防微杜渐，关注腐败小现象、官阶级别低的腐败分子，概而言之，即注重微观办案。通过这两方面结合，有效治理影响利益均衡的腐败现象。一是微观查办大要案。通过查办大案、要案，集中查办一批层次较高、性质严重、影响恶劣的案件，才能体现我们党在反腐败问题上的决心和力度，才能彰显反腐败工作的威慑效果，在办案过程中要体现"精细化、精密化"等要求，注重解剖典型，举一反三。二是重视查处级别不高但腐败现象严重的"小官"。反腐败是一项系统工程，既要集中力量对付重大腐败分子，也要严查小官，加大惩治力度，使腐败分子无处藏身。① 三是重视查处苗头性、风气性的腐败"小事"。我国在反腐过程中，却鲜有追查一些起初看来问题不大但蔓延之后后果严重，严重损害国家、社会廉洁风气的"小事"，比如"收红包""拿回扣""吃吃喝喝"等现象。而以廉洁著称的新加坡却格外重视在小事上保持一贯的廉洁作风。②

## 五　监察体制改革

目前我国担负反腐保廉职能的机构主要有三家：党的纪律检查委员会，政府的行政监察机构，隶属于检察院的反贪污贿赂工作局。相关工作部门还包括审计部门和国家预防腐败部门等。这些部门共同努力，推动国家整体的廉政建设和反腐败工作。但是，毕竟是相对独立、隶属不同部门的多个工作机关，在一定程度上影响总

---

① 国家森：《论中国特色的反腐机制建设》，《国家检察官学院学报》2005 年第4 期。

② 有一个关于李光耀的廉洁小故事。一位名叫威尔逊·李·弗洛雷斯的人到新加坡时，曾打电话到李光耀的办公室。威尔逊请求李光耀为其所买的《李光耀回忆录》（下册）签名。而李光耀的秘书则解释说，每本由李光耀亲笔签名的回忆录，价值是1 万新元（约合 5 万元人民币），售书的所有收入则将捐给慈善机构。可以看出，务实和有条不紊的作风是新加坡保持廉洁的重要品质，也是我国在推进利益均衡过程中需要借鉴吸收的重要品格。

体的工作效果，尤其是在党风廉政建设和反腐败的精细化和严控化方面。20多年来，笔者在《中国法学》《中国社科院要报》等载体上，十几次反复多次呼吁我国应进行监察体制改革，建议我国可以在时机和条件成熟时，将现有几个机构整合，建立一个统一的全国性廉政工作机构，专门负责全国（全党）廉政建设。改革后的新机构对外是国家监察委员会，对内是党的纪律委员会，通过立法赋予其应有的特定权力。当然，需要同步对其设定相应的严密监控措施，否则可能成为新的腐败源头。

## 第三节　利益均衡指数与利益均衡巡视

利益均衡是一项具有长期性和复杂性的系统工程，除了明确主导力量、构建专门机构、营造必要的社会氛围外，还需要某些创新性的措施来推动目标的实现。这些创新性的措施包括利益均衡指数和利益均衡巡视，以上措施有助于保证利益均衡突破难点、打开局面，也有助于巩固利益均衡所取得的工作成果。

### 一　设立利益均衡指数

现有的一些成效检验机制很难动态地对一个地区、一个领域的利益变动做出有效的反映，因此笔者建议尝试建立"利益均衡指数"作为利益均衡成果的检验机制。所谓"利益均衡指数"指的是以量化的、动态的数据对一个地区以三大利益为主体各种利益的配置状况的反映，通过前后时间段内数值变化可以直观显示出该地区利益流动及优化配置的状况，从而为考核地方官员施政效果提供一个有效的数据参考。由于利益均衡综合评估指数主要追求的效果是社会公平，因此，该指数应当至少由三方面构成：经济利益均衡指标[①]、

---

① 包括人均国民收入指标、人均国民收入增长率、社会就业率、低收入群体收入指标、政府扶贫情况数据等。

社会利益均衡指标①、政治利益均衡指标②。

笔者认为，我国利益均衡综合评估指数应该是一个分类加权指数，也就是应当区分政治、经济和社会三大类来设计相应的指数，而且指数中的各项因素以及他们所占的权重一般来说是相对固定的，但也可以根据不同时间和地点做相应微调，这样做的好处是显而易见的。一方面可以使不同时期不同地区的政策有所侧重，例如，在新的一年，政府的政策导向转向民生领域，就可以适当增加涉及民生的考察项，提高其权重，地方政府即使单纯出于政绩需要，施政也会向民生领域倾斜。另一方面加权指数比单一统计涉及利益均衡的某几项数据更加科学、合理，能比较准确地反映利益均衡的实际状况。又如，在东部沿海地区，指标的设计应该更多地重视政治、社会性利益类别，而西部和广大欠发达地区，指标应当侧重于经济利益均衡方面。

### 二　开展利益均衡巡视

设立利益均衡指数，是对利益均衡的实效进行数量上的界定，是被动介入；而开展利益均衡巡视，则是主动介入利益均衡，通过一定的活动来改变利益流向，促进调控目标的实现。

#### （一）明确利益均衡评估巡视主体

为了保证利益均衡过程的透明度以及确保地方各个部门的工作成果的真实性，笔者建议开展利益均衡情况评估工作。

笔者建议将其与目前我国党内的巡视制度结合，明确规定将利益均衡情况作为党内巡视的内容。我国的巡视制度起源于西汉，有刺史"乘传周行郡国"；成熟于唐朝、明朝时期，唐有监察御史、十道巡按使，明有巡按御史，中国共产党党内的巡视制度，是指中央和省、自治区、直辖市党委，通过建立专门巡视机构，按照有关

---

① 包括教育事业发展指标、卫生健康事业发展指标、文化事业发展指标、环境保护指标、社会治安和事故指标等。

② 包括行政机构中公务员数量与人口总数的比例、公权行为决策民主化程度指标、公众和社会专家参与决策程度指标、社会人士担任"两代表一委员"比例、削减审批事项和保留审批事项比例指标等。

规定对下级党组织领导班子及其成员进行监督的制度，它是"以控权论为制度基点且适应改革开放伟大事业而重新建立起来的一项党内监督制度，是现行政治体制框架下和党内监督制度体系中加强党的自身建设的重要举措"①。2003 年中共中央颁布《中国共产党党内监督条例（试行）》，以党内法规的形式把巡视制度确定为党内监督的十项制度之一。巡视组对上级党委负责，对下级党组织领导班子及其成员进行监督。巡视组不处理所巡视地方的具体问题，巡视结束后要向派出党委报告工作。2004 年，全国 31 个省区市和新疆生产建设兵团党委组建专职巡视队伍，同年中组部、中央纪委制定《关于巡视工作的暂行规定》。2009 年，中共中央印发《中国共产党巡视工作条例（试行）》。该条例第十二条规定了巡视组巡视监督的事项包括六方面，根据此条规定，可以将利益均衡情况巡视的职能规定为本条第六项内容所包含的其他事项。党的十八大指出"要更好地发挥巡视制度的监督作用"，随后，中央办公厅转发《中央纪委中央组织部关于进一步加强巡视工作的意见》和《中央巡视工作 2013—2017 年规划》，党的十八届三中全会通过的《中共中央关于全面深化改革若干重大问题的决定》指出，要"改进中央和省区市巡视制度，做到对地方、部门、企事业单位全覆盖"。这种做法的好处在于立竿见影，可以马上操作，弊端在于党内的巡视机构对涉及全社会的利益均衡状况进行巡视是否符合法理还需要推敲，而且党内巡视的手段相对特定，"巡视成果运用转换的责任机制"②还须强化。建议在适当时候可在目前"党内巡视"基础上增设"国家巡视"。根据巡视结果书面给派出机构专门出具巡视报告，报告中可以提出改进意见，提请上级党委和政府审议同意后责成有关部门改进利益均衡的有关工作。

（二）收集利益均衡统计数据

信息是正确决策的前提。目前我国统计部门公布的某些经济数

----

① 李敏昌、杜哲焱：《改革开放以来中国共产党巡视制度的创新研究》，《甘肃社会科学》2014 年第 1 期。

② 郑传坤、黄清吉：《健全党内监督与完善巡视制度》，《政治学研究》2009 年第 5 期。

据经常受到学者、国内外研究机构的质疑，认为数据不能客观反映社会经济发展真实情况。对于诸如失业率、CPI、制造业经理人指数等反映宏观经济运行状况的数据，其对利益均衡政策和措施的出台有着极为重要的影响。一些虚假数据使党和政府感受不到社会公众的利益需求，使党和政府判断利益状况时出现错觉，使弱势群体无法真实地向国家表达自身的利益需要，其造成的后果可能是灾难性的。

因此，巡视过程必须加强信息工作，确保与利益均衡相关的各类信息客观、可信。第一，提高官方统计机构统计结果的公示度。第二，聘请中立的社会调查统计机构参与重要信息的调查。第三，成立独立的民意调查机构，及时准确地把握社情民意的走向。第四，重视微博、微信等新兴大众传播媒体的作用。

# 第八章

# 治权实体论

利益均衡法律调控作为一种重要的社会行为，离不开国家这个调控主体。国家是以什么样的样貌实施和推动利益均衡法律调控，是极为重要的一个问题。现代国家党政关系的具体现实深刻影响着利益均衡法律调控的途径、方式和效果。[①] 新中国成立以来，党政关系一方面保持了相对稳定，一方面也在动态调整之中。这种调整越来越朝着良性方向大步迈进，尤其是改革开放以来，我国党政关系的良性化发展在社会经济发展中发挥了极为重要的作用，成为保障全社会范围内利益均衡取得明显效果的关键因素和重要前提。30多年来党政关系的演变过程，也是利益均衡程度不断优化的过程。中国共产党以与西方迥然不同的方式，创造性地走出一条国家政权主导利益均衡的全新路径。本章在对我国现行党政关系进行梳理和剖析的基础上，提出利益均衡法律调控主体的相关理论——治权实体论。

## 第一节　我国党政关系的现状及不足

"在当代中国，任何改革或发展，试图回避或绕开党政关系都是不可能的。"[②] 党政关系的问题本质上是执政党以何种方式掌握国

---

① 姚文胜、彭箫剑：《治权实体论：认识党政关系新视角》，《人民论坛》2014年第29期。

② 朱光磊、周振超：《党政关系规范化研究》，《政治学研究》2004年第3期。

家政权，以何种姿态领导和治理国家的问题。新中国成立以来，中国共产党在此问题上做了持续不懈的努力和探索，取得了显著成绩，为继续探索完善党政关系奠定了坚实基础。十八大报告提出要"道路自信、理论自信、制度自信"，① 习近平总书记在纪念现行宪法公布施行 30 周年大会上讲话强调："要坚持党的领导、人民当家作主、依法治国有机统一……要按照宪法确立的民主集中制原则、国家政权体制和活动准则，实行人民代表大会统一行使国家权力，实行决策权、执行权、监督权既有合理分工又有相互协调，保证国家机关依照法定权限和程序行使职权、履行职责，保证国家机关统一有效组织各项事业。"② 十八届三中全会指出"全面深化改革的总目标是完善和发展中国特色社会主义制度，推进国家治理体系和治理能力现代化"，要"坚持系统治理，加强党委领导，发挥政府主导作用，鼓励和支持社会各方面参与"。③ 这些重要论述，为探索并确立新型党政关系提供了重要的理论支撑、指明了正确的研究方向。

党政关系在不同历史时期的变化所体现的是中国共产党领导方式与执政方式的变化，党政关系实质上是中国共产党通过设定公权力之间的制约与配合结构并以政治经验与价值序列作考量而安排的。④ 在我国，党政关系不应简单地理解为党委和政府的关系，根据我国政治生活的实际，它既包括党与政府的关系，又包括党与人大、政协、法院、检察院的关系，还包括党与军队的关系，在一定时期甚至还包括党与国家元首的关系，这也就是广义的党政关系。党政关系混淆，既不利于国家治理的有序推进，也会在社会上造成认知上的混乱，因此，有必要在对过去进行反思以及对新时期进行

---

① 胡锦涛：《坚定不移沿着中国特色社会主义道路前进　为全面建成小康社会而奋斗——在中国共产党第十八次全国代表大会上的报告》，《人民日报》2012 年 11 月 18 日第 01 版。

② 习近平：《在首都各界纪念现行宪法公布施行三十周年大会上的发言》，《人民日报》2012 年 12 月 5 日第 01 版。

③ 《中共中央关于全面深化改革若干重大问题的决定》，《人民日报》2013 年 11 月 16 日第 01 版。

④ 房慧闽、许耀桐：《政党执政文明与党政关系改革》，《理论探讨》2004 年第 3 期。

梳理的基础上，提出促进党政关系的改革、完善与发展的新思路。笔者认为，新中国成立以来，我国党政关系大体可分为以下两个相对明显阶段和一个相对模糊的阶段。

## 一 "党政合一"与"党政分开"

### （一）"党政合一"

从 1953 年中国开始执行发展国民经济的第一个五年计划到"文化大革命"期间，传统的政党关系得以建立并巩固，"苏共模式、孙中山建党思想和中国传统政治文化"①，是影响中国共产党成为党政不分、党国不分、以党代政的"全能主义政党"的三大原因，党的领导演变为党组织以组织形式直接参与治理国家事务的形态。这种国情与党情密切结合、用政治手段管理经济的集权政治体制，承接了新民主主义革命时期党政关系的优势，适应了高度集中的指令性计划经济模式，从而确立了中国共产党社会主义事业建设领导者的核心地位，对于当时中国共产党军事胜利成果的保卫，新生政权的巩固，国民经济的迅速恢复和发展，国家主权与安全的维护，都起到了不可估量的时代作用，并且也积累了大量建设党政关系的经验。但是这种党政关系毕竟处于初步确立阶段，权力过分集中的体系存在着薄弱环节。

### （二）"党政分开"

随着发展商品经济的需要，1980 年邓小平发表了《党和国家领导制度的改革》的讲话，拉开了当代中国政治体制改革的序幕，他认为党政关系是中国政治体制改革的核心所在，由此，党政关系从"党政合一"向"党政分开"的阶段转变。对"党政分开"的倡导促进了对中国政治体制改革关键的正确认识，开创了政治民主发展的新局面。在"党政分开"的执行过程中，党把主要精力放在了自身的建设上，明确了党的地位和作用，正确践行了"党要管党"的要求，尤其是抓住了党的执政方式是通过领导人民执掌政权，要通

---

① 王长江：《中国共产党：从革命党向执政党转变》，载俞可平主编《中国的政治发展：中美学者的视角》，社会科学出版社 2013 年版，第 70 页。

过宪法和法律来实现党的领导等执政要点。① 同时，划分了国家机关的职能权限，取消了部分领导的政府职务，精减了党委职能部门，实行政府首长负责制，这些对国家领导制度、组织设置原则、机构体系职能的摸索都具有开拓性意义。但"党政分开"的理论依旧存在许多改进的空间。

（三）党政关系相对模糊阶段

1989 年后，中国共产党发布了《中共中央关于加强党的建设的通知》与《中共中央关于加强党的建设、提高党在改革和建设中的战斗力的意见》，并且把政治体制改革的任务设定为"建设有中国特色的社会主义民主政治"，"机构改革"和"精兵简政"成为政治体制改革的主要内容，对党政关系梳理的重点也切换到了切实加强党的建设，改进党的领导作风，提高党的领导水平、领导能力和增强党的凝聚力上来。党政关系变化的大致形态是党与政又开始相互渗透，政党行为、国家机关行为呈现出某种程度上的一致性，例如各级纪委与政府的监察部门合署办公；在《〈中华人民共和国公务员法〉实施方案》中，将中国共产党各级机关、各级人民代表大会及其常务委员会机关、各级行政机关、中国人民政治协商会议各级委员会机关、各级审判机关、各级检察机关、各民主党派和工商联的各级机关都列入了公务员法实施范围；② 实行地方党委书记与人大常委会主任"一肩挑"等。但是前一阶段实行"党政分开"的影响和思潮还继续存在，并且社会多元化的思潮对党政关系发展进行了多维度的设定，这就造成了现时党政关系的相对模糊。③

---

① 杨宏山：《试论中国党政关系的演进与发展》，《云南行政学院学报》2000 年第1 期。

② 参见《〈中华人民共和国公务员法〉实施方案》有关实施范围的规定："根据公务员法的规定，下列机关列入公务员法实施范围：（一）中国共产党各级机关；（二）各级人民代表大会及其常务委员会机关；（三）各级行政机关；（四）中国人民政治协商会议各级委员会机关；（五）各级审判机关；（六）各级检察机关；（七）各民主党派和工商联的各级机关。"

③ 叶麒麟：《现代国家建构：我国党政关系演进的一种解读》，《学习与探索》2007 年第 4 期。

### 二 现行党政关系面临的挑战

党政关系的运作应形成结构合理、配置科学、程序严密的运行机制，保证权力沿着制度化轨道运行，简单的合或分、统一或退出并不能给党政关系带来稳定。① 改革中并存的不同声音也造成了现行党政关系定位的模糊，目前并没有得到很好解决的问题有：政党如何行使国家治理职能？如何具体发挥政党的领导功能？应将哪些具体职能还于国家机关？如何具体构建党政之间权力转化、良性互动的模式？如何有效地对政党权力进行监督？哪些是阻碍党政关系规范化的因素，如何克服这些阻碍因素等？

（一）理论层面挑战：对党领导国家事务存在认识上的混乱

虽然社会各界一致认同中国共产党是国家执政党，是国家全面建设事业的领导力量，但在中国共产党以何种方式行使国家治理功能的问题上，仍存在着争议和讨论，归纳起来主要有三种观点：

第一种观点把党政关系理解为对国家统治关系的安排，国家只是维护阶级统治的机器，国家的职能和活动实质上是统治者的职能和活动，所以无论是共产党的行为还是国家机关的行为都是行使国家统治的方式表现，中国共产党是中国社会主义事业的领导核心，绝对不能抛开对统治事务的细微处理，中国共产党不仅要具备作为执政党的领导功能、社会协调功能、社会稳定功能、权力监督功能，同时还要承接一般政治组织的利益表达、利益综合、政治录用、信任支持、法律适用、政策效果、政策评价、政策调整等一系列功能，要在原有的贯穿不同政权层级的制度化纽带的基础上，不断强化统治治理的能力，② 在发挥与完善人大作用和改善政府治理能力的同时，加强党在各级国家机关中的领导核心作用。这种思想被较为广泛地运用到实践中，具体表现为在政府等机关中恢复了党组和纪检组，党的纪律检查委员会和政府的监察部门联合办公，中

---

① 王长江：《关于改革和梳理党政关系的思考》，《马克思主义与现实》2014 年第 3 期。

② 参见刘建军、周建勇、严海兵《创新与修复：政治发展的中国逻辑（1921—2011）》，中国大百科全书出版社 2011 年版，第 86 页。

国共产党在中央和地方派出某些机构等。

第二种观点受西方国家党政关系理论的影响，认为政党不能与国家政权机构紧密地结合在一起，呼吁要求继续推进党政职能分开的政治体制改革，认为我国的党政关系不能简单地实行党政的分或合，要求构建权威的国家机构，在深化改革的进程中不断提高国家机关的地位和作用。要求革新党政、党际之间的合作程序，构建对执政党权力运行和监督的有效制度化安排，政党仅在国家机构设定职能目的和行使国家职能明显不合理时发挥纠补、调整作用。① 政党可以通过人事参与国家治理，但必须充分保证国家立法机关、行政机关和司法机关依照宪法和法律积极主动、独立负责、协调一致地行使各自的职权，完成各自的职责，只有在国家立法机关、行政机关和司法机关明显违背一般国家原理、严重损害国家人民利益的时候，才能以党对国家的治理取向，通过的大政方针，树立的核心价值观为标准，以人事调整权为运作筹码，对明显不合理的立法行为、行政行为或司法行为进行修正，他们对执政党直接参与国家治理持不同立场。

第三种观点主张恢复中国传统政治道统，将"心性儒学"转换为"政治儒学"，主张王道政治、精英政治、圣贤政治，② 认为政党享有最高执政的合法性，理应是间接治理的主体，国家事务只需授权并安排国家机关来予以执行。天道之论、王道之论、王权之论共同构成了"王道政治"的"一体三维的立体化政治理论"，天道之论是"'天下为公'，是对儒家王道政治在天道层面所预定的王道政治精神的准确表述"，其"为王道政治提供正当性基础的论述"；王道之论是"仁政德治，也就成为王道政治的核心建构"，其"为王道政治提供合法性资源的言说"；王权之论是"王道政治之王道的制度取向，即是礼制政治"，其"为王道政治的制度化操作提供设

① 刘靖北：《中外党政关系比较与中国党政关系的现实思考》，《科学社会主义》2002 年第 1 期。

② 参见蒋庆《政治儒学：当代儒学的转向、特质与发展》，生活·读书·新知三联书店 2003 年版，第 11—39 页。

计蓝图"。① 受此思潮影响，有关人士认为中国共产党代表最广大人民的根本利益，在人类社会历史发展规律的指导下，追求全人类共产主义的最高理想，由此实现"天下为公"。中国共产党的国家治理不是通过运用行政权力而实现的，而是靠代表人民群众的利益，密切同人民群众联系，得到人民群众的支持和拥护来实现的，由此实现"仁政德治"。② 政党和国家机关的目的虽然都是治理国家，但功能定位却不相同，政党的角色是指挥者，起的是间接治理的作用，无须事必躬亲，党制定的路线、方针、政策经过国家机关的法定程序上升为国家意志，成为指导整个国家生活的法律和公共政策。而国家机关的角色是直接的执行者，例如政府的主要职能是直接地管理公共事务、提供公共服务，党政关系的运行过程是中国古代君权和臣权之间分层的变相延续，由此实现"礼法政治"。最后，按照儒家王道政治的三重合法性标准来对权力运行做出限定，实现中国政治秩序的合法性，从根本上消除致乱的因素，达致党政关系的稳定。③

实质上，三种思潮之间的冲突与交合乃是在中国现代化过程中马克思主义、自由主义以及儒学之间交叉并存的格局表现，对三种思潮的分析应以马克思主义的政党国家观为核心。第一种观点明显特点在于使政党制定的路线、方针、政策能够对国家治理起到领导作用，明晰党主导国家治理的基本向度和价值取向。第二种观点认识到国家机关在治理国家事务中的主导作用，政党制定的路线、方针、政策能够对国家的正确治理保驾护航。第三种观点较好厘清了党和国家机关各自在政治生活中的定位，有利于加强党的领导，同时注意到政党治理转化为国家治理的方式。

（二）实践层面挑战：党政关系难以定型

首先，党的组织在国家政治生活中已经高度地国家化和行政化

---

① 任剑涛：《天道、王道与王权：王道政治的基本结构及其文明矫正功能》，《中国人民大学学报》2012 年第 2 期。

② 冯莎、颜俊儒：《中国国家治理现代化面临的挑战及对策——以党的治理能力提升为视角》，《理论探讨》2014 年第 2 期。

③ 杨国鹏：《党政关系规范化：中国政治发展的范式选择》，《学习论坛》2005 年第 1 期。

了，我国政党和国家机关都具有参与国家政权的相同目标，因此具有相合性，这种合力要求事实上对国家和社会的双层治理行为能够做到统一相衔接，否则就会陷入双重治理的深渊，双重治理带来班子太多、领导太多，制度不畅通，信息不连贯，大量的政治资源都耗费在了平衡与联通各方的活动上。现实中政党、人大、政府、政协等机构主体共同行使着国家权力，可能自我不断扩张的权力难免产生互相冲突，彼此之间尚未有统一成文的权力规制和矛盾化解机制。以立法为例，政党立法权与国家立法权在事实上部分冲突，虽然中国共产党要把党的政策上升为国家意志，转换成为法律、规范、解释，但事实上没有及时或者确实不适于转换为法律规范的政策数量不菲。党内法规和国家法律在政治生活实践中都丰富地存在并大量运用，都扮演着十分重要的角色，这难免造成"政出多门"以及"策法并行"，党内法规与国家法律撞车的现象，又缺乏调和与缓解的途径，最终只能是相互削弱对方权威性的结果，影响权力的规制、均衡与共享。①

其次，党政分离的时候在具体操作层面上可能会遇到实践性问题，从而导致不良结果的发生：一是党、政可能都怕自己管了不该属于自己管的事，都怕搞不好相互关系，因而在工作中能让一点儿就让一点儿，容易出现推诿扯皮、无人负责的现象。二是党、政可能都怕对方指责自己工作不负责、不主动、不作为，都怕影响自己的政绩和形象，因而在某些工作中能争一点儿就争一点儿，可能出现越权越位、争抢功绩的现象。② 三是由于党、政彼此在职权划分上不够清晰，不少工作存在交叉地带。以廉政教育为例，在中国政治生态中具体负责廉政教育的部门既有纪委，也有监察部门以及反贪机关、法院等，同一群工作对象、同一个工作内容不同机关分别部属，其资源浪费可想而知。在党委组织部与政府人事部门以及党委宣传部和政府文化部门之间，这种职能交叉、混淆也在一定范围

① 王振民：《党内法规制度体系建设的基本理论问题》，《中国高校社会科学》2013 年第 5 期。

② 张荣臣、谢英芬：《分还是不分，这是个问题：30 年党政关系的理论研究和实践探索》，《中国党政干部论坛》2009 年第 4 期。

存在。

（三）授权不明与权责不明可能影响党政秩序

各时期党政关系的确立无不以更好地满足社会成员对政治、经济、生活文化等方面的需要为宗旨，这些都离不开现代法治对秩序要素的安排。党政秩序，意味着某一时期的党政关系呈现出了稳定健康的形式结构，"人类试图过一种理性的、有意义的和有目的的生活的所有努力，都会在一个混乱不堪的世界里受挫"①。党政事务对稳定性的诉求，需要各主体在相互关系中遵守规则，建立起秩序规则，以抛离失序混乱，预测党政现象，以避开脱轨异变，行事井然有序，以告别杂乱无章。

然而现实中的党政关系，由于还在探索完善阶段，离这样的要求还有一定差距，可能影响到党政秩序的稳定。《宪法》第三条规定："国家行政机关、审判机关、检察机关都由人民代表大会产生，对它负责，受它监督。"国家的公共权力都由人民代表大会所授予，而在政治生活实践中，执政党给人的感觉是成为事实上的"第一政府"②，公权力的最重要部分是由政党所掌握，应该说，这是我国革命时期和一个时期改革开放实践逐渐形成的，符合我国发展的需要，符合国家整体利益。但由于政党和人民代表大会之间并没有法律条文上的授权关系，这样容易给人产生错觉，以为中国政治活动中立法规定与政治实践有所背离。相对而言，国家行政机关所掌握的公权力，从决策层面上看既低于政党，又低于人民代表大会，当政党和人民代表大会的决策或执行要求发生冲突时，由于二者之间缺乏规范化的关系安排，国家行政机关难免陷入两难的境地。政治实践表明，我国现行公权力运作实践与宪法文本规定还需要进一步做细化规定，宪法序言所确立的基本原则、人民代表大会制度、政

---

① ［美］E. 博登海默：《法理学——法律哲学与法律方法》，邓正来译，中国政法大学出版社 2004 年版，第 230 页。

② 党把自己的意志直接变成国家的意志，对政府发号施令，实际上是起着第一政府的作用，而政府成为党支配之下的第二政府，从国家管理的理论和实践分析，当然不需要存在"第一"和"第二"两个政府。参见房慧敏、许耀桐《政党执政文明与党政关系改革》，《理论探讨》2004 年第 3 期。

治协商制度等中国特色的政治制度框架尚未能和宪法与法律的条文规定有机对接。归根结底，都是在制度层面上没有处理好党政关系，没有建立起新型的党政关系模式。①

### 三　公权力主体的调控作用受限

公权力的干预是推动和实现利益均衡的必要手段，我国利益调控的主体主要包括党、立法机关、行政机关，以及司法机关等国家机关。当下，由于我国党政（广义的"政"，包括行政、立法、司法机关）关系尚未完全理顺以及司法尚未完全摆脱行政力量的干涉等原因，导致我国各公权力主体在利益均衡的过程中调控作用受到限制。

（一）行政机关在利益均衡的过程中调控作用受限

在传统理论中，党政关系主要是指执政党与行政机关在行使权力的过程中所形成的政治关系，因而政府与政党的关系一直是党政关系的核心内容。②自新中国成立以来，我国在调整党政关系的道路上进行了积极的探索，"逐步走向党通过法定程序和法定制度将党的主张变成国家意志，以实现党对政府工作的领导，从党管一切，逐步走向党管大政方针和干部人事，政府负责国民经济和社会发展的全面规划和具体执行的中国特色的党政关系模式"。③应当说，我国对于党政关系的调整是积极而富有成效的，但目前我国调整党政关系的法律规定仅有一些原则性规定和政策性规定，缺乏具体、明确的可操作性规范，导致党政关系问题并未从根本上得到清理，并在一定程度上影响着利益均衡的实现。首先，党政职能不清，导致政策混乱，不利于党政关系的理顺以及利益均衡的实现。④党政之间职能混乱、交叠或脱节的情况，从长远来看，这既不利于

---

① 房慧敏、许耀桐：《政党执政文明与党政关系改革》，《理论探讨》2004 年第 3 期。

② 刘杰：《党政关系的历史变迁与国家治理逻辑的变革》，《社会科学》2011 年第 12 期。

③ 杨宏山：《试论中国党政关系的演进与发展》，《云南行政学院学报》2000 年第 1 期。

④ 朱光磊、周振超：《党政关系规范化研究》，《政治学研究》2004 年第 3 期。

政府调控作用的发挥、不利于对于利益分配过程中既得利益者的保护，也不利于社会形成长效、稳定、合理的利益分配机制。其次，党政关系不清，导致政府作为利益均衡一方面重要主体的调控作用受阻。在政府具体实际执行政策法律，以及党的大政方针的过程中，经常出现一些地方党组织不太尊重行政部门的法定权力，导致行政机关成为党委的附属机构甚至执行机构，影响政府在执行过程中调控作用的正常发挥。虽然"党政完全分开"的模式并不必然适合我国一党执政的特殊国情，但正如党的十六大报告所指出，"各级党委要支持政府履行法定职能，规范党委和政府的关系"。实现党政关系的法治化与规范化是我国依法治国的题中之义，也是进一步推进利益均衡的必然要求。

（二）国家权力机关在利益均衡的过程中调控作用受限

自20世纪90年代开始，国家权力机关的作用逐渐受到重视，党政关系问题也逐渐从执政党与行政机关的关系上拓展到党与国家权力机关的关系上来。合理的党与国家最高权力机关的关系应为"党既坚持对国家权力机关的领导，也尊重并支持各级人大依法行使职权"[①]。截至目前，我国执政党与国家权力机关的关系依然没有完全理顺，影响了人大利益均衡作用的发挥。首先，从党对权力机关的影响方式上看，中国共产党对于人大的领导主要通过政策建议、人事建议、干部任命等方式，目前我党在影响方式上仍然存在一定的缺陷，影响利益均衡的实现。以政策建议为例，我国尚未完全处理好政策与法律之间的关系。"党的政策不能代替法律，要使党的政策和建议变为全体人民共同意志，就必须通过法定的程序向人大和一府两院提出，转变为具有普遍约束力的法律、法规、解释等。"[②] 然而现阶段，在利益均衡领域，党内政策由于经常对发展中遇到的重大问题率先作出规定，因此处于利益分配的主导地位，导致人大的法律调控作用受阻。另一方面，由于党在权力体系中的核心地位，容易导致人大在立法的过程中服从于党的政策与要求。其

---

① 杨宏山：《试论中国党政关系的演进与发展》，《云南行政学院学报》2000年第1期。

② 李庄：《关于理顺党政关系的理论思考》，《求实》2006年第9期。

次，从人大的权力配置来说，由于党政关系不清，导致权力机关难以行使法律赋予的监督权，从而不利于利益均衡的实现。监督权对于利益均衡的实现具有重要意义，它不仅能确保公权力主体公平客观地制定利益分配的政策，还能防止政府在执行利益分配政策的过程中寻租权力，发生腐败。有学者指出，在人大监督权的行使过程中，一方面，由于我国法律并未将党纳入人大监督的范围之内，导致党的权力没有界限，不利于利益均衡的实现；另一方面，党的职能与行政职能错位，导致权力和责任主体混乱，给人大及其常委会、司法部门的监督带来困难。[①] 党制定的很多方针政策涉及国家多种利益的调整，某种意义上是一种"准立法行为"，但是目前党的这种"准立法行为"并没有纳入法律监督或人大监督的范畴。

（三）司法机关在利益均衡的过程中调控作用受限

在国家法律缺位或不健全，以及公共政策模糊不清的情况下，司法机关应当可以利用其审判职能对于法律运行过程中出现的利益失调现象、利益失衡纠纷进行一定程度的矫正与平衡，可见司法机关对于失衡利益的调控具有重要意义。我国宪法第一百二十六条规定"人民法院依照法律规定独立行使审判权，不受行政机关、社会团体和个人的干涉"这一规定表明，人民法院必须坚持在党的领导下，在人大监督下，坚持中国特色社会主义司法制度，依法独立公正行使审判权，这与西方搞"三权分立"式的司法独立有着本质的区别。但是在一些地方，没有遵照宪法规定，一些党委部门影响法院依法独立公正行使审判权的现象在一定范围内存在。[②] 司法不独立必然导致人民法院无法公正客观地审判案件、调控利益，从而进一步导致法院在矫正失衡利益的过程中调控作用受限。从近几年的司法个案来看，个别地方党委或其工作部门对人民法院审判权的干预也造成了利益均衡过程中的一些不良影响。以政法委为例，在近

---

[①] 张恒山等：《依法执政——中国共产党执政方式研究》，法律出版社 2012 年版，第 257—258 页。

[②] 侯猛：《"党与政法"关系的展开——以政法委员会为研究中心》，《法学家》2013 年第 2 期。

几年发生的杜培武、赵作海、佘祥林等错案中，均可以发现政法委不当干预办案的身影。党委部门不当介入司法权的行使，混淆了党与司法机关的关系与界限。在涉及利益分配问题上，也可能越俎代庖，导致司法机关作为利益协调主体的作用受限。十八大以来，特别是三中全会以来，政法委职能发生了转变，在《关于全面深化改革若干重大问题决定》中明确提出"确保依法独立公正行使审判权检察权"。政法委把工作重心重新回归到"务虚办大事"上，甚至中央政法委规定除涉及外交、国防等特殊领域外，"政法委今后将不会介入个案"，把工作重心转向类案监督上，把侦查、起诉、裁判权力重新回归相应职能部门，确保审判权检察权独立行使。笔者认为，这次探索对发挥利益均衡法律调控主体作用，理顺党政调控主体关系和职责具有借鉴意义。

## 第二节　治权实体论：党政关系的定位选择

我国党政关系是在中国共产党的领导下经过长期艰苦卓绝的斗争而形成的，党政关系的发展与中国共产党的正确领导密切联系在一起，"其他政治力量的缺陷、失误、偏执等消极因素激发了中国共产党对其主观能动性的充分发挥和对客观情势的正确把握，从而奠定了其独特的政治优势并将这一优势延续至今"[1]，这既是历史的选择，也是人民的选择，共产党因其意识形态的特质以及党在革命中深入中国社会底层而形成的超强的政治动员能力，使得其构建的"政党—国家体系"具有超凡的渗透性、辐射性、内聚性和整合性。[2]

因此笔者建议，可以在我国党政关系模式构建取得现有成果基础上，以"治权实体"新理论来深化改革执政党和国家机关之间的相互关系，统一安排国家治理的向度和机制，为深化政治体制改革

---

[1]　刘建军、周建勇、严海兵：《创新与修复：政治发展的中国逻辑（1921—2011）》，中国大百科全书出版社 2011 年版，第 141 页。

[2]　同上书，第 76 页。

不断开辟空间、提供动力。"治权实体"理论反对权力无序集中，但不是要搞政治多元化，也不是要把党与政并列分庭抗礼，而是始终坚持和改善党的领导的一元论，通过对各方都能接受的"法治"精髓的开发，以"法治"精神为总指引，宪法、法律、党内规章的完善，完善领导关系和监督关系，将党的治理与党政关系的后续稳定纳入法治的轨道中。"治权实体"的定位选择，就是在把法律法规作为调控党政关系确定手段的基础上，对党政关系的运作常态加以理论定型，基于党的利益与国家利益、人民利益一致性的事实，以"法治"思维优化和改善党的执政行为，不断完善党内法规建设，使党内行为合理吸纳民主建设、人民权利、权力制约等国家治理理论，从而探索完善出有利于加强党和国家治理能力的一套制度机制。

**一  治权实体论的理论基础**

"治权实体"的理论基础指的是做出此项关系设定的理论层面依据和指导，"治权实体"理论既发源于政党与国家之间的一般理论，又基于国家治理和权力制衡的一般原理，更是肇源于我国政权建设和国家治理的有关基础理论。

（一）党的目标和国家目标的高度吻合

政党与国家之间存在着紧密的联系，18世纪英国的埃德蒙·柏克第一次给"政党"下了定义："政党是人们联合的团体，根据他们一致同意的某些特定原则，以其共同的努力，增进国家的利益。"[①]以夺取、掌握或参与国家政权为活动目标，是政党区别于其他利益集团、社会性团体的根本性特征。[②] 中国共产党从诞生之日就有着不同于一般西方政党的政治使命，那就是要将国家从衰败的政治、经济和社会废墟中拯救出来。[③] 中国共产党在社会主义初级阶段的

---

① ［美］萨拜因：《政治学说史》下，盛葵阳、崔妙因译，商务印书馆1986年版，第684页。

② 祁刚利、何艳杰：《政党文化：内涵、特点及功能》，《理论探索》2008年第1期。

③ 张书林：《中外政党执政理念的比较与测评》，《湖北社会科学》2007年第9期。

目标就是要把我国建设成为富强、民主、文明、和谐的社会主义现代化国家，共产党的政党逻辑从革命的逻辑转向了国家治理的逻辑和民族复兴的逻辑，与国家自身发展的逻辑一定有部分程度上的结合之处，中国共产党参与国家治理的过程，是其自身存在的价值和意义，也是国家目标实现的必然途径。某些根据西方"宪政"理论提出在中国实行"多党轮流执政"的主张，无视这种高度吻合性，实际上是背离了当代中国政治文化发展的历史传承和内在逻辑。

（二）多元化的主体和多样性的治理方式有利于权力的制衡

绝对的权力产生绝对的腐败，不受监督和制约的权力必将产生腐败，这些不是西方学者的专利，而是我国政治实践所证明的客观原理。"西方的三权分立不适应中国的国情，但是其背后体现的权力制约的原则却是人类政治文明的重要成果。"① 权力垄断的模式不利于在全体公民中树立制衡的法治观念，权力的横向划分、彼此分离、相互制约，是实现国家权力合理分配与使用的有效途径。国家治理的方式应当朝着多样性的方向进行发展，从社会治理的角度来看，党有党的领导职责，政府有政府的服务作用，人大政协有人大政协的利益表达功能，社会组织有层级之间的沟通功能，党组织形式、政府行政、人大立法、政治协商、社会组织运作都有存在的空间，任一治理方式如果孤立存在，都会存在不同程度上正当性不足的问题。单一的治理结构通常过程都不够开放，普通公民很难有机会参与到公共事务和公共服务的治理过程中，容易缺少公民参与公共治理的制度化安排。②

（三）实现新时期中国国家治理的现实需要

新时期国家治理过程中面临的经济社会事务的日益复杂化和专业化，治理过程也变得纷繁复杂，国家治理主体的链条中既离不开

---

① 王海军：《中国共产党党政关系的历史发展与现实思考》，《中国特色社会主义研究》2006 年第 6 期。

② 单一的结构虽然动员能力强，但吸纳来低层诉求的能力却比较弱，这种缺乏公民主动参与和自我利益表达的结构，容易忽视国家权力的来源和公民的国家主体地位，可能会给统治体制带来合法性危机。

政党，也离不开政府，同时离不开各类市场力量、社会组织，"系统治理""依法治理""综合治理""源头治理"的切实要求摆在面前。① 党政关系改革应与社会主义民主政治建设紧密结合起来，以推动国民经济的健康、稳定、快速发展。"政党是国家这座工厂的发电机"②，新时期中国国家治理要求克服高度集权与个人专权的弊端，树立中国共产党宏观领导、职权法定的思想认识以及通过法定程序将党的主张转变国家意志的治理意识，把政府机构改革、民主法制建设等提到一个新的高度，党政关系改革应立足于最广大人民的根本利益，有利于执政党地位的提高，有利于社会力量的动员，能够集中力量办大事，为全面建设小康社会提供良好的政治基础，共同应对国际环境和国内发展两方面的挑战，以开创社会主义建设的新局面。

### 二　治权实体论的基本原则

"中国的党政关系不是对等的权力主体之间的关系问题，而是党在国家治理格局中对政府权力的安排和规范方式问题，党在这一关系中处于绝对的主导地位"③，确立党政关系具体模式的原则应是中国共产党的大政方针中综合的、稳定的指导思想，习近平总书记再三强调"要坚持党的领导、人民当家做主、依法治国有机统一"④，体现了三者有机统一原则在我国政治体制改革中的绝对指导作用，"坚持党的领导、人民当家做主、依法治国的有机统一，贯穿于社会主义民主政治建设的全过程和各个方面，无论是推进社会主义民主政治建设，还是推进政治体制改革，无论是扩大社会主义

---

① 《中共中央关于全面深化改革若干重大问题的决定》，2013 年 11 月 15 日新华社电（2013 年 11 月 12 日通过）。

② 刘建军、何俊志、杨建党：《新中国根本政治制度研究》，上海人民出版社 2009 年版，第 187 页。

③ 刘杰：《党政关系的历史变迁与国家治理逻辑的变革》，《社会科学》2011 年第 12 期。

④ 习近平：《在首都各界纪念现行宪法公布施行三十周年大会上的发言》，《人民日报》2012 年 12 月 5 日第 01 版。

民主，还是健全社会主义法制，都必须坚持这三者的统一"①，所以对三者的遵从与统一是确立党政关系新理论所应当坚持的基本原理和基础准则。

（一）加强和改善党的领导的原则

十二大通过的新党章明确规定，"中国共产党是中国社会主义事业的领导核心"②，并在之后的历次全国代表大会中继续强调这个论调。十八大报告指出"要更加注重改进党的领导方式和执政方式，保证党领导人民有效治理国家"③。十八届三中全会指出：要"加强和改善党对全面深化改革的影响……确保改革取得成功"④。无论是在"以党代政"还是在"党政分开"的阶段中，都可以得出的共识就是在国家政治生活中决不能忽视党的领导作用。党在我国政治体制的各个方面和各个环节、各个层面，都居于核心的领导地位，既控制着从中央到地方各级政府的权力，也操控着政治、经济、社会等各个领域的运作与发展，影响着政策的制定、决定着干部的选拔，推动着重大政策的贯彻执行。尽管"治权实体"的改革在某个角度看似乎使党的权力在特定范围上有所收缩，但从整体上看，它"总揽全局，协调各方"的功能极大增强，依旧掌握着国家各个领域的最主要权力，依然制定着国家的发展战略，通过强大的政治权威和政治资源整合功能，驾驭着政治生活、经济生活、社会生活的各个方面。所以无论如何推进社会主义民主政治建设，都应当以改革、完善党的领导方式和执政方式为核心进行。这体现了党政关系中不能忽视党的核心领导作用的思路原则。任何试图改变或削弱党在实现"中国梦"过程中的核心领导地位的思路都是与"治权实体"理论背道而驰的。

---

① 方立：《坚持党的领导、人民当家作主、依法治国有机统一》，《求是》2007年第24期。

② 《中国共产党章程》（中国共产党第十二次全国代表大会1982年9月6日通过）。

③ 胡锦涛：《坚定不移沿着中国特色社会主义道路前进　为全面建成小康社会而奋斗——在中国共产党第十八次全国代表大会上的报告》，《人民日报》2012年11月18日第01版。

④ 《中共中央关于全面深化改革若干重大问题的决定》，2013年11月15日新华社电（2013年11月12日通过）。

（二）民主集中制原则

民主集中制是由列宁最早提出的，概括地说，就是民主基础上的集中和集中指导下的民主相结合。[①] 它既是中国共产党的根本组织原则，也是党的根本组织制度和领导制度，是群众路线在党的生活中的运用。民主，就是党员和党组织的意愿，主张的充分表达和积极性、创造性的充分发挥；集中，就是全党意志，智慧的凝聚和行动的一致。

民主集中制原则主要有以下内容：一是四个服从的原则。个人服从组织，少数服从多数，下级组织服从上级组织，全党各个组织和全体党员服从党的全国代表大会和中央委员会。二是民主选举的原则。党的各级领导机关，除它们派出的代表机关和在非党组织中的党组外，都由选举产生。三是定期报告的原则。党的最高领导机关，是党的全国代表大会和它所产生的中央委员会。[②] 党的地方各级领导机关，是党的地方各级代表大会和它们所产生的委员会，党的各级委员会向同级的代表大会负责并报告工作。四是相互沟通的原则。上级组织要经常听取下级组织和党员群众的意见，及时解决他们提出的问题。下级组织既要向上级组织请示和报告工作，又要独立负责地解决自己职责范围内的问题。上下级组织之间要互通情报、互相支持和互相监督。党的各级组织要使党员对党内事务有更多的了解和参与。五是集体领导和个人分工负责相结合的原则。党的各级委员会实行集体领导和个人分工负责相结合的制度。凡属重大问题都要按照集体领导、民主集中、个别酝酿、会议决定的原则，由党的委员会集体讨论，做出决定；委员会成员要根据集体的决定和分工，切实履行自己的职责。六是禁止个人崇拜的原则。禁止任何形式的个人崇拜。要保证领导人的活动处于党和人民的监督之下，同时维护一切代表党和人民利益的领导人的威信。

从这六方面内容可见，这个原则最大可能地体现了效率和公平

---

① 周永学编著：《谈谈党的原则》，兴华智源管理科学研究院 2011 年版，第 12 页。
② 廖盖隆等主编：《毛泽东百科全书》，光明日报出版社 1993 年版，第 38 页。

的有机统一。民主可以广泛收集民意民智，集中可以提高执政和治理的效率，两者不可偏颇。只有民主没有集中，会出现议而不决、效率低下的情况，在西方一些所谓高度民主化的国家，修建一条符合多数人利益的道路却因少数人无理反对而无法实施的例子并不少见；只有集中而没有民主，将会导致漠视民意、独断专行的局面，对于国家治理和社会发展也是极为不利，日本历史上的军国主义和德国历史上的纳粹主义，就是这种情况。可以说，不管是革命战争时期还是改革开放以来，中国共产党最终能克敌制胜，就是学会和用好了民主集中制这个制度。在治权实体论中，把民主集中制确立为一个重要原则，对于切实加强利益均衡法律调控效果，具有极为重要的现实意义。①

（三）依法治国原则

宪法是"历史新时期党和国家的中心工作、基本原则、重大方针、重要政策在国家法制上的最高体现"②。宪法序言明确规定中国共产党在中国的核心领导地位。宪法中所蕴含的权力规制与制衡的法治精神，深深刻画着党关于权力制约的构设。十八大报告指出要"更加注重发挥法治在国家治理和社会管理中的重要作用，维护国家法制统一、尊严、权威"，"要确保决策权、执行权、监督权既相互制约又相互协调，确保国家机关按照法定权限和程序行使权力"。③ 这些规定为规范政党与各国家机关的关系提供了基本的思路，中国共产党的活动不能游离于宪法和法律之外，它与其他国家权力主体之间的关系也不能脱离宪法和法律的调整，无论政党与人大代表大会有无授权关系，无论政党与国家行政机关有无领导关系，都应当在宪法和法律中试着阐述和界定，政党机构、行政机关等其他公权机关要按照一定的法律程序执行公务和

---

① 杨光斌、乔哲青：《论作为"中国模式"的民主集中制政体》，《政治学研究》2015年第6期。

② 习近平：《在首都各界纪念现行宪法公布施行三十周年大会上的发言》，《人民日报》2012年12月5日第01版。

③ 胡锦涛：《坚定不移沿着中国特色社会主义道路前进　为全面建成小康社会而奋斗——在中国共产党第十八次全国代表大会上的报告》，《人民日报》2012年11月18日第01版。

履行职责，政党权力、行政权力等其他公权力要受到法律规则的一定限制。这体现了党政关系应当纳入宪法和法律调整范围的思路原则。

（四）协商民主原则

建立公共可问责的国家是建立治理现代化的评估标准，党与政之间的权力配置并不能增添民主的因素，民主的本质乃是人民对国家的权力控制，国家治理应从党组织、政府、人大等各个方面加强人民参与，共同辅证治理的正当合法性，一个具备合法性的政权离不开人民参与公共治理的制度化设定，政府通过行政公开，正当程序等方式得以实现，人大通过立法公开，选举民意代表等途径达致合法性，而党组织则需要将党内的行为加以外部化。十八届三中全会决定指出："协商民主是我国社会主义民主政治的特有形式和独特优势，是党的群众路线在政治领域的重要体现。"① 中国共产党是工人阶级的先锋队，同时是中国人民和中华民族的先锋队，代表中国最广大人民的根本利益，然而，"现在需要我们下大力进行研究和论证的是怎么保障我们的党内法规充分反映党意、民意。根据多年来党内决策民主化、法治化的经验，党内决策充分反映党意、民意最重要，最根本的保障是广大党员和人民群众对决策的参与程序"②。

党内行为要坚持民主集中制原则，体现人民的利益和意志，积极推动党内事务程序的公开化与外部化，保障人民对党内活动的广泛协商。这体现了要在党政关系中坚持协商民主的思路原则。可以说，协商民主原则某种意义上就是民主集中制原则的外部化。也就是说，党章规定的民主集中制原则主要是用于调节党的各级组织和全体党员行为的，协商民主原则则涵盖了全体社会成员，两者有异曲同工之妙。③ 与"协商民主"相对的是西方的"选举民主"。某

---

① 《中共中央关于全面深化改革若干重大问题的决定》，2013 年 11 月 15 日新华社电（2013 年 11 月 12 日通过）。

② 姜明安：《论中国共产党党内法规的性质与作用》，《北京大学学报》（哲学社会科学版）2012 年第 3 期。

③ 李娟：《党内民主与民主集中制的关系》，《理论探索》2006 年第 6 期。

种意义上说，选举民主不过是协商民主的一种。西方选举民主每隔几年举行一次，主要客体是人事安排，而中国的协商民主除了每几年一次集中进行，还在平时的政治生活和国家治理中不间断地持续进行，议题除了包含人事安排，还包含了国家管理的方方面面。很多西方论者没有看明白中国的事情，多次攻击中国缺乏"民主"，反复妄断中共政权何时就要解体变色，原因就在于他们看不明白中国的"协商民主"的生命力和高效率，看不明白十八大提出的"自我净化、自我完善、自我革新、自我提高"。① 因此，民主协商原则应当在构建"治权实体"过程中始终坚持好。当然，要从更加广泛的视角去推进和落实这一原则，防止将其理解为仅仅是各级政协机关的任务，而应当将其贯彻到构建新型党政关系和国家治理的方方面面。

### 三 治权实体论的理论内核

在现行党政关系中，党与政职能相互交织，依照"治权实体"理论构建政治格局，就是按照区别于以高度集权为体系特征的"党政合一"模式以及以西方议会政治为参照而推论出的"党政分开"模式，从而走出将党政视为一个密切联结而又相互制衡的"治权实体"的第三条道路。

（一）有机联结

"治权实体"理论方案要求建立合作主义机制，政党领导国家事务，国家机关监督党内事务，重大问题相互协商，使党政体系进一步有机联结与统一，加强系统性、整体性、协同性。这是因为中国已经是一个多元化程度很高的社会了，如果不加强整合，很容易导致"一事无成、一盘散沙"的局面。在这个问题上，不妨以人体主要器官构成及其功能实现为例来说明问题，一个健康的人体必须包含大脑、心脏和四肢等组成部分。在这些组成部分中，大脑和心脏是处于第一重要序列的组成部分，缺少这两个中的任何一个，人

---

① 胡锦涛：《坚定不移沿着中国特色社会主义道路前进 为全面建成小康社会而奋斗——在中国共产党第十八次全国代表大会上的报告》，《人民日报》2012 年 11 月 18 日第 01 版。

体都无法成为人体，但如果一个人有两个心脏却没有大脑或是有两个大脑却没有心脏，同样也无法成为人体。对于四肢等器官来说，也是同样道理。一个国家可以有多个治理核心，但是主次应当妥善区分，功能应当妥善区分，党政关系也是如此。① 如果将共产党比喻为人的大脑，政府则可以比喻为心脏，人大政协等相应可比喻为五官和四肢，这些构成部分状貌有不同、功能迥异，但实际上都是血脉相连、经络相通、步调一致的，都是共同担负着维系人体存在和健旺的功能，实现统一的目的。

笔者认为，在分权与集权的问题上，总的来说分权有利于相互制约，更大限度实现社会公平，集权有利于汇聚力量，提高发展效率。但是，并不是所有分权就是好的，相当多实行"民主化"的国家尽管把权力也分散了，但不仅社会公平没有更好实现，效率也降低了，低效率减少了社会总产出，进而又影响公平目的的实现，形成"劣质民主"。同样，并不是集权就是坏事。权力集中起来有序运行，不仅提高了效率，增加了社会产出，也为实现良性分权奠定了社会基础。中国近30年发展的道路正是后者描述的情形。如果把权力集中比喻为一把刀子，那么我们可以说，钝刀用在坏人手里可以用来杀人，快刀用在好人手里可以用来做恰当的好事，问题的关键不在于刀快了就是坏事，而是刀把子掌握在谁手里的问题。

中国发展的实践和经验表明，在中国共产党总揽全局、协调各方的基础上，协调、团结治权主体不同构成部件彼此之间实现良性互动、功能互补，减少管理环节，提高管理效率并相互协商、相互联结。首先，党政关系维系在广泛、充分协商的基础之上，要"构建程序合理、环节完整的协商民主体系，拓宽国家政权机关、政协组织、党派团体、基层组织、社会组织的协商渠道"②，使党政双方都有稳定有效、方便沟通的利益表达的渠道，然后"在党的领导下，

---

① 王侃：《党政关系现代化是国家治理现代化的核心内容——基于马克思主义总体方法论的视野》，《浙江社会科学》2015 年第 5 期。

② 《中共中央关于全面深化改革若干重大问题的决定》，2013 年 11 月 15 日新华社电（2013 年 11 月 12 日通过）。

以经济社会发展重大问题和涉及群众切身利益的实际问题为内容，在全社会开展广泛协商，坚持协商于决策之前和决策实施之中"①，积极参考和吸纳意见、建议，考虑各方利益，考量各类因素，提升治理能力的科学性与现代化。其次，建立健全执政党对国家治理机构和事务的领导机制，建立完善国家监督机关对党内事务的权力制约，党和国家机关发挥好权力中枢的作用，将事务移交给相应的职能部门，由其独立自主地负责解决，形成一个连续畅通的政治过程，相互并存、衔接、配合、补充和监督的政治系统，使各方的合作优势充分发挥，例如："建立健全执政党的领导执政权力与国家最高权力机关立法决策权力的关联互动机制，建立和完善执政党的领导执政职能与政府的行政管理职能的协调衔接机制，建立完善执政党党员与国家干部双重角色的认同机制。"② 不论是解放战争时期还是改革开放时期，中国共产党都扮演着国家力量主动整合者的核心角色，团结各方，汇聚力量。这一点以国家根本大法的形式规定在宪法序言中，有人认为中国共产党作为中国国家领导核心力量的法理依据不充足，那是因为他们对中国的法律研究不够或是故意抹杀这一法律事实。

（二）科学分工

"治权实体"理论方案要求科学合成并分割党政治理，即依照科学、优化、高效、令人民满意的原则，对政党组织、各个国家权力机构部门的管理范围和权限进行划分，并严格依照权限予以遵守，科学配置部门机构权力和职能，明确清晰稳定的职责定位和工作任务。"各级政党、政府、人大、民主党派和政协可以在人事和政策的提议权、参议权、审议全、执行权、评议权、审查权、调整权等方面进行合理的划分并明确各自的职责，使各种权力之间既相

---

① 《中共中央关于全面深化改革若干重大问题的决定》，2013 年 11 月 15 日新华社电（2013 年 11 月 12 日通过）。

② 郝欣富：《从比较研究中看我国的党政关系》，《中共浙江省委党校学报》2004年第 5 期。

互依赖又相互牵制"①，宪法和法律要对党的活动做出更加周全、细致的规定，我国宪法除了在序言中提及中国共产党长期领导革命和建设之外，对党的性质、职能、领导途径、活动方式等均无详细的规定，要想使得党的治理在法治的轨道中进行，既不能缺少抽象性的原则规定，也不能缺失操作性的具体规定，应当在宪法序言相关规定的基础上，打通宪法和党章互联互通的渠道，将党章相关的要求和精神规定体现到宪法中来，在宪法和相关法律中明确中国共产党的各项权利和义务，将法律规定的权力细化落实，使党的权力在党主导制定的法律法规形成的法制化轨道上国家依据更加突出，也确保中国共产党领导国家前进的权力运行国家稳定、有序，无疑将使党领导和执政的合法性得到极大增强，使党政关系更加健康稳定。同时，打通党内事务与国家事务的分野，在重大问题上实现有分有合，纯粹的党内事务一般由政党治理，关乎党和国家发展的重大问题在党的主导下全民参与，并接受国家机关监督。党的领导方式、工作方式和活动方式在现有基础上进一步进行优化改进，"统筹党政群机构改革，理顺部门职责关系"，"规范各级党政主要领导干部职责权限，科学配置党政部门及内设机构权力和职能，明确职责定位和工作任务"。②党政双方在明确各自"权力清单"的基础上，从交叉点及纵向和横向三个维度上明确各自的权力运行边际，有利于党政权责实现定位精准、功能清晰、权责一致、人事相符，从而推动党政双方依照法定权限和程序进行国家治理。③

（三）有效制衡

权力需要制约，这是管理学上的基本原理。缺乏制约，可能导致权力变异或被滥用。犹如人体，手有手的功能，脚有脚的功能，

---

① 何增科：《建构现代国家廉政制度体系：中国的反腐败与权力监督》，载俞可平主编《中国的政治发展：中美学者的视角》，社会科学出版社2013年版，第396页。

② 《中共中央关于全面深化改革若干重大问题的决定》，2013年11月15日新华社电（2013年11月12日通过）。

③ 蒋德海：《"权力清单"应慎行——我国政务管理之法治原则反思》，《同济大学学报》（社会科学版）2015年第5期。

如果彼此功能紊乱了，就会导致手足无措，一个人可能走不了路、拿不了东西。克服手足无措的方法在于大脑内在实现了有效制约。分权不是西方的特产。在中国历史上的不少时期和当代中国的国家治理中，权力分置是一个常见举措。① "治权实体"理论方案要求在实现党政有机联结的基础上，实现对不同权力运作的有效制衡，这既包括发展外部程序对党内重大事务进行制衡，也包括执政党与国家机关之间的良性制衡。从整个国家政治权力框架来说，政党的职能和作用可以依照"总揽全局、协调各方"的原则概括为领导者、协调者，它主要通过政策调整和人事调整这两大方式加以领导国家与社会，支持和保障国家机关依法有效地履行治理职能；从党的内部事务来说，党的重大决策应当明确引进"法治"思维，在现有深入基层进行调查研究、征求广泛群众意见的基础上，把法律咨询和公众参与作为必经程序，对于利益争议点应进行充分协商和调解，对于重大的利益调整事项，必须要举行公示或听证，以提高和扩大普通公众的参与热情、参与程度，这与党的宗旨和性质以及一以贯之的民主集中制原则是高度吻合的。因此，应当把党务公开与政务公开同步推进，使党内有关重要事务、党内相关重大决策参照"立法"思路推进，在更大范围接受群众评议和监督，增加其科学性和严密性。② 在实现公开的过程中，最需要扭转的观点是肇源于地下革命时期的党内保密观念，那个时期敌众我寡，有必要尽量保密。但在和平建设时期，尽管有各种敌对势力，但国内还是"敌寡我众"，因此，应推动党务公开与中国共产党的政党属性一致，因为中国共产党是人民的政党，政党利益与人民利益具有一致性。如果片面强调保密而将广大人民拒之党执政行为的门外，无疑是自我削弱执政基础，自我消减执政合法性。③ 应当看到，推动党外参与与

① 周业安：《地方政府治理：分权、竞争与转型》，《人民论坛·学术前沿》2014年第4期。

② 齐卫平：《党的建设科学化：党务公开的理论意义和实践价值》，《江西师范大学学报》（哲学社会科学版）2011年第5期。

③ 张晓歌、张虹：《党内民主建设的重大举措——关于党务公开问题的若干思考》，《湖北社会科学》2009年第6期。

制约的程序模式是对传统西方政党理论的补足与修正，近代政党是在资产阶级革命的过程中逐渐产生的，分为不同的政治派别，代表着各阶级各阶层的利益，并通过轮流执政等"两造对抗"的机制来消弭政党的不规范行为所产生的负面影响，从整体上达致均衡与运转。而我国不存在竞争性政党制度，在中国共产党长期合法统治的情况下，对党政联结的"治权实体"的监督无须通过阶段性的多党对抗来实现，而是通过治权实体长期执政过程中的内部合理权力制衡和有效自我净化来实现。

　　国家行政机关参与国家公共事务，通过对公共事务的管理和公共产品的提供来实现公权力；作为一种补充与制衡，政协制度起到的是参政作用，"民主党派中央直接向中共中央提出建议"[①]，一要对政党所做出的政策和人事安排进行参议，二要对政党的职能履行状况建言献策、审查监督；人民代表大会及其常务委员会是我国的权力机关，根据《宪法》第六十二条的若干规定，立法权、决定权、监督权、任免权等其他权力共同组成了全国人民代表大会及其常务委员会的权力范畴，决定权是决定生活中重大问题、重大事务的权力，表现为授权、决策等事项；任免权，是指根据人民代表大会及其常务委员会代表人民的意志，对国家机关领导人员及其组成人员进行选举、任命、罢免、免职、撤职的权力。可以看出，人民代表大会的国家职责似乎与政党的领导职能存在冲突，这种冲突并不是直接对立的冲突，因为这是党与国家机关在治理国家体制上范畴与职能不同的体现，政党行使的是实质领导职能，而人民代表大会行使的是形式领导职能，人民代表大会所体现的实质意志，从根本上来讲是一种党委意志。[②] 但是人民代表大会还具有相对独立的权力，立法权是关于修改宪法，制定和修改刑事、民事等基本法

---

　　① 《中共中央关于全面深化改革若干重大问题的决定》，2013 年 11 月 15 日新华社电（2013 年 11 月 12 日通过）。

　　② 其一，执政党的干部在人大中兼任重要职务，这无疑有助于党的主张在人大中的贯彻执行；其二，通过人大代表中执政党的多数优势保障决策体现党的意志；其三，通过执政党的党员代表进行解释说服宣传工作，赢得非党代表对执政党的主张和建议的支持和赞同；其四，执政党在党员代表中实现严格的纪律约束，保证全体党员代表的统一行动。参见郭定平《政党与政府》，浙江人民出版社 1998 年版，第 103—104 页。

律，制定和修改基本法律以外的其他法律的权力，在一定意义上，也包括立法解释权，人民代表大会是宪法和法律的制定者和维护者，可以通过对议案、法案的否决来保障政党政策制定的正确性，防止政党权力滥用，因此，应对其适当赋权，使其参与到其对党内重要法规进行检查、调查、督促、纠正中来，给党的执政行为多加一把"安全锁"，从而共同维护国家利益。

## 第三节　构建"治权实体"模式的法律路径

### 一　完善宪法的相关规定

宪法在国家生活中具有至高无上的地位，作为国家根本大法的宪法凝聚正义，它是社会中合理分配权利、限制专横权力的工具。宪法注重稳定性、连续性、确定性，它的作用就是建立起某种机制，对价值先后顺序做出安排，意图并尝试通过把规制和秩序引入公权机构的往来和运作中，用权威性渊源，默然指示着公权机构的行为取向，力图增进社会的秩序价值，对相互冲突、对立的政治利益进行调控与调和。宪法是党政秩序的保障性措施，宪法权威中渗透的恰当公权力关系是党政秩序的典型形式，宪法语境描绘规则有序的国家蓝图，通过真实、有效的授权与安排手段，力图缓解政治舞台的混乱，长期、恒远地保护社会制度的稳定。宪法的至上性、程序性、安定性构成了宪法秩序，[①] 它最根本的成就是强化了权力的预测性与确定性，各公权主体就能够预见到违反规则情形的法律后果，进而能够在相互关系的处理中表现得较为理智，未来行为的确定性也因此增强。宪法秩序决定了现有政治变化的难易程度与变

---

① 宪法的安定性主要体现为目的的依附性和特别适用性，首先，宪法是关于国家权力行使的指令，为确立一种宪政法律秩序提供价值标准，宪法应当确立立法机关所立之法的形式和价值特征，并向执法机关和司法机关下达具体的指令来保证这种法律的实效。其次，宪法是对国家权力的安排，也是对国家机关的命令，其适用范围是有限的。参见秦前红、叶海波《社会主义宪政研究》，山东人民出版社 2008 年版，第 184—185 页。

更幅度，与宪法秩序一致的党政关系安排，失序浮动的可能性得以降低。

宪法序言指出："国家的根本任务是，沿着中国特色社会主义道路，集中力量进行社会主义现代化建设。中国各族人民将继续在中国共产党领导下……坚持人民民主专政，坚持社会主义道路，坚持改革开放。"这是我国以最高立法的形式对党作为国家核心领导的法律规定。这一规定由于放在序言中且宪法正文中没有就此问题做出进一步系统集中的专门规定，因此在一定范围内产生认识上的混淆，也有一些人出于各种目的对中国共产党的核心领导地位进行质疑。因此，从实践层面来看，需要在现有的行政机关由人大产生，向人大负责的理论逻辑上，按照"利益均衡"的理念在宪法中明确规定"治权实体"理论——中国共产党联结各方作为国家核心力量的理论，在宪法序言相关规定的基础上，借鉴《党章》相关规定的要求和精神，结合我国国家治理的实际，在宪法正文中集中系统地进一步对中国共产党如何体现核心领导地位做出明细的规定，将构建"治权实体"的目标、原则、主体、职能与责任等事项明确下来，再基于宪法规定进一步完善相关国家法律和党章、法律法规、党内法规中相应的实体性规定和程序性规定，对公权力进行合理分工并使之规范化、制度化，以条文规范的形式规范好并保障好政党与人大之间的关系、政党与国家行政机关之间的关系，使宪法所规定的权力授受关系进一步落实，并以政治利益的恰当均衡为议题建立起非权宜、非临时的、有益于长远政治发展的统筹安排。这种在调整党政关系时运用一般性规则、标准和原则的宪法倾向，不仅有利于良性党政秩序向纵深发展、建构制衡与共治的权力体系，也是对宪法秩序的回应与补充、对宪法价值的表达与践行，应当明确为党推进依法治国的基本主题。

## 二 推动党内法规与法律的功能衔接

党内法规与国家法律虽然是两种不同的社会调整机制，它们之间有"方法的概略说明"与"行为规范"的区别、"引导为主"与"强制为主"的区别、"部分秘密"与"全部社会公开"的区别、

"灵活性适用"与"严格遵守"的区别等，① 与其容忍二者在"上下级关系""平行关系""包容与被包容的关系"等交错复杂的实践中时有冲突，不如基于两者的共性设定统一规范性要求，做出一致的规范性处理，以方便政治实践的发展。例如《中华人民共和国公务员法》第三条规定对公务员中的领导成员的产生、任免、监督另有规定的，从其规定，而现今的另有规定就是党内的《干部选拔任用条例》《中国共产党纪律处分条例》等。又如，纪检机关在反腐败案件查办过程中运用的"反腐利器"——"双规"，也可以导入更多的法治元素，使其免受一些论者的攻击。② 事实上，新加坡、香港某些反腐措施对涉案人人身自由的限制程度不亚于"双规"，但其通过法律授权而实现了在"法治"框架下行使。

　　笔者认为，通过一定公开程序，用于调整一定范围公共关系的规则都可以纳入广义法的范畴。《中国共产党党内法规制定条例》中对党内法规做出了界定，是"党的中央组织以及中央纪律检查委员会、中央各部门和省、自治区、直辖市党委制定的规范党组织的工作、活动和党员行为的党内规章制度的总称"。中国共产党的党内法规及相关重要文件，比如党的全国代表大会的报告以及全会的有关全局的重要决定等，通过一定的党内程序制定出来，稳定而广泛地调整着社会成员生活，对调整对象的权利义务内容产生了极大的影响，符合现代法治理念对法的定义，所以也应纳入到我国广义的法范畴内。③ "治权实体"理论要求理性地对待党内法规和国家法律，把其中相关重要部分视为我国统一规范性文件的组成部分，按照法制化的标准制定、发布、适用和审查党内重要法规和国家法律，使二者达到和促成现代法制下公平正义、程序主义、人权保障等基本精神的融通。人民代表大会制度、民族区域自治制度与党内

---

① 参见傅再明《正确处理党的政策与国家法律的关系》，载李逸舟、王仲田主编《党政分开理论探讨》，春秋出版社1988年版，第192—195页。

② 王金贵：《"双规"与自首：合宪性问题研究》，《法学》2005年第8期。

③ 张晓燕：《进一步完善党内法规制定体制机制》，《中国党政干部论坛》2015年第2期。

基本制度的对接，避免和消除国家法与非正式法之间的冲突，① 建立健全国家法制化规范制度体系，避免出现断层，减少冲突，提升国家规范性文件建设的科学化水平。

### 三　强化党内立法程序的外部参与与公开

党内立法是一种社会影响极其重要而又容易被学理研究忽视的党内行为，根据上文所论述的党内行为程序外部化的原理，党内立法程序应当在外部参与和适度公开两方面进行改进。

（一）外部参与

党内法规的民主性离不开制定过程向基层党组织和普通党员开放，但更应当进一步向社会开放，让公众参与、同公众协商。概括来说，目前党内法规的出台，通常可以分为以下四个步骤，一是规划与计划，二是起草，三是审批，四是发布。相比而言，国家法律的出台也可以分为四个步骤，一是提出法律草案，二是审议立法议案，三是表决通过，四是公布法律。

党内法规制定的特色是在起草之前有一个规划与计划的阶段，中央党内法规制定工作五年规划，由中央办公厅对包括党内法规名称、制定必要性、报送时间、起草单位等内容的制定建议进行汇总，并广泛征求意见后拟订，经中央书记处办公会议讨论，报中央审定，年度计划由中央办公厅对制定建议进行汇总后拟订，报中央审批。中央纪律检查委员会、中央各部门和省、自治区、直辖市党委可以根据职权和实际需要，编制党内法规制订工作规划和计划，并且执行过程中，可以根据实际情况进行调整。党内法规制订的规划与计划有利于统筹立法安排，在内容协调的整体规划的设计下，突出重点，对党内法规进行系统的科学编制。但是二者的另一大区别在于党内法规第三步审批的实际效果相当于国家法律制定的审议立法议案步骤加上表决通过步骤，根据党内法规的性质和重要程

---

① 参见张立伟《法治视野下党内法规与国家法的协调》，《中共中央党校学报》2011 年第 3 期。

度，"有的要由党代会来审定，有的则由其他形式的会议来审定"①，其贯彻的是党的民主集中制原则，而国家法律的审议、通过更多体现的是人民民主专政的思想，重视全国人民依据自身的根本利益决定和通过法律。所以在实践中，党内法规制定的主要部门是党内机构，主要参与者是党内领导，遵循的是领导人的判断，这样的立法程序容易导致经验立法和封闭立法，科学程度和开放程度有时令人担忧。② 立法的过程中需要立法者与公众的交涉，其是以协商合作、妥协宽容的精神为基础的，具备外部交涉性立法活动才能化解利益冲突，整合全局利益，从而提高党内法规的针对性、严密性和效用性。从党内法规议程、议案问题的界定，到具体党内法规的规划与抉择，再到法案的审议、通过，公众基于发表意见、提出建议，将自己的意志通过立法程序融入并转化为根本性的意志的机制仍然比较薄弱。虽然党内法规在起草阶段设定了通过调查研究深入基层的必经环节，又规定了包括书面征求意见、座谈会、论证会和网上征询等征求意见的方式，但是由于普通公民无法通过公众的身份参与党内法规的会议质询和表决通过，缺乏代表自我问责和决断的权力，党主体和公众主体之间的公平意志表达和利益平衡还是难以做到。

（二）适度公开

"秘密的程序和秘密的规定，是产生不公正的渊源，公开和公平经常不可分离"③，党内立法活动应适度公开进行，立法程序的公开性是公众享有并行使知情权的体现，立法信息应当广泛公布便于公众知晓，作为体现全国人民意志的党内立法活动应当接受公众的监督。④ 十八届三中全会指出"完善党务、政务和各领域办事公开制度，推进决策公开、管理公开、服务公开、结果公开"⑤。这就要

---

① 侯通山：《党内法规精要 8 讲》，中国方正出版社 2005 年版，第 9 页。

② 操申斌：《论党内法规机制的构建与完善》，《探索》2012 年第 2 期。

③ 王名扬：《美国行政法》上，中国法制出版社 1995 年版，第 553 页。

④ 张晓燕：《进一步完善党内法规制定体制机制》，《中国党政干部论坛》2015 年第 2 期。

⑤ 《中共中央关于全面深化改革若干重大问题的决定》，2013 年 11 月 15 日新华社电（2013 年 11 月 12 日通过）。

求党内法规制定的四个步骤在符合保密法规规定的前提下应尽量公开，这不是单指分时段的阶段性公开，而是更高意义上的过程公开，包括法规议程的选定、法规的规划、起草、提案、讨论、质询、听证、审定、发布等具体活动。除涉密的外，党内立法活动应当公布议程、公开进行，并允许新闻媒体对外报道，允许公众自由旁听，立法会议的相关信息应当被记录在案并公开发表或允许查阅。

### 四 妥善划分党内法规的立法权限

《中国共产党党内法规制定条例》中规定党的中央组织以及中央纪律检查委员会、中央各部门和省、自治区、直辖市党委行使党内法规的立法权，党的性质和宗旨、路线和纲领、指导思想和奋斗目标、各级组织的产生、组成和职权、党员义务和权利方面的基本制度、党的各方面工作的基本制度、涉及党的重大问题的事项等属于党的中央组织的立法权限范围，剩余的立法主体就其职权范围内有关事项拥有立法权限，这虽然成为了部分地方党委制定党内法规的成文依据，但省、自治区、直辖市党委的立法权限行使能力却要受到质疑，党内法规理应在立法专业性和经验的基础上充分反映全体党员意志和人民利益，而地方党委的立法活动在现行党内法规的制定机制下，难免会受到局部利益的限制和立法专业技术性不强、经验不足的制约，不能很好地做到代表全体党员和全国人民。根据《中国共产党党内法规制定条例》第六条规定："党内法规制定工作，其所属负责法规工作的机构承办具体事务。"现行的党内法规制定机制只是粗略地规定将具体的立法事务交给负责法规工作的机构去执行，而实践表明，现实中负责法规工作的机构存在着稳定性不够、专业性不足等特征。以甘肃省委集中清理党内法规制度为例，其"专门成立了由省委办公厅牵头，纪检、组织、宣传、统战、政法、档案、保密等省委部门参加的省党内法规和规范性文件清理工作领导小组，同时省委有关部门、省人大常委会办公厅、省政府法制办抽调精干力量组成工作小组"①，如此多的省一级部门机构参与到法规工作中，既没有稳定的制度协调机制，也缺乏固定的专业法律人才，更不具备一致的法律全局观，地方性负责法规工作机构的法律专业性和经验匮乏。该条例第十三条和十六条规定，中央党内法规和综合性党内法规的起草主体是中央纪律检查委员会、中央各部门或中央办公厅协调中央纪律检查委员会、中央有关部门起草或者成立专门起草小组。中央纪律检查委员会、中央各部门和省、自治区、直辖市党委制定的党内法规，由其自行组织起草，只是在"必要时"才需要吸收相关专家学者参加或者委托专门机构开展调查研究。

反观《中华人民共和国立法法》，在中央立法层级，以全国人民代表大会常务委员会立法为例，其专门的法律机构法律委员会，在法律案的审议、通过阶段其专业性功能发挥着巨大的作用，② 法律委员会是全国人民代表大会中专门负责法律的委员会，是对法律案审议中的关键性全局审议机构，弥补了法治程度发展不足、提案方立法专业人才匮乏、经验不足的困难，有利于保障立法的统一性和质量。③ 此外，除了法律委员会，法律专家、学者被赋予了更加稳定的参与制定国家法律的途径，如第三十四条规定："常务委员会工作机构应当将法律草案发送有关机关、组织和专家征求意见，将意见整理后送法律委员会和有关的专门委员会，并根据需要，印发常务委员会会议。"与党内法规的制定相比，法律专家、学者一

---

① 徐爱龙：《省委对党内法规制度进行集中清理》，《甘肃日报》2013 年 11 月 1 日第 01 版。

② 如《立法法》第二十七条规定常务委员会会议第二次、第三次审议法律案要听取法律委员会关于法律草案修改情况、主要问题的汇报和法律草案审议结果的报告；第三十三条规定："列入常务委员会会议议程的法律案，由法律委员会根据常务委员会组成人员、有关的专门委员会的审议意见和各方面提出的意见，对法律案进行统一审议，提出修改情况的汇报或者审议结果报告和法律草案修改稿，对重要的不同意见应当在汇报或者审议结果报告中予以说明。对有关的专门委员会的重要审议意见没有采纳的，应当向有关的专门委员会反馈。"第四十一条规定："法律草案修改稿经常务委员会会议审议，由法律委员会根据常务委员会组成人员的审议意见进行修改，提出法律草案表决稿。"

③ 周伟：《全国人大法律委员会统一审议法律草案立法程序之改革》，《法律科学·西北政法学院学报》2004 年第 5 期。

面是在"必要时"被吸取调查研究，另一面是"应当"被征求意见，可见法律专家、学者在制定国家法律时所起的建议作用机会更大，专业性知识的作用发挥更为常态、更为固定，反之则体现了党内立法在这些方面的差距与不足。因此，党内立法权限应当分级规定，一些涉及全局性的立法权应由党的全国代表大会统一行使，一些重要的党内立法权应当明晰行使的主体，同时，应当专设党内立法机构；一些立法权可以试行授权由省级地方党的组织行使，也可以参照赋予部分省市地方立法权的做法，将一些立法权限再向经济特区或计划单列城市等地方的党组织授权行使。在党内各级专门立法机构没有建立之前，应当规定各级党委中法学专业背景人员的比例。同时，要大量引进和培养党的立法人才。

### 五　党内法规与法律冲突缓解机制的构建

党在执政过程中应以宪法为依据，"全面贯彻落实宪法的各项规定和基本价值，并运用宪法及其基本理论解决执政过程中的各类问题。运用宪法思维执政，是中国共产党历史方位和执政方式转变的必然要求，符合党的性质和宗旨，是中国特色社会主义政治文明建设的重要内容"[①]。党内法规既要遵循合规性原则，应以党的章程和上位法规为依据，而不能相互抵触、发生冲突；又要遵循合法性原则，制定党内法规必须要在宪法和法律的范围内活动。但是"在某些领域和地方，党内法规成为部分党员和党组织对抗国家法律执行的工具。尽管党内法规和国家法律在指导思想、根本性质和主要任务方面完全一致，但并不意味着党内法规可以代替国家法律，也不意味着党内法规可以凌驾于国家法律之上"[②]，这构成了法规审查的客观基础与现实诱因，党内法规可以考虑接受必要的合法性审查。党内法规合法性审查的主要内容应当包括：制定主体是否具备立法权限，立法事项是否超越了制定主体的权限范围，制定的程序是否公开、民主，法规形式是否符合一般意义上的法规要求，法规

---

① 周叶中：《关于中国共产党运用宪法思维执政的思考》，《中共中央党校学报》2007 年第 5 期。

② 周叶中：《关于中国共产党党内法规建设的思考》，《法学论坛》2011 年第 4 期。

内容是否同宪法、法律相抵触，涉及面广、影响利益重大的内容是否有公众参与、协商，是否体现了最广大人民的意志，关于党组织、党员的行为规范是否具备比宪法、法律更严格或者至少是相一致的义务设定和责任承担，法规的外在结构体系是否与社会主义法律体系相统一等。

现行的党内法规违宪审查主要是基于《中国共产党党内法规和规范性文件备案规定》对党内法规的备案予以实现的，遵循"有件必备、有备必申、有错必纠的原则"①。但这毕竟是党内的工作制度，根据"治权实体"的理念，党内法规的合法性审查也应具备外部审查的途径。参照《立法法》对行政法规、地方性法规、自治条例和单行条例的规定，国务院、中央军事委员会、最高人民法院、最高人民检察院和各省、自治区、直辖市的人民代表大会常务委员会、其他国家机关、社会团体、企事业组织以及公民认为党内法规有同宪法或法律相抵触的，可以向负责党内法规合法性审查的机构书面提出审查的要求或者建议，由其组织进行审查、提出意见。经过审查后被确认为同宪法或者法律相抵触的，可以向制定机关提出书面审查意见，制定机关应当在两个月内研究提出是否修改的意见，并向其上级党的委员会及审查机构反馈。负责党内法规合法性审查的机构，可以是党内新设的内部审查机构，也可以委托人大的相关组织进行，比如各级人大的党组或法制工作委员会。②

党的法规、政策、措施等需要通过立法程序转变为国家意志，才对社会成员具有普遍约束力，为慎重起见，不仅应该对党内法规进行违宪性审查，还应该建立党内的合宪性自我审查机制。党的十八届三中全会指出："全面深化改革必须加强和改善党的领导，充分发挥党总揽全局、协调各方的领导核心作用，提高党的领导水平和执政能力，确保改革取得成功。"笔者认为，建立党内合宪性自我审查机制十分必要。

如图8—1所示，党的中央机构相较政府数量不多，但是分工明

---

① 《党内法规小知识（之十）》，《秘书工作》2012年第9期。
② 田飞龙：《法治国家进程中的政党法制》，《法学论坛》2015年第3期。

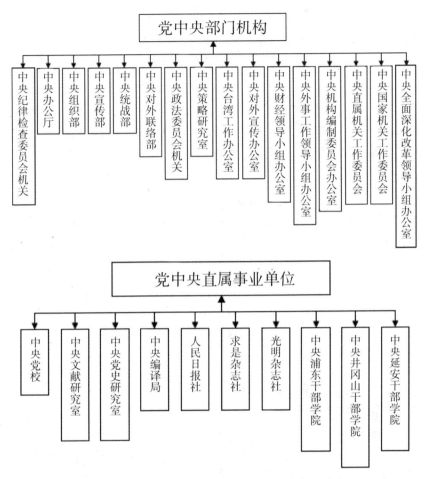

图 8—1 党中央部门机构与党中央直属事业单位

确，一目了然，但是并没有相应的审查机构。中央纪律检查委员会行使监督职能；中央办公厅则是办事机关，只是对交办事项进行形式上的核查，对于实质性的内容则没有决定权。而党中央的直属事业单位多是研究室、报社和干部学院等组织难以担起党的自我审查的职能，因此，有必要建立专门的机构负责党内的自我审查。当前，党中央决策前通常会征求相关"智囊机构"意见，并进行相关调研活动，力求决策的科学性。① 一旦进入决策阶段，这种中央决策层外的意见就会显得弱化，而党内自我审查机制的建立就是着眼于此。行使自我审查的机构，需要党中央的充分尊重和适度的放权，以体现出一定的独立性，但这种独立性是以不损害中央权威、不试图凌驾于决策层之上的审查，只是将相对独立的顾问意见延伸到决策过程中。笔者认为，在今后一段时间，要培养中央党校、中央文献研究室、中央党史研究室和中央编译局这四大单位作为"官方智库"的功能。在美国，存在布鲁金斯学会、兰德公司、新美国世纪计划、战略与国际问题研究中心"四大智库"，它们通过相对客观的意见影响美国政治走向，进而修正美国对内对外政策的偏差。虽然这"四大智库"标榜独立，但考虑到美国存在的独特"旋转门"② 现象，实际上它们所代表的就是美国官方意志。③以此为蓝本，笔者认为，应有党内设立的独立合宪性自我审查机构，在充分吸收党中央、官方智库以及自身调查研究的基础上，出具审查结果，但这个结果必须是非公开的、无约束力的，是建议性质的，这样既保证审查的相对独立客观，又能保证党中央决策的科学、合理。

---

① 刘畅：《论党内决策权、执行权、监督权相互制约又相互协调模式的构建》，《理论与改革》2012 年第 1 期。

② "旋转门"，即智库成员的身份在政要与研究者之间变换，使政府保持活力，使智库成为给政府培植、储备人才的地方。

③ 王莉丽：《美国智库的"旋转门"机制》，《国际问题研究》2010 年第 2 期。

# 参考文献

一 中文专著

1. 白志刚：《利益公益与和谐社会》，中国社会出版社 2008 年版。

2.《自然与快乐：伊壁鸠鲁的哲学》，包利明等译，中国社会科学出版社 2004 年版。

3. 包万超：《行政法与社会科学》，商务印书馆 2011 年版。

4. 北京大学外国哲学史教研室编译：《古希腊罗马哲学》，商务印书馆 1961 年版。

5. 陈良谨：《社会保障教程》，知识出版社 1990 年版。

6. 陈振明：《政策科学》，中国人民大学出版社 1998 年版。

7. 程颢、程颐：《二程遗书》，上海古籍出版社 2000 年版。

8. 董建萍：《社会主义与公平正义》，国家行政学院出版社 2007 年版。

9. 范愉：《非诉纠纷解决机制研究》，中国人民大学出版社 2000 年版。

10. 冯晓青：《知识产权法前沿问题研究》，中国人民公安大学出版社 2004 年版。

11. 高全喜、张伟、田飞龙：《现代中国的法治之路》，社会科学文献出版社 2012 年版。

12. 构建社会主义和谐社会学习读本编写组：《构建社会主义和谐社会学习读本》，中央党史出版社 2005 年版。

13. 郭定平：《政党与政府》，浙江人民出版社 1998 年版。

14.《郭沫若全集》，科学出版社 1982 年版。

15. 韩冬梅：《西方协商民主理论研究》，中国社会科学出版社

2008 年版。

16. 郝云:《利益理论比较研究》,复旦大学出版社 2007 年版。

17. 何奇松:《深化社会主义法治理念与实践》,上海社会科学院出版社 2007 年版。

18. 侯通山:《党内法规精要 8 讲》,中国方正出版社 2005 年版。

19. 胡鞍钢:《中国:挑战腐败》,浙江大学出版社 2000 年版。

20. 胡建淼:《行政法学》,法律出版社 2003 年版。

21. 胡建淼主编:《行政法教程》,杭州大学出版社 1990 年版。

22. 胡乃武:《社会主义和谐社会利益关系研究》,中国人民大学出版社 2010 年版。

23. 胡舒立:《中国 2012》,江苏文艺出版社 2012 年版。

24. 蒋永穆、纪志耿等:《社会主义和谐社会的利益协调机制研究》,经济科学出版社 2011 年版。

25. 蒋自强、张旭昆等:《经济思想通史》第 2 卷,浙江大学出版社 2000 年版。

26. 景枫等:《中国治理文化研究》,中国社会科学出版社 2012 年版。

27. 黎建飞:《社会保障法》,中国人民大学出版社 2008 年版。

28. 李国强:《现代公共行政中的公民参与》,经济管理出版社 2004 年版。

29. 陆学艺主编:《中国社会建设与社会管理:探索·发现》,社会科学文献出版社 2011 年版。

30. 吕艳滨:《信息法治政府治理新视角》,社会科学文献出版社 2009 年版。

31. 罗豪才主编:《行政法学》,中国政法大学出版社 1989 年版。

32. 罗豪才主编:《中国行政法讲义》,人民法院出版社 1992 年版。

33.《墨子》,中华书局 2011 年版。

34. 潘弘祥:《宪法的社会理论分析》,人民出版社 2009 年版。

35. 彭柏林、卢先明、李彬等:《当代中国公益伦理》,人民出版社 2010 年版。

36. 任岳鹏：《哈贝马斯：协商对话的法律》，黑龙江大学出版社 2009 年版。

37. 汝信、陆学艺、李培林主编：《2011 年中国社会形势分析与预测》，社会科学文献出版社 2011 年版。

38. 沈荣华：《社会协商对话》，春秋出版社 1988 年版。

39. 舒国滢：《法哲学沉思录》，北京大学出版社 2010 年版。

40. 宋惠昌：《当代意识形态研究》，中共中央党校出版社 1993 年版。

41. 孙立平：《博弈：断裂社会的利益冲突与和谐》，社会科学文献出版社 2006 年版。

42. 孙立平：《重建社会——转型社会的秩序再造》，社会科学文献出版社 2009 年版。

43. 孙笑侠：《法律对行政的控制》，山东大学出版社 1999 年版。

44. 汤志华：《中国共产党利益整合能力建设研究》，中国社会科学出版社 2010 年版。

45. 陶鑫良、袁真富：《知识产权法总论》，知识产权出版社 2005 年版。

46. 王连昌主编：《行政法学》，中国政法大学出版社 1994 年版。

47. 王名扬：《美国行政法》上，中国法制出版社 1995 年版。

48. 王伟光：《利益论》，人民出版社 2001 年版。

49. 王重高：《行政法总论》，中国政法大学出版社 1992 年版。

50. 文正邦、陆伟明：《非政府组织视角下的社会中介组织法律问题研究》，法律出版社 2008 年版。

51. 吴群芳：《利益表达与分配：转型期中国的收入差距与政府控制》，中国社会出版社 2011 年版。

52. 熊培云：《重新发现社会》，新星出版社 2010 年版。

53. 许麟：《中国慈善事业发展研究》，中国社会出版社 2005 年版，第 28 页。

54. 薛永应：《社会主义经济利益概论》，人民出版社 1985 年版。

55. 闫健编：《民主是个好东西——俞可平访谈录》，社会科学文献出版社 2006 年版。

56. 颜元：《四书正误》，四存学会排印本，1932 年版。

57. 杨帆：《利益集团》，郑州大学出版社 2010 年版。

58. 姚文胜、翟玉娟：《劳资协商制——中国劳动关系改善的路径选择》，中国法制出版社 2012 年版。

59. 姚文胜：《利益均衡——推进社会公平的路径建议》，法律出版社 2012 年版。

60. 姚文胜：《政府采购法律制度研究》，法律出版社 2009 年版。

61. 应松年主编：《行政法学教程》，中国政法大学出版社 1988 年版。

62. 余少祥：《弱者的权利——社会弱势群体保护的法理研究》，社会科学文献出版社 2008 年版。

63. 俞可平：《中国的政治发展：中美学者的视角》，社会科学出版社 2013 年版。

64. 张恒山等：《依法执政——中国共产党执政方式研究》，法律出版社 2012 年版。

65. 张焕光、胡建淼：《行政法学原理》，劳动人事出版社 1989 年版。

66. 张清：《非政府组织的法治空间：一种硬法规制的视角》，知识产权出版社 2010 年版。

67. 张树义主编：《行政法学新论》，时事出版社 1991 年版。

68. 张文显主编：《法理学》，北京大学出版社、高等教育出版社 1999 年版。

69. 张晓永：《追寻法律的重心：庞德社会法学思想解读》，中国人口出版社 2008 年版。

70. 张友渔：《宪政论丛》上册，群众出版社 1986 年版。

71. 章剑生：《行政程序法基本理论》，法律出版社 2003 年版。

72. 赵奎礼：《利益学概论》，辽宁教育出版社 1992 年版。

73. 赵旭东：《纠纷与纠纷解决原论——从成因到理念的深度分析》，北京大学出版社 2009 年版。

74. 赵映诚、王春霞：《社会福利与社会救助》，东北财经大学出版社 2010 年版。

75. 郑永年：《未觉的变革》，浙江人民出版社 2011 年版。

76. 中共中央文献研究室：《邓小平年谱》，中央文献出版社 2004 年版。

77. 中共中央文献研究室：《十三大以来重要文献选编》，人民出版社 1991 年版。

78. 中共中央宣传部理论局：《七个怎么看》，学习时报出版社、人民出版社 2010 年版。

79. 周伟：《宪法基本权利——原理·规范·应用》，法律出版社 2006 年版。

80. 周叶中：《代议制度比较研究》，武汉大学出版社 2005 年版。

81. 朱熹：《四书章句集注》，中华书局 1983 年版。

82.《托马斯·阿奎那政治著作选》，商务印书馆 1982 年版。

83.《西方伦理学名著选辑》上，商务印书馆 1964 年版。

## 二　中文论文

1. 白维军、王奕君：《巴西缩小贫富差距的做法及启示》，《经济纵横》2012 年第 3 期。

2. 蔡定剑：《论社会监督的主要形式》，《法学评论》1989 年第 3 期。

3. 蔡定剑：《中国宪法实施的私法化之路》，《中国社会科学》2004 年第 2 期。

4. 蔡社文：《中国社会保障支出水平分析》，《预算管理会计月刊》2004 年第 7 期。

5. 陈步雷：《社会政策和社会立法的功能扩展与发展模式调整》，《社会法学研究》2013 年第 1 辑。

6. 陈端洪：《论宪法作为国家的根本法与高级法》，《中外法学》2008 年第 4 期。

7. 迟福林：《"切蛋糕"的艺术》，《21 世纪经济报道》2012 年 10 月 22 日。

8. 单训平、王逸阑：《公权力的异化与利益失衡》，《镇江师专学报》（社会科学版）2000 年第 2 期。

9. 董茂云、李晓新：《从国外行政机构改革的立法经验看我国中央行政机构改革的法制化》，《政治与法律》2008 年第 7 期。

10. 董明明：《城中村改造中利益分配研究》，硕士学位论文，西安建筑科技大学，2009 年。

11. 董学会：《构建和谐社会的利益均衡机制》，《芜湖职业技术学院学报》2005 年第 4 期。

12. 恩格斯：《论住宅关系》，《马克思恩格斯选集》第 2 卷，人民出版社 1995 年版。

13. 范愉：《论我国社会调整系统中的政策与法》，《中国人民大学学报》1988 年第 6 期。

14. 房慧敏、许耀桐：《政党执政文明与党政关系改革》，《理论探讨》2004 年第 3 期。

15. 傅再明：《正确处理党的政策与国家法律的关系》，载李逸舟、王仲田《党政分开理论探讨》，春秋出版社 1988 年版。

16. 龚文龙：《服务型政府分权的法律保障探讨》，《四川师范大学学报》（社会科学版）2011 年第 3 期。

17. 韩君玲：《我国最低生活保障法律问题探讨》，《法学杂志》2006 年第 2 期。

18. 郝欣富：《从比较研究中看我国的党政关系》，《中共浙江省委党校学报》2004 年第 5 期。

19. 胡锦武：《新生代农民工：谁来抚慰他们的心理“伤痕”?》，《秋光》杂志 2012 年第 1 期。

20. 季卫东：《法律程序的形式性与实质性——以对程序理论的批判和批判理论的程序化为线索》，《北京大学学报》（哲学社会科学版）2006 年第 1 期。

21. 姜建：《渐行渐远的儒家文化？——儒家文化的现代遭遇和在文化全球化时代的命运》，《江西社会科学》2004 年第 12 期。

22. 姜明安：《论中国共产党党内法规的性质与作用》，《北京大学学报》（哲学社会科学版）2012 年第 3 期。

23. 景跃进：《建构利益协调机制以降低维稳压力》，《社会科学报》2011 年 4 月 8 日。

24. 凯思：《论简政放权与加强中央权威》，《政治学研究》1996 年第 2 期。

25. 孔令锋、黄乾：《市场与公平：改革转型前的思考》，《中央天津市委党校学报》2007 年第 1 期。

26. 劳凯声：《教育机会平等：实践反思与价值追求》，《首都师范大学学报》2011 年第 2 期。

27. 李步云、张秋航：《驳反宪政的错误观点——兼论宪政概念的科学内涵及意义》，《环球法律评论》2013 年第 1 期。

28. 李军鹏：《中国政府机构改革的回顾与展望》，《领导之友》2009 年第 5 期。

29. 李林：《怎样以法治凝聚改革共识》，《北京日报》2013 年 3 月 11 日。

30. 李敏昌、杜哲焱：《改革开放以来中国共产党巡视制度的创新研究》，《甘肃社会科学》2014 年第 1 期。

31. 李琦：《利益的法律分配及其保障——对现当代法律机制的整体性描述》，《厦门大学学报》（哲社版）1998 年第 4 期。

32. 李实：《中国收入分配中的几个主要问题》，《新华文摘》2011 年第 14 期。

33. 李涛、邓泽军：《国际统筹城乡教育综合改革：发展脉络、治理模式与决策参考》，《江淮论坛》2012 年第 1 期。

34. 李庄：《关于理顺党政关系的理论思考》，《求实》2006 年第 9 期。

35. 林夕三：《习李新政的改革共识》，《经济导报》2012 年 12 月 3 日。

36. 刘旺洪：《社会管理创新与社会治理的法治化》，《法学》2011 年第 10 期。

37. 刘小兵：《中央与地方关系的法律思考》，《中国法学》1995 年第 2 期。

38. 刘叶：《社会弱势群体的定义、类型及产生根源研究》，《法制与经济》（中旬刊）2011 年第 2 期。

39. 卢周来：《寻找最大公约数》，《读书》2010 年第 6 期。

40. 那述语：《论党在基层自治组织中的领导方式之法制建构》，《政治与法律》2007年第2期。

41. 清华大学凯风发展研究院和清华大学社会学系社会发展研究课题组：《中等收入陷阱还是转型陷阱?》，《经济观察报》2012年2月24日。

42. 任理轩：《理性看待当前的社会公正问题》，《人民日报》2011年2月16日。

43. 《向奴役之路——海叶克教授对计划经济的新评价》，石涛译，《东方杂志》第42卷20号，1946年10月15日。

44. 宋方青、周刚志：《论立法公平之程序构建》，《厦门大学学报》（哲学社会科学版）2007年第1期。

45. 王海军：《中国共产党党政关系的历史发展与现实思考》，《中国特色社会主义研究》2006年第6期。

46. 王周户、李大勇：《行政许可：技术支持与归责制度的创新》，《行政法学研究》2010年第2期。

47. 魏礼群：《积极稳妥推进大部门制改革》，《求实》2011年第12期。

48. 吴冰、罗新平：《推动第三次分配，缩小贫富差距》，《科学之友》2010年第9期。

49. 谢继新：《论我国利益均衡机制的构建——以共和主义为视角》，硕士学位论文，中南民族大学，2010年。

50. 徐贲：《正派社会和不羞辱》，《读书》2005年第1期。

51. 徐清飞：《我国初次分配法律制度改革的顶层设计》，《法商研究》2012年第5期。

52. 许崇德：《充分认识宪法在中国特色社会主义法律体系中的统帅作用》，《求实》2011年第7期。

53. 许纪霖：《在合法与正义之间——关于两种民主的反思》，《战略与管理》2001年第6期。

54. 许章润：《中国的法治主义：背景分析》下，《法学》2009年第5期。

55. 鄢本凤：《建设社会主义核心价值体系必须警惕五大社会思

潮》，《中国青年研究》2008 年第 2 期。

56．严存生：《“法治”三论》，《政法论丛》2005 年第 4 期。

57．严书翰：《新中国社会建设的历程和理论》，《党的文献》2011 年第 2 期。

58．杨帆：《以法治约束“特殊利益集团”》，《瞭望》2010 年第 15 期。

59．杨宏山：《试论中国党政关系的演进与发展》，《云南行政学院学报》2000 年第 1 期。

60．杨士林：《我国宪法体制内利益表达机制的缺损及其危害》，《法学论坛》2010 年第 4 期。

61．姚望：《当代中国利益表达现状分析及对策研究》，《内蒙古社会科学》（汉文版）2006 年第 1 期。

62．姚文胜：《廉政文化建设应为提高党的执政能力服务》，《深圳特区报》2004 年 11 月 29 日。

63．叶姗：《社会财富第三次分配的法律促进——基于公益性捐赠税前扣除限额的分析》，《当代法学》2012 年第 6 期。

64．叶政：《利益整合：和谐社会意识形态整合功能拓展的着力点》，《中共天津市委党校学报》2009 年第 2 期。

65．俞可平：《治理和善治引论》，《马克思主义与现实》1999 年第 5 期。

66．岳彩申、胡元聪、杨丽梅：《“政府责任与社会财富公平分配法律问题”国际研讨会综述》，《西南政法大学学报》2007 年第 4 期。

67．张斌：《论现代立法中的利益平衡机制》，《清华大学学报》（哲学社会科学版）2005 年第 2 期。

68．张立伟：《法治视野下党内法规与国家法的协调》，《中共中央党校学报》2011 年第 3 期。

69．张荣臣、谢英芬：《分还是不分，这是个问题——30 年党政关系的理论研究和实践探索》，《中国党政干部论坛》2009 年第 4 期。

70．张守文：《分配结构的财税法调整》，《中国法学》2011 年第 5 期。

　　71. 张涛伟：《构建社会主义和谐社会的利益均衡问题研究》，硕士学位论文，西安科技大学，2007 年。

　　72. 张志豪：《完善国家扶贫战略和政策体系的宏观思考》，《中国井冈山干部学院学报》2011 年第 2 期。

　　73. 张卓元：《转方式调结构是避开"中等收入陷阱"的正确选择》，《新视野》2011 年第 2 期。

　　74. 郑传坤、黄清吉：《健全党内监督与完善巡视制度》，《政治学研究》2009 年第 5 期。

　　75. 郑杭生、陆益龙：《充分认识和加强社会组织建设的重要性》，《人民日报》2012 年 4 月 25 日。

　　76. 周汉华：《变法模式与中国立法法》，《中国社会科学》2000 年第 1 期。

　　77. 周汉华：《机构改革与法制建设》，《经济观察报》2003 年 3 月 3 日。

　　78. 周汉华：《论建立独立、开放与能动的司法制度》，《法学研究》1999 年第 5 期。

　　79. 周汉华：《起草〈政府信息公开条例〉（专家建议稿）的基本考虑》，《法学研究》2002 年第 6 期。

　　80. 周汉华：《行政许可法：观念创新与实践挑战》，《法学研究》2005 年第 2 期。

　　81. 周汉华：《中国电子政务发展推动力分析》，《电子政务》2009 年第 4 期。

　　82. 周伟：《外地劳动力就业的地方立法例合法性研究》，《四川大学学报》2006 年第 3 期。

　　83. 周叶中、潘洪祥：《论民主政治的法治化》，《郑州大学学报》（哲学社会科学版）1999 年第 5 期。

　　84. 周叶中：《关于中国共产党党内法规建设的思考》，《法学论坛》2011 年第 4 期。

　　85. 周叶中：《关于中国共产党运用宪法思维执政的思考》，《中共中央党校学报》2007 年第 5 期。

86. 朱光磊、周振超：《党政关系规范化研究》，《政治学研究》2004 年第 3 期。

87. 朱景文：《关于立法的公众参与的几个问题》，《浙江社会科学》2000 年第 1 期。

88.《构建民间评价体系，促进国家治理现代化》，《南方都市报》2014 年 1 月 14 日。

89.《社会协商机制的法律体系建构研究》课题组：《社会协商机制的法律体系建构研究》，《中国司法》2011 年第 12 期。

90.《中国可以跨过"中等收入陷阱"》，《人民日报》2010 年 9 月 6 日。

91.《最高最低收入差距达 33 倍？第三次分配被寄予厚望》，《中国经济周刊》2006 年第 24 期。

### 三　外国专著

1.［美］乔万尼·萨托利：《民主新论》，冯克利等译，上海人民出版社 2009 年版。

2.［英］富勒：《功用主义》，商务印书馆 1957 年版。

3.［英］斯宾塞：《社会学原理》第 1 卷，纽约英文版 1996 年版。

4.［美］霍夫斯塔特：《美国思想中的社会达尔文主义》，台湾：联经出版公司 1982 年版。

5.［德］康德：《道德形而上学原理》，上海人民出版社 2002 年版。

6.［德］康德：《实践理性批判》，关文运译，广西师范大学出版社 2001 年版。

7.［英］戴维·M.沃克：《牛津法律大辞典》，光明日报出版社 1988 年版。

8.［法］皮埃尔·勒鲁：《平等观》，王允道译，商务印书馆 1988 年版。

9.［英］艾德勒：《六大观念》，生活·读书·新知三联书店 1991 年版。

10. ［美］E. 博登海默：《法理学——法哲学及其方法》，华夏出版社 1989 年版。

11. ［美］罗尔斯：《正义论》，中国社会科学出版社 1988 年版。

12. ［英］哈耶克：《自由秩序原理》上，生活·读书·新知三联书店 1997 年版。

13. ［法］霍尔巴赫：《袖珍神学》，商务印书馆 1972 年版。

14. ［英］威廉·葛德文：《政治正义论》，商务印书馆 2007 年版。

15. ［美］詹姆斯·博曼：《公共协商：多元主义、复杂性与民主》，中央编译出版社 2006 年版。

16. ［法］卢梭：《社会契约论》，商务印书馆 1980 年版。

17. ［美］博恩斯等：《美国式的民主》，中国社会科学出版社 1993 年版。

18. ［英］威廉·韦德：《行政法》，中国大百科全书出版社 1997 年版。

19. ［美］唐纳德·布莱克：《法社会学视野中的司法》，法律出版社 2002 年版。

20. ［美］科塞：《社会冲突的功能》，华夏出版社 1989 年版。

21. ［美］赛缪尔·P. 亨廷顿：《变化社会中的政治秩序》，生活·读书·新知三联书店 1996 年版。

22. ［法］弗雷德里克·巴斯夏：《财产、法律与政府——巴斯夏政治经济学文粹》，贵州人民出版社 2002 年版。

23. ［美］加布里埃尔·A. 阿尔蒙德等：《当代比较政治学：世界视野》，上海人民出版社 2010 年版。

24. ［英］霍布斯：《利维坦》，商务印书馆 1986 年版。

25. ［法］卢梭：《社会契约论》，商务印书馆 1997 年版。

26. ［爱尔兰］约翰·莫里斯·凯利：《西方法律思想简史》，法律出版社 2010 年版。

27. ［美］约翰·罗尔斯：《公共理性的观念》，中央编译出版社 2006 年版。

28. ［奥］凯尔森：《法与国家的一般理论》，中国大百科全书出版社 1996 年版。

29.〔英〕哈特：《法律的概念》，中国大百科全书出版社 1996 年版。

30.〔美〕史蒂文·瓦戈：《法律与社会》，中国人民大学出版社 2011 年版。

31.〔美〕理查德·A. 波斯纳：《法律的经济分析》，中国大百科全书出版社 1997 年版。

32.〔美〕詹姆斯·博曼：《公共协商：多元主义、复杂性与民主》，中央编译出版社 2006 年版。

33.〔澳〕何包钢：《协商民主：理论、方法和实践》，中国社会科学出版社 2008 年版。

34.〔美〕路易斯·亨金：《宪政、民主、对外事务》，生活·读书·新知三联书店 1997 年版。

35.〔美〕萨拜因：《政治学说史》下，商务印书馆 1986 年版。

36.〔法〕孟德斯鸠：《论法的精神》上册，商务印书馆 1961 年版。

## 四　外文资料

1. Langan, M., "The Contest Concept of Need", In *Welfare：Needs, Rights and Risks*, London：Tontledge, 1998.

2. Ramsay, M., "Human Needs and the Market", Aldershot Avebury, 1992.

3. Bertrand Russell, *A History of Western Philosophy*, Simon and Schuster, INC., 1945.

4. John Stuart Mill, *On Liberty*, Forgotten Books, 2008.

5. David Ricardo, "Principles of Political Economy and Taxation", Cosimo, Inc., 2006.

6. St. Paul, Minn, *Black's Law Dictionary*, West Publishing Co. 1983.

7. Mchael Agnes, *Webster' s New World College Dictionary*, Fourth Edition, Cleveland, OH：IDG Books Worldwide, 2001.

8. Carol Harlow and Richrad Rawlings, *Law and Administration*, London: Butterworths, 1997.

9. M. Olson, *The Logic of Collective Action*, Harvard University Press, 1965.

10. John Locke, *Two Treatises of Government*, Cambridge University Press, 1960.

11. Tony Saich, "Providing Public Goods in Transitional China", Palgrave Mac Millan, 2008.

12. Liu Peifeng, "Reflections on NGO Legislation in China", *Social Sciences in China*, No. 2, 2007.

13. Leslie A., "Schwindt-Bayer, Comparison and integration: A Path toward a Comparative Politics of Gender", *Perspectives on Politics*, Vol. 8, No. 1, March 2010.

14. Karen Beckwith, "Introduction: Comparative Politics and the Logics of a Comparative Politics of Gender", *Perspectives on Politics*, Vol. 8, No. 1, March 2010.

15. Gilbert Sebastian, "An Embedded Politics of Civil Society", *Economic and Political Weekly*, Vol. 43, No. 18 (May 3-9, 2008).

16. Harold Hongju Koh, "Transnational of Public Law Litigation", *The Yale Law Journal*, Vol. 100, No. 8, Symposium: International Law (Jun., 1991).

17. Richard H. Fallon, Jr., "'The Rule of Law' as a concept in Constitutional Discourse", *Columbia Law Review*, Vol. 97, No. 1 (Jan., 1997).

18. Review by: Jan S. Prybyla, "China's Long March toward Rule of Law by Randall Peerenboom", *Economic Development and Cultural Change*, Vol. 53, No. 1 (October 2004).

19. Dean Mathiowetz, "The Judicial Subject Interest", *Political Theory*, Vol. 35, No. 4 (Aug., 2007).

20. Nireekshak, "Law, Public Interest and Politics", *Economic and Political Weekly*, Vol. 9, No. 51 (Dec. 21, 1974).

21. Thomas Bernauer, Ladina Caduff, "In Whose Interest? Pressure

Group Politics, Economic Competition and Environmental Regulation", *Journal of Public Policy*, Vol. 24, No. 1, Markets and Regulatory Competition in Europe (Jan. -Apr., 2004).

　　22. Robert Q. Parks, "Interests and the Politics of Choice", *Political Theory*, Vol. 10, No. 4 (Nov., 1982).

# 后　记

　　本书是我在中国社会科学院法学所博士后工作站做研究的出站报告。2012年秋天，拙著《利益均衡——推进社会公平的路径建议》由法律出版社出版。出版之前，经师友介绍，我将书稿呈请中国社会科学院法学所周汉华研究员等学者，向各位前辈讨教，恳请他们提出宝贵的修改意见和建议。在此过程中，有幸获周老师接纳，进站开展博士后研究。经过近3年研究，在周老师等前辈、尊长的悉心指导下，我终于完成了相关研究工作，完成出站报告《论利益均衡的法律调控》的撰写并顺利通过答辩。这是继我的另外两本专著《政府采购法律制度研究》（法律出版社，2009年）、《利益均衡——推进社会公平的路径建议》（法律出版社，2012年）及《劳资协商制：中国劳动关系改善的路径选择》（合著，法制出版社，2012年）之后的第四本学术著作。

　　在这里，我要衷心感谢中国社科院法学所各位老师对我的培养、指导和教诲，尤其是我的合作导师周汉华老师，对我在学术研究上不厌其烦地无私栽培，给予我如沐春风的厚爱帮助。衷心感谢深圳大学这所位于改革开放最前沿的年轻大学，深圳大学给予我四年美好大学时光，任由我在学术海洋里自由畅游，使我斗胆向《中国法学》投稿并被发表，赐给我陪伴终身的人生伴侣，并在2009年我取得法学博士学位、出版学术专著后，聘请我为特约教授、硕士生导师。我也要衷心感谢厦门大学和武汉大学对我的培养，使我顺利完成法学硕士、法学博士课程的学习，特别要感谢厦门大学的柳经纬教授和武汉大学的余能斌教授，由于我长年处在半工半读极为繁重的工作之中，如果没有两位恩师的苦心培养和循循善诱，恐怕我的学业也会半途而废。

我要衷心感谢我的父母和我的岳父母，我认为他们都是天底下最善良忠厚的人，奠定我人生的基础，守护我人生的航标。衷心感谢我的太太和女儿，太太对我的爱和支持涌自心田、永在左右，女儿的好学刻苦、拼搏上进使我倍感心宽。衷心感谢我的哥哥弟弟和我们大家庭里的每一个人，我们兄弟五人从南海边的一个小渔村走来，一路相互搀扶、亲密无间，尽管都已成家，但至今不用分家。

我也要感谢我工作过的几个单位的领导、同事和方方面面的亲朋好友，没有组织培养、领导栽培和同事们的爱护，绝对不可能有我今天的这些许成就。还要衷心感谢深圳市社科联各位领导和有关同志、专家学者，以及社会科学出版社及本书责任编辑马明老师付出的关爱和辛劳！

生逢盛世，20多年一路走来，我从组织和社会得到的太多太多，但回报的太少太少。夜深人静之时，每念及此，常常愧疚不安。在接下来的旅途里，唯有继续携此颗感恩心，在工作、生活和学习中时时处处不忘初心、与爱同行，以有生之涯，以匹夫之力，效犬马之劳，报难报之恩。

姚文胜
谨识于深圳湾畔
2017 年 3 月 3 日